Die Rechtsnatur der Gesellschafterkonten

Europäische Hochschulschriften

European University Studies

Publications Universitaires Européennes

Reihe II **Rechtswissenschaft**

Series II Law

Série II Droit

Band/Volume **5808**

Yorck Frese

Die Rechtsnatur der Gesellschafterkonten

PL ACADEMIC RESEARCH

Bibliografische Information der Deutschen Nationalbibliothek
Die Deutsche Nationalbibliothek verzeichnet diese Publikation in der Deutschen Nationalbibliografie; detaillierte bibliografische Daten sind im Internet über http://dnb.d-nb.de abrufbar.

Zugl.: Hamburg, Bucerius Law School, Diss., 2015

H 360
ISSN 0531-7312
ISBN 978-3-631-66584-8 (Print)
E-ISBN 978-3-653-06567-1 (E-Book)
DOI 10.3726/ 978-3-653-06567-1

PL Academic Research ist ein Imprint der Peter Lang GmbH.
Peter Lang – Frankfurt am Main · Bern · Bruxelles · New York · Oxford · Warszawa · Wien

Diese Publikation wurde begutachtet.

www.peterlang.com

Vorwort

Diese Arbeit wurde im Sommertrimester 2015 von der Bucerius Law School, Hochschule für Rechtswissenschaften, als Dissertation angenommen. Tag der mündlichen Prüfung war der 16. Juni 2015. Rechtsprechung und Literatur wurden bis September 2015 berücksichtigt.

Mein besonderer Dank gilt meinem Doktorvater, Herrn Professor Dr. Dr. h. c. mult. Karsten Schmidt, für die Anregung des Themas, die engagierte und sehr persönliche Betreuung und die in vieler Hinsicht lehrreiche Zeit als Wissenschaftlicher Mitarbeiter an seinem Lehrstuhl. Frau Prof. Dr. Birgit Weitemeyer danke ich für die Erstellung des Zweitgutachtens, der Stiftung der Deutschen Wirtschaft für die Förderung mit einem Promotionsstipendium.

Meine Studienfreunde Dr. Nina Tholuck, Tino Frieling und Dr. Jasper Stallmann haben die Jahre der Promotion durch ihre klugen Kommentare, ihre sachkundige Kritik und viele anregende Gespräche belebt und unterhaltsam mitgestaltet. Ihr Beitrag zu dieser Arbeit ist weit größer als ihnen das vielleicht bewusst ist.

Ein großer Dank gilt meiner Familie, meinen Eltern, Christiane und Christian Frese, für die Unterstützung in allen Lebenslagen, und meinen Brüdern Dr. Malte und Jasper Frese. Die Dissertation ist gewidmet Prof. Dr. Hans Klages, der den akademischen Fortschritt seiner Enkel stets mit größter Freude begleitet hatte.

Meiner Frau Katalin danke ich dafür, dass sie immer an meiner Seite ist und die glücklichen Momente – wie den Abschluss dieser Dissertation – vollkommen macht.

Hamburg, im Oktober 2015
Yorck Frese

Inhaltsverzeichnis

1. Kapitel Gesellschafterkonten

A. Vorläufiger Befund

I. Gesellschafterkonten in der Praxis

Die handelsrechtlichen Regelungen über Gesellschafterkonten sind seit Erlass des HGB am 10. Mai 1897 unverändert. Die Praxis der Personengesellschaften hat sich in der gleichen Zeit gewandelt. Während der HGB-Gesetzgeber 1897 noch eine offene Handelsgesellschaft im Blick hatte, in der ein kleiner Gesellschafterkreis vor allem durch persönliche Mitarbeit der Gesellschafter den Geschäftsbetrieb führt,[1] gibt es heute Kommanditgesellschaften mit einer Vielzahl gesellschaftsrechtlich beteiligter und schuldrechtlich verbundener Gesellschafter.[2] Neben der typischen oHG und KG haben sich sogenannte mittelbare Unternehmensbeteiligungen wie die atypische stille Gesellschaft etabliert, die der Gesetzgeber von 1897 nicht voraussah und der aktuelle Gesetzgeber nicht zu regeln vermag.[3] Viele Personengesellschaften sind sowohl im Innen- als auch im Außenverhältnis Kapitalgesellschaften ähnlich geworden.[4]

---

1 Dies kann insbesondere aus der Verteilung des Gewinns nach Köpfen hergeleitet werden, § 121 Abs. 3 HGB.

2 Für Personenhandelsgesellschaften mit einem großen Kreis ähnlich beteiligter Gesellschafter wurde hierfür die Rechtsfigur der Publikumspersonengesellschaft entwickelt, vgl. *Grunewald*, in: MünchKommHGB, § 161 Rn. 106 ff.

3 Im Folgenden werden die Gesellschafterkonten der Personenhandelsgesellschaften oHG und KG untersucht. Die BGB-Gesellschaft bleibt außen vor. Ihre Gesellschafterkonten sind gesetzlich nicht geregelt und weichen, soweit erkennbar, in der Praxis von denen der Personenhandelsgesellschaften nicht ab. Soweit Gesellschaften ohne persönlich haftenden Gesellschafter (Kapitalgesellschaften & Co. KG) einbezogen werden, wird ausdrücklich darauf hingewiesen. Zu den Gesellschafterkonten der BGB-Gesellschaft vgl. nur *Gummert*, in: MünchHdbGesR I, § 13 Rn. 17 ff.; zu den Gesellschafterkonten der Personenhandelsgesellschaften nach § 264c HGB vgl. *Carlé*, KÖSDI 1985, 6095 ff.; *Hoffmann*, StuB 2009, 407 ff.; *Werner*, NWB 2012, 1523 ff.

4 Die dogmatischen Unterschiede der Denkmodelle juristische Person und Gesamthand werden durch diese faktische Entwicklung zwar nicht beeinträchtigt. Die faktische Annäherung sollte aber bei der Suche nach „modellgerechte[n] Lösungen“ (*Huber*, Vermögensanteil, S. 488) nicht außer Acht gelassen werden. Die Praxis geht hier weiter. Die Bundessteuerberaterkammer erklärt in ihren Hinweisen zum Ausweis des Eigenkapitals bei Personenhandelsgesellschaften, dass Maßstab zur Beurteilung von

Auch die rechtlichen Rahmenbedingungen haben sich wesentlich verändert. Das Bilanzrecht wurde grundlegend durch die Umsetzung der Europäischen Bilanzrichtlinien reformiert,[5] mit der Folge, dass auch für Personenhandelsgesellschaften zwingend ein Bilanzausweis geordnet nach Eigen- und Fremdkapital stattzufinden hat.[6] Im Steuerrecht wurden Vorschriften erlassen, die eine Aufschlüsselung der Gesellschafterkonten erfordern.[7] Die im Recht der Personengesellschaft erforderlichen Anpassungen wurden nicht vom Gesetzgeber, sondern durch die Vertragspraxis vorgenommen. Verschiedene vertragliche Vereinbarungen, etwa die rechtliche Einordnung sogenannter Liquiditätsausschüttungen,[8] haben weitere Fragen aufgeworfen.

Das Verständnis der Gesellschafterkonten hat sich, wenn man den aktuellen Stand der Forschung mit *Hubers* grundlegender Analyse der Gesellschafterkonten von 1988[9] vergleicht, nicht wesentlich fortentwickelt. Die vorliegende Arbeit nimmt sich der beschriebenen Entwicklungen in vier Bereichen an, in deren Mittelpunkt jeweils die Frage nach der Rechtsnatur der Gesellschafterkonten steht. Im 2. Kapitel wird zunächst untersucht, wie die Rechtsnatur eines Gesellschafterkontos abstrakt anhand der Regelungen im Gesellschaftsvertrag und im Gesetz bestimmt wird. Die Ergebnisse des 2. Kapitels werden im 3. Kapitel anhand typischer Konstellationen erprobt. Inwieweit die handelsrechtliche Rechtsnatur für die Bestimmung der Rechtsnatur steuerrechtlicher Gesellschafterkonten ausschlaggebend ist, wird im 4. Kapitel untersucht. Dem schließt sich im 5. Kapitel ein weiteres Thema an, das bisher in der Literatur nur wenig Beachtung fand: Die Gesellschafterkonten mittelbarer Unternehmensbeteiligungen. Schließlich werden die Erkenntnisse im 6. Kapitel genutzt, um Schlussfolgerungen für die Vertragsgestaltung zu treffen.

Die Grundlagen für die Untersuchung der Rechtsnatur der Gesellschafterkonten werden im 1. Kapitel gelegt. Ausgangspunkt sind die gesetzliche Regelung

---

Zweifelsfällen die Behandlung und Beurteilung bei Kapitalgesellschaften sei, DStR 2006, 668, 669; in diese Richtung auch *Bingel/Weidenhammer*, DStR 2006, 675, 679.

5 Gesetz zur Durchführung der Vierten, Siebenten und Achten Richtlinie des Rates der Europäischen Gemeinschaften zur Koordinierung des Gesellschaftsrechts („BiRiLiG") vom 19.12.1985, BGBl. I 1985, S. 2355 ff.

6 *Pauli*, Eigenkapital, S. 76 ff.

7 Etwa § 15a EStG, vgl. dazu unten 4. Kapitel A.I.

8 Vgl. hierzu zuletzt BGH v. 12.3.2013, II ZR 73/11 – NJW 2013, 2278 und unter 3. Kapitel C.

9 *Huber*, ZGR 1988, 1 ff.; grundlegend zur Vermögensordnung der Personengesellschaften davor schon *ders.*, Vermögensanteil, 1970.

der Gesellschafterkonten und das Gesamthandsprinzip. Dem folgt eine Darstellung von Funktion und rechtlicher Relevanz von Kapital- und Forderungskonten sowie der typischen vertraglichen Gestaltungen. Das erste Kapitel mündet in der Erkenntnis, dass die Abgrenzung von Kapital- und Forderungskonten derjenigen von Eigen- und Fremdkapital der Personengesellschaft entspricht.

II. Gesetzliche Regelung

1. Das Gesamthandsprinzip

Das Gesetz schreibt die Führung von Gesellschafterkonten bei Personengesellschaften nicht vor, sondern setzt sie in den §§ 120 ff., 167 ff. HGB voraus. Die gesetzliche Regelung liegt im „Gesamthandsprinzip" begründet, das sich folgendermaßen ausnimmt: Die Personenhandelsgesellschaften des HGB sind Gesamthandsgesellschaften.[10] Sie sind keine juristischen Personen[11] und als solche gegenüber ihren Mitgliedern verselbstständigt,[12] sondern „Wirkungseinheit der in ihr verbundenen Personen".[13] Dieses Prinzip findet Ausdruck in der Finanzverfassung der Personengesellschaft:

Das Gesellschaftsvermögen der oHG und KG ist nach heutigem Stand der Erkenntnis[14] gemäß § 718 BGB, §§ 105 Abs. 3, 161 Abs. 2 HGB Gesamthandsvermögen und als solches, anders als es die soeben zitierte Beschreibung der Gesamthand vermuten lässt,[15] nicht Sondervermögen der Gesellschafter,[16] sondern Vermögen der Gesellschaft.[17] Sachenrechtlich ist das Gesamthandsvermögen

---

10 *Karsten Schmidt*, GesR, § 46 II 1, S. 1362 (oHG); *ders.*, in: MünchKommHGB, § 124 Rn. 1 (oHG); *Weipert*, in: E/B/J/S, § 161 Rn. 1 (KG).

11 *Windbichler*, GesR, § 3 Rn. 8, S. 39; vgl. zum Streit, ob die oHG juristische Person oder Gesamthand ist, ausführlich *Karsten Schmidt*, in: MünchKommHGB, § 105 Rn. 7; für die Qualifikation als juristische Person etwa *Raiser*, AcP 194 (1994), 495, 511.

12 *Habersack*, in: Staub, § 124 Rn. 4.

13 *Habersack*, in: Staub, § 124 Rn. 4.

14 Grundlegend für das aktuelle Verständnis *Flume*, ZHR 136 (1972), 177 ff.; anders die während des 20. Jahrhunderts lange herrschende Meinung; vgl. nur *Hueck*, oHG, § 16 II, S. 217; zuletzt noch *Kraft/Kreutz*, GesR, C I 1 d, S. 104; *Zöllner*, in: FS Gernhuber, S. 563, 568; *ders.*, in: FS Kraft, S. 701, 704 ff.

15 Auf die sprachlichen Widersprüche, die sich bei der Darstellung des Gesamthandsprinzips häufig ergeben, weist zutreffend *Schulte*, in: FS Großfeld, S. 1075, 1079 ff. hin.

16 So früher die h. M. vgl. Fn. 14.

17 *Karsten Schmidt*, GesR, § 46 II 2, S. 1364.

mithin der Personengesellschaft zugeordnet.[18] Dem einzelnen Gesellschafter erwächst aus der gesamthänderischen Beteiligung weder eine dingliche Berechtigung an einzelnen Vermögensgegenständen noch am Gesamthandsvermögen (§ 719 BGB). Mit den Rechtsbeziehungen der Gesamthand hat der Gesellschafter nur mittelbar über seine Mitgliedschaft zu tun.[19] Über seinen Anteil am Gesellschaftsvermögen[20] oder einen (nicht bestehenden) Anteil an den Gegenständen des Gesellschaftsvermögens kann der Gesellschafter nicht verfügen, sondern nur über den Gesellschaftsanteil im Wege der An- oder Abwachsung in Folge eines Gesellschafterwechsels.[21] Scheidet ein Gesellschafter aus der Gesamthandsgesellschaft aus, verliert er seine Gesamthandsberechtigung und erhält einen schuldrechtlichen Auseinandersetzungsanspruch, § 738 BGB. Die gesamthänderische Beteiligung ist daher untrennbar mit der Mitgliedschaft verbunden.[22] Die Gesamthandsgesellschaft und damit auch das Gesamthandsvermögen bestehen nur, weil ihre Mitglieder sich als Gesamthänder zu einer „Gruppe" zusammenschließen.[23]

Ausdruck des Gesamthandsprinzips im Innenverhältnis ist nach diesem Stand von Praxis und Lehre nicht die dingliche, sondern die wertmäßige Aufteilung des Gesamthandsvermögens auf die Gesellschafter. Die wertmäßige Beteiligung eines Gesellschafters wird teilweise auch als Vermögensanteil bezeichnet.[24] Dabei gilt, dass nicht jeder Gesellschafter einen Vermögensanteil haben muss,[25] aber ein wertmäßiger Anteil am Vermögen eine gesamthänderische Beteiligung

---

18 *Schäfer*, in: MünchKommBGB, § 718 Rn. 6.

19 *Flume*, ZHR 136 (1972), 177, 198.

20 Ob es einen solchen Anteil gibt ist umstritten, vgl. dazu Fn. 24. In jedem Fall handelt es sich dabei nicht um einen Anteil im Sinne eines subjektiven Rechts, sondern nur den Ausdruck für den Wert der Beteiligung, vgl. *Karsten Schmidt*, GesR, § 47 III 1 a, S. 1381.

21 *Schäfer*, in: MünchKommBGB, § 719 Rn. 4.

22 *Schäfer*, in: Staub, § 105 Rn. 276; *ders.*, in: MünchKommBGB, § 719 Rn. 2.

23 Vgl. auch *Flume*, ZHR 136 (1972), 177, 191: „Nicht das Gesamthandsvermögen begründet die Gesamthand, sondern umgekehrt".

24 Umstritten ist, ob der Kapitalanteil dem Vermögensanteil entspricht und ob es überhaupt einen Vermögensanteil gibt. *Huber*, Vermögensanteil, S. 145 bejaht beides. In Art. 106 ADHGB wird der Kapitalanteil noch als „Anteil am Gesellschaftsvermögen" bezeichnet. Die andere Bezeichnung im HGB ist ausweichlich der Denkschrift S. 75 eine Anpassung an den kaufmännischen Sprachgebrauch und soll Missverständnissen vorbeugen, die der Begriff des „Anteils am Vermögen" hervorgerufen hat.

25 *Karsten Schmidt*, GesR, § 47 III 1 a, S. 1381.

voraussetzt.[26] Sowohl die gesamthänderische Beteiligung als auch der Vermögensanteil sind untrennbar mit der Mitgliedschaft verbunden.[27] Die wertmäßige Beteiligung des Gesellschafters auf Grundlage der Buchführung wird durch den Kapitalanteil beziffert.

2. *Der Kapitalanteil*

Der Kapitalanteil ist das verbindende Element zwischen der wertmäßigen Beteiligung des Gesellschafters und den Gesellschafterkonten. Das HGB kennt ausdrücklich weder den Gesamthandsanteil noch den Vermögensanteil oder die Gesellschafterkonten, sondern spricht vom Kapitalanteil, wenn die wertmäßige Beteiligung eines Gesellschafters von Bedeutung ist.[28] Definiert werden kann der Kapitalanteil positiv in Anlehnung an *Alfred Hueck*[29] mit den Worten von *Ulrich Huber* als „Bilanzziffer, die den gegenwärtigen Stand der Einlage des Gesellschafters angibt, so wie er sich nach den Methoden der kaufmännischen Buchführung errechnet".[30] Der Kapitalanteil gibt weder den absoluten noch den relativen Wert des Anteils am Gesellschaftsvermögen wieder,[31] sondern nur den in der Bilanz ermittelten Buchwert.[32] Er stellt weder ein dingliches[33] oder subjektives Recht[34]

26 *Wertenbruch*, in: HdbPersG, I Rn. 562.

27 Zum Anteil am Gesellschaftsvermögen *Huber*, Vermögensanteil, S. 162.

28 *Hueck*, oHG, § 16 V 1, S. 230. Daraus kann indes nicht gefolgert werden, dass der Kapitalanteil mit dem Vermögensanteil gleichgesetzt wird, vgl. hierzu mit Beispielen *Karsten Schmidt*, GesR, § 47 III 2 c, S. 1383 f.

29 Der Kapitalanteil stellt „lediglich eine Rechnungsziffer dar, die den Wert der jeweiligen wirtschaftlichen Beteiligung am Gesellschaftsvermögen zum Ausdruck bringen soll, um die deshalb den Maßstab bildet, wenn der Wert dieser Beteiligung rechtlich von Bedeutung wird", *Hueck*, oHG, § 16 V 1, S. 229.

30 *Huber*, Vermögensanteil, S. 228. Was unter dem Begriff „Kapitalanteil" zu verstehen ist, ist seit langem umstritten; vgl. zu den Einzelheiten vor allem *Hueck*, oHG, § 16 V, S. 229 ff. Die von *Huber* entwickelte Definition wird aktuell nicht in Frage gestellt.

31 *Karsten Schmidt*, GesR, § 47 III 2 c, S. 1383 f.

32 *Gummert*, in: MünchHdbGesR I, § 13 Rn. 22.

33 So aber noch *Fischer*, in: Staub, 3. Aufl., § 120 Rn. 22 „der Kapitalanteil ist eine Bezeichnung des Beteiligungsrechts des Gesellschafters selbst". Der Kapitalanteil sei daher ein übertragbares Recht.

34 *Hueck*, oHG, § 16 V 1 b, S. 231 f.; *Huber*, Vermögensanteil, S. 229 f.; *Priester*, in: MünchKommHGB, § 120 Rn. 87; aA noch *Geßler*, in: Schlegelberger, HGB, 4. Aufl., § 120 Rn. 10; *Eckelt*, NJW 1954, 1905, 1909.

noch eine (auf das Ende der Gesellschaft betagte) Forderung[35] oder einen bedingten Anspruch dar.[36]

Der Kapitalanteil als „gegenwärtige[r] Stand der Einlage“ kann aus der Bilanz der Gesellschaft abgeleitet werden.[37] Sind die Einlagen einer Gesellschaft eingezahlt und hat die Gesellschaft keine weiteren Geschäfte getätigt, entspricht der Kapitalanteil der ursprünglichen Einlage des Gesellschafters.[38] Nimmt die Gesellschaft ihre Geschäftstätigkeit auf, wird die gegenwärtige Einlage nach § 120 Abs. 2 HGB bestimmt, indem der ursprünglichen Einlage Gewinne und weitere Einlagen zugeschrieben und Verluste und Entnahmen von ihr abgeschrieben werden.

Der Kapitalanteil dient im HGB als Rechengröße für den gegenwärtigen Stand der Beteiligung.[39] Auf Grundlage des Kapitalanteils werden der Vorzugsgewinnanteil des Gesellschafters nach § 121 Abs. 1 HGB, das Kapitalentnahmerecht nach § 122 Abs. 1 Hs. 1 HGB und das Auseinandersetzungsguthaben gemäß § 155 Abs. 1 HGB berechnet. Für den Kommanditisten ist der Kapitalanteil für die Höhe und den Bezug des Gewinnanteils nach §§ 168 Abs. 1, 169 Abs. 1 HGB und das Wiederaufleben der Haftung nach § 172 Abs. 4 HGB relevant. Wie in der oHG ist der Kapitalanteil des Komplementärs und der Kommanditisten der gegenwärtige Stand der Einlage.[40] Jedoch ist der Kapitalanteil des Kommanditisten in seiner Höhe begrenzt, vgl. § 167 Abs. 2 HGB. Dem Kapitalanteil des Kommanditisten werden Einlagen und Gewinne nur so lange gutgeschrieben, bis die Höhe der bedungenen Einlage erreicht ist.

3. *Das „gesetzliche Modell“ der Gesellschafterkonten*

Der Kapitalanteil ist Grundlage für die Führung von Gesellschafterkonten. Er wird in der Buchführung auf einem Kapitalkonto wiedergegeben.[41] Das HGB setzt in § 120 Abs. 2 voraus, dass für den persönlich haftenden Gesellschafter ein Kapitalkonto geführt wird, auf dem der ihm zukommende Gewinn

---

35 *Hueck*, oHG, § 16 V 1, S. 229; *Huber*, ZGR 1988, 1, 5.

36 *V. Falkenhausen/Schneider*, in: MünchHdbGesR I, § 61 Rn. 22.

37 *Huber*, Vermögensanteil, S. 174 f., 199.

38 Vgl. *Huber*, Vermögensanteil, S. 175.

39 *V. Falkenhausen/Schneider*, in: MünchHdbGesR II, § 22 Rn. 6.

40 *Roth*, in: Baumbach/Hopt, § 167 Rn. 2.

41 *Huber*, Vermögensanteil, S. 177; *ders.*, ZGR 1988, 1, 6; *Ensthaler*, in: GK, § 102 Rn. 9; *v. Falkenhausen/Schneider*, in: MünchHdbGesR II, § 22 Rn. 40; *Haas*, in: Röhricht/Graf v. Westphalen/Haas, § 120 Rn. 14; *Hoppe*, in: HGR, § 5 A III 5 d, Rn. 206; *Mellwig*, BB 1979, 1409, 1412.

gutgeschrieben und von dem der auf ihn entfallende Verlust sowie die Entnahmen abgeschrieben werden.[42] Für den oHG-Gesellschafter und den Komplementär der Kommanditgesellschaft ist daher ein Kapitalkonto zu führen, vgl. §§ 161 Abs. 2, 120 Abs. 2 HGB.

Für den Kommanditisten setzt das HGB ebenfalls ein bewegliches Kapitalkonto zur Verbuchung von Einlagen, Entnahmen, Verlusten und Gewinnen voraus, §§ 120 Abs. 2, 167 Abs. 1 HGB. Da dem Kapitalanteil des Kommanditisten Gewinne nach § 167 Abs. 2 HGB nur bis zur Höhe der bedungenen Einlage gutgeschrieben werden,[43] sind weitere Gewinne und Einlagen auf einem zweiten Gesellschafterkonto zu buchen. Nach der gesetzlichen Regelung hat der Kommanditist daher zwei Gesellschafterkonten,[44] die sich in wesentlichen Punkten unterscheiden. So kann der Gewinn, der dem zweiten Gesellschafterkonto gutgeschrieben wurde, gemäß § 169 HGB dem Kommanditisten nicht mehr entzogen und nicht mehr mit künftigen Verlusten verrechnet werden,[45] während das Guthaben auf dem ersten Gesellschafterkonto von Verlusten aufgezehrt[46] und grundsätzlich nicht entnommen werden kann.[47] Daraus wird gefolgert, dass das zweite Gesellschafterkonto eine andere Rechtsnatur hat:[48] Es ist ein Forderungskonto,[49]

---

42 *Huber*, Vermögensanteil, S. 177.

43 *Grunewald*, in: MünchKommHGB, § 167 Rn. 14; *Roth*, in: Baumbach/Hopt, § 167 Rn. 2.

44 *Huber*, Vermögensanteil, S. 255; *Rodewald*, GmbHR 1998, 521, 523. Dies gilt auch dann, wenn die Mitgliedschaft des persönlich haftenden Gesellschafters aus Anlass einer Erbfolge in die eines Kommanditisten umgewandelt wird. In diesem Fall muss, wenn der Erblasser dem gesetzlichen Regelfall entsprechend nur ein Gesellschafterkonto hatte, die bedungene Einlage von den entnahmefähigen Gewinnen getrennt und auf zwei Konten gebucht werden. Vgl. zu den unterschiedlichen Varianten *Karsten Schmidt*, ZGR 1989, 445, 469 ff.

45 Dagegen spricht nicht § 169 Abs. 1 S. 2 Hs. 2 HGB. Die Entnahmebeschränkung von Gewinnen bezieht sich nur auf die laufenden Gewinne, die anfallen, während das Kapitalkonto durch Verluste oder Entnahmen unter die bedungene Einlage gefallen ist. Auf dem zweiten Konto gebuchte Gewinne sind grundsätzlich frei entnehmbar. (vgl. dazu unten 3. Kapitel A.I).

46 *Grunewald*, in: MünchKommHGB, § 167 Rn. 16; *Roth*, in: Baumbach/Hopt, § 167 Rn. 4.

47 § 169 Abs. 1 S. 1 HGB.

48 Vgl. *Huber*, ZGR 1988, 1, 29; *Schopp*, BB 1987, 581, 583.

49 Die Bezeichnung der Gesellschafterkonten ist mangels gesetzlichen Leitbilds uneinheitlich. Gebräuchlich sind die Begriffe Kapitalkonto, Kapitalkonto II, Privatkonto, Forderungskonto, Gewinnkonto, Separatkonto und Kontokorrentkonto, vgl. ausführlich zur Herkunft der einzelnen Begriffe *Huber*, Vermögensanteil,

das nicht wie der Kapitalanteil einen Anteil am Wert des Gesellschaftsvermögens beziffert, sondern im Haben eine Forderung und im Soll[50] eine Verbindlichkeit des Gesellschafters gegenüber der Gesellschaft darstellt.[51]

Das „gesetzliche Modell" der Gesellschafterkonten sieht daher Folgendes vor: Für den persönlich haftenden Gesellschafter wird ein variables Kapitalkonto und für den Kommanditisten werden ein variables, in der Höhe begrenztes Kapitalkonto sowie ein Forderungskonto geführt.

III. Gesellschafterkonten in der Rechnungslegung

Die theoretische Grundlage der Gesellschafterkonten liegt im Gesamthandsprinzip begründet. Praktisch kann die Grundlage der Gesellschafterkonten in der Rechnungslegung gesehen werden.

1. Buchführung

Gesellschafterkonten bilden entweder als Kapitalkonten die „gegenwärtige Einlage" des Gesellschafters oder als Forderungskonten Forderungen und Verbindlichkeiten zwischen dem Gesellschafter und der Gesellschaft ab.[52] Die Buchung auf einem Gesellschafterkonto hat grundsätzlich keine materielle Bedeutung,

S. 240 ff.; im Folgenden wird das Begriffspaar Kapital- und Forderungskonto verwendet. Zur Bedeutung der Begriffe vgl. unten 2. Kapitel A.

50 Sowohl Kapital- als auch Forderungskonten können ein Guthaben oder einen Sollsaldo ausweisen. Mit Blick auf die Buchführung kann von positiven und negativen Gesellschafterkonten, mit Blick auf die Bilanzierung von passivischen und aktivischen Gesellschafterkonten gesprochen werden. Im Folgenden wird von einem positiven Gesellschafterkonto gesprochen, wenn das Konto ein Guthaben aufweist und von einem negativen Gesellschafterkonto, wenn das Konto ein Debetsaldo hat. In Literatur und Rechtsprechung überwiegt dagegen die bilanzielle Bezeichnung, vgl. etwa BFH v. 16.10.2008 – IV R 98/06, BStBl. II 2009, 272 = BFHE 223, 149 = DStR 2009, 212; *Ley*, DStR 2003, 957. Es gibt Konten, die nur negativ sein können (etwa Verlustkonten) und Konten, die nur positiv sein können (Rücklagekonten, von denen eine Entnahme nicht statthaft ist). Grundsätzlich kann aber jedes Gesellschafterkonto positiv oder negativ sein.

51 Str., vgl. dazu ausführlich 3. Kapitel A.I und 3. Kapitel B.

52 Nach ganz h. M. gibt es nur diese zwei Kontenarten. Teilweise wird auch von „Mischkonten" gesprochen, die es aber ebenso wie die denkbaren „Mezzaninekonten" nicht gibt, vgl. dazu unten 1. Kapitel C.III.

sondern ist lediglich die technische Aufzeichnung von Geschäftsvorfällen.[53] Die Buchung folgt der Rechtslage und nicht die Rechtslage der Buchung.[54]

Gesellschafterkonten haben über die beschriebene technische Funktion hinaus eine materielle handels- und steuerrechtliche Bedeutung. Beispielswiese kann sich die von den Gesellschaftern bewusst veranlasste Buchung auf einem Konto auf die Haftung des Gesellschafters auswirken:[55] Wird die Entnahme eines Kommanditisten auf einem Kapitalkonto gebucht, kann nach § 172 Abs. 4 HGB seine Außenhaftung aufleben. Wird die Entnahme dagegen auf einem Forderungskonto gebucht, so entsteht eine Verbindlichkeit gegenüber der Gesellschaft.[56] Die bewusste Entscheidung, welche Geschäftsvorfälle auf welchen Konten gebucht werden, wirkt sich damit – von Fehlbuchungen abgesehen – materiell aus und stellt nicht, anders als bei normalen Konten der Buchführung, allein einen formellen Aufzeichnungsakt dar. Die Entnahme hat eine unterschiedliche Bedeutung, je nachdem wie sie in der Buchführung der Gesellschaft ausgewiesen wird. Diese Bedeutung wird dadurch anerkannt, dass Gesellschafterkonten, soweit das gesetzliche Modell abbedungen wird, im Gesellschaftsvertrag geregelt werden müssen. Die formelle und materielle Bedeutung der Gesellschafterkonten kann als „Doppelcharakter der Gesellschafterkonten" bezeichnet werden.

2. *Bilanzierung*

Die Konten der Buchführung bilden die laufenden Geschäftsvorfälle ab und werden in der Bilanz in einer Momentaufnahme festgehalten.[57] Der Zusammenhang

53 Die Anzahl und Ausgestaltung der Konten wird mittels eines Kontenplans auf Grundlage eines Kontenrahmens geregelt, vgl. *Graf*, in: MünchKommBilanzR, § 238 HGB Rn. 72 und den DATEV Standardkontenrahmen (SKR) 04, S. 10 ff. Dabei orientieren sich Unternehmen häufig an den Empfehlungen verschiedener Wirtschaftsverbände. Soweit der Kontenplan den Gliederungsanforderungen des Gesetzes für die Gewinn- und Verlustrechnung (GuV) und Bilanz entspricht und die Grundsätze ordnungsmäßiger Buchführung (GoB) eingehalten sind, ist der Buchführungspflichtige in der Ausgestaltung der Konten frei.

54 *V. Falkenhausen/Schneider*, in: MünchHdbGesR II, § 22 Rn. 35; *Plassmann*, BB 1978, 413, 414.

55 Vgl. hierzu im Einzelnen die Funktionen im 1. Kapitel C.II.

56 Zum Wiederaufleben der Haftung unten 1. Kapitel C.II.5.

57 Die Kapitalanteile werden in der Bilanz unterschiedlich dargestellt. Das Eigenkapital einer KG muss in Komplementärkapital und Kommanditkapital unterteilt werden. Komplementärkapital und Kommanditkapital werden jeweils in feste und variable Kapitalbestandteile unterteilt. Die Kapitalanteile mehrerer Kommanditisten und mehrerer Komplementäre können in je einem Posten zusammengefasst werden,

zwischen den Gesellschafterkonten und der Gesellschaftsbilanz kann über die Verbindung der Kapitalkonten zum Eigenkapital dargestellt werden.

Das bilanzielle Eigenkapital der Personengesellschaft wird wie bei Kapitalgesellschaften aus der Differenz des Vermögens auf der Aktivseite und den Verbindlichkeiten auf der Passivseite bestimmt, §§ 242, 247 HGB.[58] Im Innenverhältnis ist das Kapital aber bei Personengesellschaften auf die einzelnen Gesellschafter aufzuteilen.[59] Aufbauend auf der Gesamthandslehre ist das Eigenkapital „anteilsmäßiges Kapital der einzelnen Gesellschafter"[60] und wird für jeden Gesellschafter durch seinen Kapitalanteil ausgedrückt.[61] Die Summe der Kapitalanteile ergibt das bilanzielle Eigenkapital der Gesellschaft.[62] Die Kapitalanteile werden auf Kapitalkonten fortgeschrieben,[63] deren Summe somit dem bilanziellen Eigenkapital der Gesellschaft entspricht.

Forderungskonten sind neben den Kapitalkonten zu führen, da Gesellschafter einer Personengesellschaft im Gegensatz zum Einzelunternehmer[64] und dem Gesellschafter einer juristischen Person[65] sowohl am Kapital der Gesellschaft beteiligt sind als auch Forderungen und Verbindlichkeiten gegenüber der Gesellschaft haben können.[66] Forderungskonten zählen bilanziell zu den Aktiva (Verbindlichkeiten gegenüber der Gesellschaft) oder zum Fremdkapital (Forderungen gegen die Gesellschaft) und müssen bilanziell vom Eigenkapital getrennt werden.[67] Die bilanzielle Trennung des Eigenkapitals von Fremdkapital und Aktiva setzt sich damit in der Buchführung auf den Gesellschafterkonten fort. Es müssen von den Kapitalkonten getrennte Konten eingerichtet werden.[68]

---

positive und negative Kapitalanteile können saldiert werden, vgl. *Sangen-Emden*, in: MünchHdbGesR II, § 21 Rn. 49; *Winnefeld*, in: BilanzHdb, L Rn. 570; vgl. zu den Grundlagen *Sieker*, in: FS Westermann, S. 1519, 1526 ff.

58 Vgl. nur *Ballwieser*, in: MünchKommHGB, § 246 Rn. 80.

59 Siehe oben 1. Kapitel A.II.1.

60 *Huber*, Vermögensanteil, S. 176.

61 Oben 1. Kapitel A.II.2.

62 *Huber*, ZGR 1988, 1, 14; *Pauli*, Eigenkapital, S. 29; *Stuhlfelner*, in: HeidelKommHGB, E vor §§ 120–122, Rn. 13; *Sieker*, ZIP 2007, 849, 850.

63 Vgl. *Huber*, Vermögensanteil, S. 177 f.

64 Der keine Forderung gegen sich selbst halten kann, vgl. nur *Förschle/Hoffmann*, in: BeckBilanzKomm, § 247 Rn. 155.

65 Auf deren Gesellschafter das Eigenkapital nicht aufgeteilt wird.

66 Statt vieler *Wiedemann*, GesR II, § 4 III 2 b, S. 364.

67 *Ballwieser*, in: MünchKommHGB, § 247 Rn. 57.

68 In einer OHG setzt das Gesetz zwar keine Forderungskonten voraus, da es nur den Kapitalanteil regelt, der auf einem Kapitalkonto gebucht wird. In der Praxis wird

B. Relevanz der Rechtsnatur von Gesellschafterkonten

Wie gezeigt wurde, gibt es zwei Arten von Gesellschafterkonten: Kapital- und Forderungskonten.[69] Die Qualifikation als Kapital- oder Forderungskonto wird als Rechtsnatur bezeichnet.[70] Ob ein Gesellschafterkonto die Rechtsnatur eines Kapital- oder eines Forderungskontos hat, wird abstrakt in drei verschiedenen Konstellationen virulent.

I. Bedeutung eines Guthabens oder Saldos

In der ersten Konstellation geht es um die Bedeutung des Guthabens oder, wenn das Gesellschafterkonto negativ ist, des Debetsaldos eines Gesellschafterkontos. Das soll an einem Beispiel verdeutlicht werden:

> Eine Gesellschaft, deren Gesellschafter im Gesellschaftsvertrag die Führung von vier Gesellschafterkonten (Kapitalkonto I, Kapitalkonto II, Verlustkonto, Verrechnungskonto) vereinbart hatten, prosperiert über mehrere Jahre. Es werden Gewinne, Einlagen und Entnahmen gebucht, sowie lang- und kurzfristige Darlehen zwischen Gesellschaft und Gesellschafter vereinbart. Entnahmen waren aber nur teilweise vom Gesellschaftsvertrag zugelassen. Die Gesellschaft gerät in Schwierigkeiten und muss wegen Zahlungsunfähigkeit Insolvenz anmelden. Zuvor hatte einer der Gesellschafter sein „Kapitalkonto II" genanntes Konto an einen Dritten abgetreten, der das Guthaben als Forderung zur Insolvenztabelle anmeldet. Dagegen wendet der Insolvenzverwalter ein, dass erstens Kapitalkonten nicht isoliert vom Gesellschaftsanteil abgetreten werden können und zweitens das Guthaben auf einem solchen Gesellschafterkonto zum haftenden Kapital gehört und daher nicht als Insolvenzforderung angemeldet werden kann. Dem widerspricht der Dritte. Das „Kapitalkonto II" sei kein Kapitalkonto, sondern ein Forderungskonto und dieses könne sowohl abgetreten als auch unter den Voraussetzungen des § 174 Abs. 1, 3 InsO als Insolvenzforderung angemeldet werden.

---

daran aber in der Regel kein Weg vorbei führen, da einer „Verbuchung *sonstiger buchungspflichtiger Vorgänge* zwischen der OHG und ihren Gesellschaftern […] die Zweckbestimmung des Kapitalkontos als Beteiligungskonto entgegen" steht, *Schäfer*, in: Staub, § 120 Rn. 59; *Priester*, in: MünchKommHGB, § 120 Rn. 96; *Sassenrath*, in: HdbPersG, I Rn. 590b.

69 In der Buchführungspraxis wird grundsätzlich von Forderungs- und Verbindlichkeitskonten gesprochen, je nachdem, ob das Konto eine Forderung der Gesellschaft oder eine Verbindlichkeit der Gesellschaft ausweist. Dies wird hier, im Einklang mit der Praxis im handels- und steuerrechtlichen Schrifttum dahingehend vereinfacht, dass nur von Forderungskonten die Rede sein wird.

70 Vgl. etwa *Huber*, ZGR 1988, 1, 29; *Ley*, DStR 2003, 957.

Dieses Beispiel verdeutlicht den Unterschied zwischen Kapitalkonten als Ausdruck von Kapitalbeteiligungen an der Gesellschaft und Forderungskonten als Forderungen und Verbindlichkeiten gegenüber der Gesellschaft. Zwischen dem Insolvenzverwalter und dem Dritten ist umstritten, ob das Gesellschafterkonto ein Forderungskonto ist und als solches abgetreten und zur Insolvenztabelle angemeldet werden kann oder ob es ein Kapitalkonto ist und deshalb nicht unabhängig von der Mitgliedschaft übertragen werden kann und in der Insolvenz nur bei einem Überschuss gemäß § 199 S. 2 InsO zurückzugewähren ist.[71] Zwar haben die Gesellschafter das Gesellschafterkonto im Gesellschaftsvertrag als „Kapitalkonto II" bezeichnet und dies könnte auf eine Behandlung als Kapitalkonto hindeuten. Da sich die Bestimmung der Rechtsnatur aber gesellschaftsrechtlich und vor allem bilanz- und steuerrechtlich auf Dritte auswirkt, können die Gesellschafter die Rechtsnatur eines Gesellschafterkontos nicht willkürlich festlegen.[72] Die Rechtsnatur des Gesellschafterkontos muss anhand des Gesellschaftsvertrags und der anwendbaren gesetzlichen Regelungen ermittelt werden.[73] Sie richtet sich damit nach den *abstrakt zulässigen* Buchungen und sonstigen, auf das Gesellschafterkonto anwendbaren gesellschaftsvertraglichen und gesetzlichen Regelungen. Die hierbei relevanten Kriterien werden im 2. Kapitel untersucht.

II. Zuordnung eines Geschäftsvorfalls

In der zweiten Konstellation muss die Rechtsnatur eines Gesellschafterkontos bestimmt werden, um einen Geschäftsvorfall auf einem Gesellschafterkonto rechtlich zutreffend abzubilden. Auch das mag an einem Beispiel verdeutlich werden:

In der soeben vorgestellten Gesellschaft wird für jeden Gesellschafter ein Kapitalkonto I, ein Kapitalkonto II, ein Verlustkonto und ein Verrechnungskonto geführt. Wird am Ende eines Geschäftsjahrs ein Jahresüberschuss der Gesellschaft ermittelt, so ist dieser nach dem Gewinnverteilungsschlüssel auf die Gesellschafter zu verteilen.[74] Falls das Verlustkonto negativ ist und der Gewinnanteil

---

71 Zur unterschiedlichen Funktion von Kapital- und Forderungskonten sogleich unter 1. Kapitel C.II.

72 Das wird dennoch teilweise versucht, so hatten die Parteien im dem Urteil BGH v. 27.9.1982 – II ZR 241/81, NJW 1983, 164 zugrunde liegenden Sachverhalt in § 4 Abs. 3 des Gesellschaftsvertrags vereinbart, dass ein Konto „den Charakter eines Darlehnskontos hat".

73 Vgl. hierzu ausführlich und mit Begründung im 2. Kapitel.

74 Das hängt wiederum mit dem Gesamthandsprinzip zusammen. Der Gewinn kann entweder den Gesellschaftern zur Auszahlung bereitgestellt werden und ist dann als

des Gesellschafters auf diesem Gesellschafterkonto gebucht wird, wird der Gewinnanteil mit den Verlusten verrechnet. Die „gegenwärtige Einlage" des Gesellschafters und der wertmäßige Anteil am Gesellschaftsvermögen steigen. Wird der Gewinn dagegen auf dem Verrechnungskonto gebucht und ist dieses ein Forderungskonto, so entsteht eine Forderung des Gesellschafters gegen die Gesellschaft in Höhe des Gewinnanteils. Der wertmäßige Anteil des Gesellschafters am Gesellschaftsvermögen bleibt unverändert. Die richtige Zuordnung des Geschäftsvorfalls zu einem Gesellschafterkonto hängt damit von der rechtlichen Einordung des Geschäftsvorfalls und der Rechtsnatur des Gesellschafterkontos ab. Dies setzt voraus, dass die Rechtsnatur des Gesellschafterkontos bestimmt werden kann.

III. Rechtliche Einordnung eines Geschäftsvorfalls

Die dritte Konstellation ergibt sich aus der soeben angestellten Beobachtung, dass der konkrete Geschäftsvorfall zunächst rechtlich eingeordnet und dann dem richtigen Gesellschafterkonto zugeordnet werden muss. Dahinter steht der oben unter A.III.1 bereits dargestellte Grundsatz, dass die Buchung auf einem Gesellschafterkonto grundsätzlich keine materielle Bedeutung hat, sondern lediglich die technische Aufzeichnung von Geschäftsvorfällen ist. Die Buchung folgt der Rechtslage und nicht die Rechtslage der Buchung.[75] Wenn die rechtliche Bedeutung des gebuchten Geschäftsvorfalls jedoch unklar ist, stellt sich die Frage, ob und welche Rückschlüsse von der Rechtsnatur des Gesellschafterkontos auf die rechtliche Bedeutung des Geschäftsvorfalls gezogen werden können, unterstellt, es liegt keine Fehlbuchung vor. Auch dies kann an einem Beispiel verdeutlicht werden:

> Im Gesellschaftsvertrag einer Kommanditgesellschaft ist vorgesehen, dass regelmäßige Ausschüttungen an Kommanditisten auf einem bestimmten Gesellschafterkonto gebucht werden. Auf dieser Grundlage wurden jährlich Liquiditätsüberschüsse an die Kommanditisten ausgeschüttet und zu Lasten des Gesellschafterkontos gebucht, da entsprechende Gewinne nicht angefallen waren. Als die Kommanditgesellschaft in Zahlungsschwierigkeiten gerät, fordert sie die Ausschüttungen zurück und begründet dies unter anderem damit, dass die Buchung der Ausschüttungen zu einem negativen

---

Verbindlichkeit der Gesellschaft gegenüber den Gesellschaftern auszuweisen. Oder der Gewinn wird als Gewinnvortrag in der Gesellschaft belassen, muss dann aber auf die Kapitalkonten der Gesellschafter verteilt werden. Es gibt in der Personengesellschaft kein von den Gesellschaftern unabhängiges Vermögen der Gesellschaft.

75 *V. Falkenhausen/Schneider*, in: MünchHdbGesR II, § 22 Rn. 35; *Plassmann*, BB 1978, 413, 414.

Forderungskonto geführt hat. Der negative Saldo des Gesellschafterkontos sei als Verbindlichkeit des Kommanditisten gegenüber der Kommanditgesellschaft zu betrachten. Der Kommanditist wendet ein, dass die Ausschüttungen nicht zurückgezahlt werden müssen. Die Rechtsnatur des Gesellschafterkontos, auf dem die Ausschüttungen gebucht werden, habe keinen Einfluss auf die Frage der Rückforderbarkeit.

Ein ähnlicher Fall lag dem Urteil des BGH vom 12.3.2013 – II ZR 73/11 zugrunde,[76] auf das im 3. Kapitel unter C noch näher eingegangen wird. Zwar entschied der BGH die in diesem Fall streitige Rechtsfrage, ob die KG die Ausschüttungen zurückfordern kann, ohne die Rechtsnatur des Gesellschafterkontos, auf dem die Ausschüttungen gebucht worden waren, abschließend zu bestimmen. Dem Urteil ist aber zu entnehmen, dass die Rechtsnatur eines Gesellschafterkontos Indiz für die rechtliche Einordnung eines Geschäftsvorfalls sein kann.[77]

Für alle drei Konstellationen gilt damit Folgendes: Die zutreffende Abbildung des Geschäftsvorfalls hängt von seiner rechtlichen Relevanz ab. Richtig ist allerdings auch der umgekehrte Satz: Die Bedeutung des Geschäftsvorfalls hängt von der Rechtsnatur des Gesellschafterkontos ab, sofern er richtig gebucht wurde. Zusammen folgt aus den beiden Sätzen, dass in jeder Hinsicht Klarheit über die unterschiedliche Funktion der Gesellschafterkonten bestehen muss.

C. Funktion und rechtliche Relevanz von Kapital- und Forderungskonten

I. Funktion von Kapital- und Forderungskonten

Die Funktion der Kapitalkonten kann in Anlehnung an die Funktion des Kapitalanteils im gesetzlichen System der Gesellschafterkonten bestimmt werden (dazu bereits oben A.II.2). Im gesetzlichen System entspricht das Kapitalkonto dem Kapitalanteil. Der Kapitalanteil und damit auch das Kapitalkonto – bei mehreren Kapitalkonten deren Summe – dient dazu, die „gegenwärtige Einlage" des Gesellschafters darzustellen.[78] Die Guthaben auf den Kapitalkonten drücken wie der Kapitalanteil keine bedingt-betagten Ansprüche des Gesellschafters aus.[79] Im Gegenzug sind Sollsalden auf Kapitalkonten vom Gesellschafter nach

---

76 BGH v. 12.3.2013 – II ZR 73/11, NJW 2013, 2278.

77 Vgl. *Priester*, DStR 2013, 1786, 1788: „Die buchmäßige Behandlung mag bloße Konsequenz des Vorganges – Reflex des Geschehens – sein, lässt aber umgekehrt durchaus Rückschlüsse auf dessen Einordnung zu".

78 *Huber*, Vermögensanteil, S. 261.

79 *Huber*, ZGR 1988, 1, 12.

§ 707 BGB nicht ausgleichspflichtig, solange die Gesellschaft nicht aufgelöst ist.[80] Ein negatives Kapitalkonto stellt keinen Anspruch der Gesellschaft gegen den Gesellschafter dar.[81]

Forderungskonten haben dagegen die Funktion, die Forderungen und Verbindlichkeiten zwischen Gesellschafter und Gesellschaft aufzunehmen.[82] Die Guthaben auf Forderungskonten sind echte Forderungen des Gesellschafters gegen die Gesellschaft,[83] die Sollsalden echte Verbindlichkeiten.[84] Guthaben statuieren einen, von gesellschaftsvertraglichen Beschränkungen abgesehen, unentziehbaren Anspruch des Gesellschafters, der nur nach §§ 362 bis 397 BGB erlischt.[85]

Die Unterscheidung von Kapitalkonten als „Einlagekonten" und Forderungskonten als „echte Forderungen und Verbindlichkeiten" wirkt sich in den folgenden Situationen aus.

II. Rechtliche Relevanz der Unterscheidung

1. *Insolvenz*

Als „gegenwärtige Einlage" gehört das Kapitalkonto zum haftenden Eigenkapital der Gesellschaft. Guthaben auf Kapitalkonten sind daher in der Insolvenz nur bei der Schlussverteilung nach § 199 S. 2 InsO zu berücksichtigen.[86] Dagegen

---

80 Zu den Rechtsfolgen bei Liquidation der Gesellschaft vgl. sogleich 1. Kapitel C.II.3.

81 *Huber*, Vermögensanteil, S. 265; *ders.*, ZGR 1988, 1, 5. Die handelsrechtliche Zulässigkeit und die steuerrechtliche Anerkennung negativer Kapitalkonten von Kommanditisten war lange Zeit umstritten, vgl. *Mellwig*, BB 1994, 1409, der der gesetzlichen Konzeption entnimmt, dass das Kapitalkonto eines Kommanditisten nicht negativ sein soll (BB 1994, 1409, 1416). Heute wird die Zulässigkeit negativer Kapitalkonten nicht mehr bestritten.

82 *Priester*, in: MünchKommHGB, § 120 Rn. 96.

83 Vgl. nur *Schäfer*, in: Staub, § 120 Rn. 54.

84 Vgl. zum Drei-Konten-Modell *Ihrig*, in: Reichert, GmbH & Co. KG, § 21 Rn. 43.

85 *Dötsch*, in: FS Spindler, S. 595, 601; vgl. zur Frage, ob auf Forderungskonten nur Darlehensrecht oder auch Gesellschaftsrecht anwendbar ist, *Schuck*, DStR 1994, 1352, 1353. *Schuck* argumentiert, dass die Beschränkung einer Entnahme durch die Treuepflicht einen Gesellschafter, der längere Zeit nichts entnommen hat, gegenüber denjenigen Gesellschaftern benachteiligt, die regelmäßig von ihren Forderungskonten Gelder entnommen haben. Dieser Nachteil befreit den Gesellschafter jedoch nicht von seiner Treuepflicht gegenüber der Gesellschaft, die auch dann besteht, wenn ein Gesellschafter der Gesellschaft notwendiges Fremdkapital entziehen will.

86 Vgl. nur *Roth*, in: Baumbach/Hopt, § 120 Rn. 13 (zum Kapitalanteil); *Sassenrath*, in: HdbPersG, I Rn. 583c.

gehören Guthaben auf Forderungskonten grundsätzlich nicht zum haftenden Eigenkapital der Gesellschaft.[87] Der Gesellschafter kann ein Guthaben auf einem Forderungskonto grundsätzlich als Insolvenzforderung anmelden.[88] Forderungen eines Gesellschafters können allerdings im Verhältnis zu den Forderungen der übrigen Insolvenzgläubiger nach § 39 Abs. 1 Nr. 5, Abs. 4 InsO nachrangig sein, wenn die Gesellschaft als persönlich haftenden Gesellschafter weder eine natürliche Person noch eine Gesellschaft hat, bei der ein persönlich haftender Gesellschafter eine natürliche Person ist.

2. *Übertragung des Gesellschaftsanteils und einzelner Konten*

Der Unterschied von Kapital- und Forderungskonten zeigt sich auch, wenn der Gesellschafter seinen Gesellschaftsanteil abtritt. Der Kapitalanteil des Gesellschafters ist untrennbar mit dem Gesellschaftsanteil verbunden und damit nicht losgelöst von diesem abtretbar.[89] Da Kapitalkonten den Kapitalanteil wiedergeben, können sie nicht ohne den Gesellschaftsanteil übertragen werden.[90] Wird der Gesellschaftsanteil abgetreten, gehen die Kapitalkonten mit diesem über[91] und werden auf den neuen Gesellschafter umgeschrieben. Der ausgeschiedene Gesellschafter kann nicht mehr mit einer Einlage an der Gesellschaft beteiligt sein. *Huber* begründet dies damit, dass ihm keine Verluste zugerechnet werden können und die Einlage damit ihren Zweck nicht mehr erfüllen kann.[92] Diese Rechtsfolge ist aber bereits aus dem Gesamthandsprinzip herzuleiten, nach dem das Gesellschaftsvermögen wertmäßig auf die Gesellschafter aufzuteilen ist. Einem ausgeschiedenen Gesellschafter kann kein Wertanteil mehr zugeordnet werden.

---

87 *Ehricke*, in: E/B/J/S, § 120 Rn. 82.

88 *Huber*, Vermögensanteil, S. 254; *Grunewald*, in: MünchKommHGB, § 167 Rn. 17; *Strohn*, in: E/B/J/S, § 172 Rn. 47; *Dötsch*, in: FS Spindler, S. 595, 601. Bei der GmbH & Co. KG ist der Rückzahlungsanspruch allerdings nach § 39 Abs. 1 Nr. 5 InsO nachrangig; *Strohn*, in: E/B/J/S, § 172 Rn. 47.

89 *Huber*, Vermögensanteil, S. 230.

90 Ausdrücklich *Huber*, in: GS Knobbe-Keuk, S. 203, 218. Das ergibt sich aber bereits daraus, dass das Kapitalkonto im gesetzlichen System nichts anderes ist als der Kapitalanteil, der nicht isoliert abgetreten werden kann, vgl. dazu oben 1. Kapitel A.II.2. **AA** noch *Geßler*, in: Schlegelberger, HGB, 4. Aufl., § 120 Rn. 10 (Abtretung an Gesellschafter möglich).

91 *Huber*, ZGR 1988, 1, 65; *ders.*, in: GS Knobbe-Keuk, S. 203, 218.

92 *Huber*, ZGR 1988, 1, 65.

Forderungskonten können dagegen sowohl unabhängig von der Mitgliedschaft übertragen bzw. gepfändet werden[93] als auch einem ausgeschiedenen Gesellschafter weiterhin zugeordnet bleiben.[94] Der ausgeschiedene Gesellschafter hat eine Forderung gegen die Gesellschaft in Höhe des Guthabens des Forderungskontos. Ob bei der Abtretung des Gesellschaftsanteils die Forderungskonten mit übergehen, wenn keine individualvertragliche Regelung getroffen wurde, ist eine Frage des Parteiwillens. Nach der zutreffenden Rechtsprechung besteht hierfür eine Vermutung.[95]

3. *Liquidation der Gesellschaft*

Die Unterscheidung von Kapital- und Forderungskonten kommt weiterhin in der Liquidation der Gesellschaft zum Tragen. Gemäß § 155 HGB ist „das nach Berichtigung der Schulden verbleibende Vermögen der Gesellschaft [...] von den Liquidatoren nach dem Verhältnisse der Kapitalanteile, wie sie sich auf Grund der Schlußbilanz ergeben, unter die Gesellschafter zu verteilen." Das besagt, dass im gesetzlichen Modell ein Liquidationsgewinn zu ermitteln ist, der nach dem Gewinnverteilungsschlüssel auf die Kapitalanteile aufgeteilt wird.[96] Dieser endgültige Kapitalanteil bestimmt das Auseinandersetzungsguthaben des Gesellschafters. Die Summe der Auseinandersetzungsguthaben der Gesellschafter muss sich mit dem verteilungsfähigen Vermögen decken.[97]

Festgestellte Guthaben auf Forderungskonten des Kommanditisten können vor der Schlussverteilung nach § 155 Abs. 1 HGB geltend gemacht werden.[98] Kapitalkonten gehen also in die Ermittlung des Liquidationsanteils ein,[99] während Guthaben auf Forderungskonten unabhängig vom Liquidationsanteil geltend

---

93 *Ehricke*, in: E/B/J/S, § 120 Rn. 83; *Priester*, in: MünchKommHGB, § 120 Rn. 98.

94 OLG Stuttgart v. 31.10.2012 – 14 U 19/12, DStR 2013, 1138, 1139, 1140. Das kann für die Haftung des Kommanditisten von Bedeutung sein, vgl. dazu unten 1. Kapitel C.II.5.

95 BGH v. 5. 5. 1986 – II ZR 163/85, NJW-RR 1987, 286, 287; BGH v. 25.4.1966 – II ZR 120/64, BGHZ 45, 221 = NJW 1966, 1307, 1309; BGH v. 24. 8. 1972 – II ZR 98/70, NJW 1973, 328.

96 *Huber*, Vermögensanteil, S. 180 f.; *ders.*, ZGR 1988, 1, 6; *Habersack*, in: Staub, § 155 Rn. 7.

97 *Habersack*, in: Staub, § 155 Rn. 8.

98 Vgl. BFH v. 26.6.2007 – IV R 29/06, BStBl. II 2008, 103, 105 = BFHE 218, 291 = DStR 2008, 31, 33; *Dötsch*, in: FS Spindler, S. 505, 601.

99 Vgl. nur Koller/*Kindler*/Roth/Morck, § 155 Rn. 2.

gemacht werden können.[100] Da Sollbeträge auf Forderungskonten Verbindlichkeiten des Gesellschafters gegenüber der Gesellschaft sind, kann sich der ausgeschiedene Kommanditist in Anbetracht des negativen Forderungskontos nicht auf § 167 Abs. 3 HGB berufen, sondern muss die Verbindlichkeit erfüllen.

4. *Ausscheiden des Gesellschafters*

Der gleiche Unterschied zwischen Kapital- und Forderungskonten zeigt sich, wenn ein Gesellschafter aus der Gesellschaft ausscheidet. Die Rechtsfolgen des Ausscheidens aus der Gesellschaft sind in den §§ 738–740 BGB geregelt, die gemäß §§ 105 Abs. 3, 161 Abs. 2 HGB auf die oHG und KG entsprechend anzuwenden sind. Scheidet ein Gesellschafter aus der Gesellschaft aus, erlischt seine Mitgliedschaft.[101] Seine Gesamthandsberechtigung und damit auch das Kapitalkonto, das seinen Wertanteil ausdrückt, wächst den verbleibenden Mitgliedern an.[102] Es ist daher ausgeschlossen, dass der ausscheidende Gesellschafter „sein" Kapitalkonto behält. An die Stelle des Gesellschaftsanteils tritt der Auseinandersetzungsanspruch nach § 738 Abs. 1 S. 2 BGB, der sich nach dem fiktiven Auseinandersetzungsguthaben im Zeitpunkt des Ausscheidens bestimmt.[103] Zur Berechnung des fiktiven Auseinandersetzungsguthabens werden, anders als in der Liquidation, Fortführungswerte zugrunde gelegt.[104] Hierzu wird nach der heute überwiegenden Ansicht der Abfindungsanspruch nach dem Ertragswert oder den abgezinsten Zahlungsströmen (sog. *Discounted-Cash-Flow*-Verfahren) des Unternehmens ermittelt.[105] Die Differenz zwischen dem aufgrund der

---

100 BFH v. 26.6.2007 – IV R 29/06, BStBl. II 2008, 103, 105 = BFHE 218, 291 = DStR 2008, 31, 33; *Karsten Schmidt*, in: MünchKommHGB, § 155 Rn. 23. Zur Durchsetzungssperre von Drittgläubigerforderungen in einer GbR vgl. BGH v. 3. 4. 2006 – II ZR 40/05, NZG 2006, 459; **aA** *Hillmann*, in: E/B/J/S, § 155 Rn. 17.

101 *Schäfer*, in: Staub, § 131 Rn. 107.

102 *Schäfer*, in: Staub, § 131 Rn. 107; vgl. auch *Huber*, Vermögensanteil, S. 233 f.

103 *Schäfer*, in: Staub, § 131 Rn. 143; in Gesellschaftsverträgen wird die Berechnung des Auseinandersetzungsanspruchs in der Regel ausführlich geregelt. Denkbar ist auch eine Buchwertklausel, nach der der Auseinandersetzungsanspruch dem Kapitalanteil im Zeitpunkt des Ausscheidens entspricht.

104 BGH. v. 24.9.1984 – II ZR 256/83, NJW 1985, 192, 193; *Kamanabrou*, in: Oetker, § 131 Rn. 52; *Karsten Schmidt*, in: MünchKommHGB, § 131 Rn. 142.

105 Vgl. *Kamanabrou*, in: Oetker, § 131 Rn. 57; *Karsten Schmidt*, in: MünchKommHGB, § 131 Rn. 143; *Schäfer*, in: MünchKommBGB, § 738 Rn. 35 f.; streitig ist, ob der Liquidationswert eine Untergrenze für den Ertragswert darstellt, vgl. **dafür** BGH v. 17.1.1973 – IV ZR 142/70, NJW 1973, 509, 510; BGH v. 13.3.2006 – II ZR 295/04, DStR 2006, 1005 (offen gelassen aber, ob das in jedem Fall gilt); *Kamanabrou*,

betriebswirtschaftlichen Unternehmensbewertung gewonnen Unternehmenswert und dem Buchwert wird nach dem Gewinnverteilungsschlüssel auf die Gesellschafter aufgeteilt.[106] Das Abfindungsguthaben wird berechnet als Summe des Kapitalkontos und des Anteils am Bewertungsgewinn.[107] Ist im Gesellschaftsvertrag eine „Buchwertklausel" vorgesehen, nach der dem Gesellschafter der Nominalbetrag seines Kapitalanteils zusteht, so deckt sich, solange man von der Wirksamkeit der Buchwertklausel ausgeht,[108] das Auseinandersetzungsguthaben mit dem Kapitalanteil.[109]

Forderungskonten wachsen mit dem Ausscheiden nicht den anderen Gesellschaftern an und sind in die Berechnung des Auseinandersetzungsanspruchs nicht einzubeziehen.[110] Sie können unabhängig vom Auseinandersetzungsanspruch geltend gemacht oder in der Gesellschaft stehen gelassen werden.[111] In der Praxis wird der qualitative Unterschied zwischen der Behandlung von Guthaben auf Kapital- und Forderungskonten im Rahmen der Auseinandersetzung allerdings nur bei Kommanditisten deutlich. Die Guthaben und Salden persönlich haftender Gesellschafter auf Forderungskonten werden regelmäßig mit dem (negativen) Auseinandersetzungsanspruch verrechnet, um ein Hin- und Herzahlen zu vermeiden.[112] Kommanditisten dagegen, die ein negatives Kapitalkonto nach

---

in: Oetker, § 131 Rn. 57; **dagegen** *Großfeld*, Unternehmensbewertung, Rn. 1115; *Karsten Schmidt*, in: MünchKommHGB, § 131 Rn. 142, 145.

106 BGH v. 21.4.1955 - II ZR 227/53, BGHZ 17, 130, 133, 136 = NJW 1955, 1025, 1027; *Roth*, in: Baumbach/Hopt, § 131 Rn. 50; *Piehler/Schulte*, in: MünchHdbGesR I, § 75 Rn. 43.

107 *Winnefeld*, in: Bilanz-Handbuch, L Rn. 156; *Schulze-Osterloh*, ZGR 1986, 545, 556.

108 Zur Inhaltskontrolle von Buchwertklauseln vgl. BGH v. 29.5.1978 - II ZR 52/77, NJW 1979, 104; BGH v. 24.5.1993 - II ZR 36/92, NJW 1993, 2101; BGH v. 17.12.2001 - II ZR 348/99, NZG 2002, 176; *Karsten Schmidt*, in: MünchKommHGB, § 131 Rn. 167.

109 *Huber*, Vermögensanteil, S. 234.

110 BGH v. 23.2.1987 - II ZR 145/76, BB 1978, 630, 631 unter 1b; der BGH hält es allerdings für möglich, dass auch Forderungskonten gesellschaftsvertraglich mit in die Auseinandersetzung einbezogen werden. Eine solche Regelung sei allerdings so ungewöhnlich, dass sie im Gesellschaftsvertrag ausdrücklich hätte geregelt werden müssen; wie hier auch der Mustervorschlag bei *Götze*, in: MünchVertragsHdbGesR, III.1 § 13 Abs. 3, S. 218.

111 *Froning*, in: MünchAnwHdbPersG, E § 8 Rn. 46; *Rodewald*, GmbHR 1998, 521, 526; das Stehenlassen in der Gesellschaft ist insbesondere bei Kommanditisten erforderlich, um das Wiederaufleben der Haftung nach § 172 Abs. 4 HGB zu verhindern, dazu ausführlich unten 1. Kapitel C.II.5.

112 Der Komplementär und der oHG-Gesellschafter müssen im Zweifel ein negatives Auseinandersetzungsguthaben ausgleichen und können daher Beträge von

§ 167 Abs. 3 HGB nicht ausgleichen müssen, können ihr Guthaben auf positiven Forderungskonten bei Auseinandersetzung der Gesellschaft unabhängig von einem etwaigen negativen Auseinandersetzungsanspruch herausverlangen.[113]

5. *Haftung des Kommanditisten*

Der Zusammenhang zwischen den Gesellschafterkonten und der Haftung des Kommanditisten kann über den Begriff der Einlage hergestellt werden. Der Begriff der Einlage wird in §§ 167 ff. HGB uneinheitlich verwendet. Nach der inzwischen etablierten Terminologie[114] ist zwischen der für das Innenverhältnis maßgeblichen bedungenen Einlage (Einlage im Rechtssinne, §§ 167 Abs. 2, 169 Abs. 1 HGB), der geschuldeten Einlageleistung und der im Außenverhältnis relevanten Haftsumme zu unterscheiden.[115] Bedungene Einlage, geschuldete Einlageleistung und Haftsumme stimmen häufig überein, können aber auch voneinander abweichen. Beispielsweise kann der Gesellschafter eine Einlage in Höhe von 50 T€ vereinbart haben (bedungene Einlage), in dieser Höhe das Eigentum an einem Grundstück einbringen (geschuldete Einlageleistung) und im Handelsregister mit einer Haftsumme von 20 T€ eingetragen werden.

Der Kommanditist haftet den Gläubigern bis zur Höhe seiner Haftsumme. "Einlage" im Sinne von § 171 Abs. 1 Hs. 1 HGB bezieht sich daher auf die Haftsumme. Die Haftung ist aber gemäß Hs. 2 ausgeschlossen, soweit die *bedungene* Einlage geleistet ist. Nach dem strikten Wortlaut muss der Kommanditist eine Einlage, die im Innenverhältnis frei bewertbar ist, leisten, um von der Haftung im Außenverhältnis frei zu werden. Nach dem Kapitalaufbringungsprinzip wird der Kommanditist von der Haftung aber nur dann frei, wenn die Einlage objektiv

---

Darlehenskonten nur dann vor der abschließenden Auseinandersetzung geltend machen, wenn feststeht, dass sie diese nicht zurückzahlen müssen, BGH v. 9.3.1981 – II ZR 70/80, ZIP 1981, 612.

113 Vgl. auch BGH v. 23.2.1878 – I ZR 145/76, BB 1978, 630, 631.

114 Zuerst *Karsten Schmidt*, Einlage und Haftung, S. 2 ff.; vgl. *dens.* GesR, § 54 I 2, S. 1560 f.; *dens.* in: MünchKommHGB, §§ 171/172 Rn. 5 ff.

115 Häufig verwendet wird auch das Begriffspaar Pflichteinlage/Hafteinlage, vgl. etwa *v. Falkenhausen/Schneider*, in: MünchHdbGesR II, § 17 Rn. 6 ff.; das ist insofern ungenau, als dass auf die Haftsumme keine Einlage gezahlt wird, vgl. *Strohn*, in: E/B/J/S, § 171 Rn. 5.

den Wert der Haftsumme erreicht[116] und der Kommanditist „auf die Einlage" geleistet hat.[117]

Ob die Einlage den Wert der Haftsumme erreicht hat, kann von den Gesellschafterkonten abgelesen werden. Gutschriften auf Kapitalkonten sind „einlagerelevant" und damit haftungsbefreiend im Sinne von § 171 Abs. 1 Hs. 2 HGB.[118] Dagegen ist die Leistung eines Gesellschafters auf ein Forderungskonto nicht haftungsbefreiend.[119] Einlagen auf und Entnahmen von Kapitalkonten wirken sich daher auf die Haftung aus. Die Buchung von Geschäftsvorfällen auf Forderungskonten hat keinen Einfluss auf die Haftung des Gesellschafters.[120] Der gleiche Unterschied zwischen Kapital- und Forderungskonten gilt hinsichtlich des Wiederauflebens der Haftung nach § 172 Abs. 4 HGB. Entnahmen[121] vom

---

116 BGH v. 8.7.1985 – II ZR 269/84, BGHZ 95, 194 = NJW 1985, 2947; *Strohn*, in: E/B/J/S, § 171 Rn. 8, 39.

117 Auf die Unterscheide zwischen der Vertrags- und der Verrechnungstheorie ist hier nicht einzugehen, vgl. dazu nur *Karsten Schmidt*, in: MünchKommHGB, §§ 171/172 Rn. 46.

118 Koller/*Kindler*/Roth/Morck, § 172 Rn. 12 (Leistung muss der Zufuhr von Eigenkapital dienen); *Aderhold*, in: HdbPersG, I Rn. 2427.

119 *Wälzholz*, DStR 2011, 1815, 1818.

120 Umstritten ist, wie sich ein Kommanditist, der nach dem gesetzlichen Modell der Gesellschafterkonten nur ein in Höhe der Pflichteinlage begrenztes Kapitalkonto hat, von der Außenhaftung befreien kann, wenn seine Haftsumme höher ist als die Pflichteinlage (ausführlich hierzu *Schmelz*, DStR 2006, 1704 ff.). Nach *Karsten Schmidt* ist § 171 Abs. 1 S. 2 HGB dahingehend fortzubilden, dass der Kommanditist (vor allem in der Insolvenzsituation) seine Haftung durch Leistung in das Eigenkapital der Gesellschaft beseitigen kann (*Karsten Schmidt*, in: MünchKommHGB, §§ 171/172 Rn. 42). Nach anderer Ansicht kann sich der Gesellschafter von seiner Haftung befreien, indem er stehengelassene Gewinne auf die Haftsumme anrechnen lässt (*Huber*, ZGR 1988, 1, 25) oder den überschießenden Betrag an die Gesellschaft zahlt (BGH v. 9.12.1971 – II ZR 33/68, BGHZ 58, 72, 76 = NJW 1972, 480, 482; *Gummert*, in: Henssler/Strohn, §§ 171/172 HGB Rn. 27; *Strohn*, in: E/B/J/S, § 171 Rn. 41; vgl. auch schon die Denkschrift S. 111). Mit Blick auf die Gesellschafterkonten ist eine haftungsbefreiende Wirkung von Buchungen auf einem Forderungskonto jedenfalls abzulehnen.

121 Als Entnahme ist auch die Zahlung eines Abfindungsanspruchs zu qualifizieren, wenn der Kommanditist aus der Gesellschaft ausscheidet. Will der ausgeschiedene Kommanditist seine Nachhaftung vermeiden, muss er einen Betrag in Höhe der Haftsumme in der Gesellschaft stehen lassen. Problematisch ist, dass er ein Kapitalkonto mangels Mitgliedschaft nicht mehr führen kann und Guthaben auf Forderungskonten grundsätzlich nicht die Haftung beseitigen. Die herrschende Meinung geht davon aus, dass das Stehenlassen der Haftsumme auf dem Forderungskonto zur

Kapitalkonto können zum Wiederaufleben der Haftung führen, wenn das Kapitalkonto unter den Betrag der Haftsumme fällt.[122] Auszahlungen von Forderungskonten, wie dem zweiten Gesellschafterkonto des Kommanditisten, sind hingegen haftungsunschädlich,[123] und zwar auch dann, wenn das Kapitalkonto durch Verluste unter den Betrag der Haftsumme gesunken ist.[124] Wird das Forderungskonto negativ, ist der Gesellschafter zwar gegenüber der Gesellschaft zur Rückzahlung verpflichtet, haftet aber nicht nach §§ 172 Abs. 1, 172 Abs. 4 HGB im Außenverhältnis.

6. *Steuerrecht*

Schließlich ist die Abgrenzung von Kapital- und Forderungskonten im Steuerrecht relevant. Grundsätzlich sind für die Bestimmung der Rechtsnatur der steuerrechtlichen Gesellschafterkonten wie für diejenigen der handelsrechtlichen Gesellschafterkonten die gesetzlichen und gesellschaftsvertraglichen Regelungen entscheidend.[125] Die handelsrechtliche Bestimmung von Gesellschafterkonten kann aber durch steuerrechtliche Wertungen beeinflusst werden, so dass es zumindest möglich erscheint, dass Gesellschafterkonten steuerrechtlich anders

---

Beseitigung der Außenhaftung ausreicht (BGH v. 9.5.1963 – II ZR 124/61, BGHZ 39, 319, 331 = NJW 1963, 1873, 1876; *Gummert*, in: Henssler/Strohn, §§ 171/172 HGB Rn. 27; *Strohn*, in: E/B/J/S, § 172 Rn. 39; *Huber*, ZGR 1988, 1, 25; aA *Oetker*, in: Oetker, § 172 Rn. 27 (Darlehen muss durch Rangrücktritt zu Eigenkapital werden); *Karsten Schmidt*, in: MünchKommHGB, §§ 171/172 Rn. 72, 73; *ders.*, Einlage und Haftung, S. 74 ff.; *Keuk*, ZHR 135 (1971), 410, 420, 423). Nach *Karsten Schmidt* hat eine Buchung auf einem getrennt zu verwaltenden „Haftkapitalkonto" zu erfolgen (*Karsten Schmidt*, in: MünchKommHGB, §§ 171/172 Rn. 43). Mit Blick auf die Gesellschafterkonten kann der ausgeschiedene Kommanditist einen der Haftsumme entsprechenden Teil des Abfindungsguthabens auf einem Forderungskonto stehen lassen und im Fall der Inanspruchnahme durch Drittgläubiger haftungsbefreiend gegenüber der Gesellschaft mit seinem Auszahlungsanspruch aufrechnen. Die Buchung auf einem Forderungskonto wirkt nicht haftungsbefreiend.

122 *Huber*, ZGR 1988, 1, 13; *Karsten Schmidt*, in: MünchKommHGB, §§ 171/172 Rn. 72; *Keuk*, ZHR 135 (1971), 410, 420; **aA** *Joost*, ZGR 1987, 370, 386 ff.: Die Zahlung soll nur dann haftungsschädlich sein, wenn die KG eine „Unterbilanz" aufweist.

123 Vgl. *Karsten Schmidt*, in: MünchKommHGB, §§ 171/172 Rn. 64.

124 *Potsch*, Grundfragen Kommanditistenhaftung, S. 226.

125 Vgl. etwa BFH v. 15.5.2008 – IV R 46/05, BStBl. II 2008, 812 = DStR 2008, 1577, 1578; FG Nürnberg v. 22.10.2008 – 7 K 318/2007, EFG 2009, 2019; FG Hamburg v. 10.10.2012 – 2 K 171/11, BeckRS 2012, 96638; *Ley*, DStR 2009, 613, 614; *Wüllenkemper*, BB 1991, 1904, 1909.

qualifiziert werden als handelsrechtlich.[126] Daher werden die Gesellschafterkonten im Steuerrecht im Anschluss an die handelsrechtliche Bestimmung der Rechtsnatur von Gesellschafterkonten gesondert im 4. Kapitel untersucht.

III. Unzulässigkeit von Mischkonten

In Anbetracht der geschilderten Relevanz der Qualifikation eines Gesellschafterkontos als Kapital- oder Forderungskonto muss in jeder Hinsicht Klarheit über die Rechtsnatur der Gesellschafterkonten eines Gesellschafters bestehen. Als Rechtsnatur von Gesellschafterkonten kommt vor dem Hintergrund der gesetzlichen Regelung der §§ 120 ff., 167 ff. HGB alternativ die Qualifikation als Kapital- oder Forderungskonto in Betracht. Es stellt sich aber die Frage, ob es auch „Mischkonten" gibt, die sich der Kategorisierung als Kapital- oder Forderungskonto entziehen. Die Existenz dieser Konten und ihre Zulässigkeit werden selten diskutiert. Teilweise werden Mischkonten explizit[127] für zulässig befunden oder zumindest implizit [128] als zulässig vorausgesetzt. Insbesondere *Wiedemann* geht davon aus, dass Gesellschaftsverträge Mischkonten vorsehen können, auf denen „sowohl gesellschafts- wie schuldrechtlicher Vermögenstransfer verzeichnet werden soll".[129] Die Rechtsfolgen müssten dann an die jeweiligen Einzelbewegungen geknüpft werden. Nach *Priester* sind Mischkonten zu vermeiden, da sie Probleme für den Eigenkapitalausweis aufwerfen.[130] *Wüllenkemper*, der die Buchung von Geschäftsvorfällen unterschiedlicher Rechtsnatur auf ein und demselben Gesellschafterkonto grundsätzlich ablehnt,[131] hält es zumindest für denkbar, „einzelne, zutreffend verbuchte Zahlungsvorgänge von den

---

126 Im Ergebnis ändert sich die Rechtsnatur der Gesellschafterkonten nur durch den Einfluss des Sonderbetriebsvermögens. Andere steuerrechtliche Einflüsse wirken sich nur auf die Höhe der Gesellschafterkonten aus, dazu unten 4. Kapitel C.

127 BFH v. 5.6.2002 – I R 81/00, DStR 2002, 1480, 1482; *Dötsch*, in: FS Spindler, S. 595, 615; *Wiedemann*, in: FS Odersky, S. 925, 936 f.; missverständlich *Winnefeld*, in: BilanzHdb, A VIII 3, Rn. 331: „Für die Gesellschafter der Personenhandelsgesellschaft werden verschiedene Kapitalkonten geführt, auf denen teilweise auch Fremdkapital gebucht wird (z. B. das Verrechnungskonto)".

128 BFH v. 3.2.1988 – I R 394/83, BStBl. II 551 = BFHE 152, 543 = BB 1988, 1312, 1314; *Priester*, in: MünchKommHGB, § 120 Rn. 105; *Wälzholz*, DStR 2011, 1815, 1816 („Dabei ist dafür Sorge zu tragen, dass es sich bei denjenigen Gesellschafterkonten, die nach dem Gesellschaftsvertrag gebildet werden, möglichst nicht um Mischkonten handelt…").

129 *Wiedemann*, in: FS Odersky, S. 925, 936 f.

130 *Priester*, in: MünchKommHGB, § 120 Rn. 105.

131 *Wüllenkemper*, BB 1991, 1904, 1911.

Rechtsfolgen aus[zu]nehmen, die durch die Verbuchung auf dem betreffenden Konto an sich eintreten müßten, und sie stattdessen einem anderen Rechtsstatut zu unterstellen."[132] Das habe nicht zur Folge, dass sich die Rechtsnatur des Gesellschafterkontos ändere und könnte im Einzelfall auch im Außenverhältnis wirksam sein. Wie diese Ausgestaltung rechtlich durchführbar (Gesellschafterbeschluss oder Regelung im Gesellschaftsvertrag) und zu kennzeichnen ist, bleibt allerdings offen. Schließlich gibt es auch die Auffassung, dass ein negatives Kapitalkonto, auf dem Verluste und Entnahmen gebucht wurden, ein Mischkonto sei und aufgeteilt werden müsse, weil die Verluste das Kapital belasten und die Entnahmen zu Forderungen der Gesellschaft gegen den Gesellschafter führen.[133]

Auch der Bundesfinanzhof hat sich vereinzelt mit der Buchung von Geschäftsvorfällen unterschiedlicher Rechtsnatur auf einem Gesellschafterkonto befasst. Der BFH formuliert zu einer steuerrechtlichen Frage:[134]

> „Gleichermaßen kann die Kl. nichts daraus herleiten, dass auf dem Kapitalkonto II auch Teilbeträge des Eigenkapitals verbucht wurden. Eine mögliche Qualifikation bestimmter Teilbeträge des Kapitalkontos II als Fremdkapital kann nichts daran ändern, dass es sich bei der Einbringung der Grundstücke materiell um eine Einlage in das Vermögen der KG handele. Die Kl. räumt selbst ein, dass diese Qualifikation von Teilbeträgen als Eigen- oder Fremdkapital weder in die eine noch in die andere Richtung wirklich aussagekräftig ist."[135]

Der BFH sieht damit die Möglichkeit, dass auf einem Gesellschafterkonto sowohl Eigen- als auch Fremdkapitalbestandteile gebucht werden können, ohne dass eine der Buchungen als Fehlbuchung korrigiert werden muss. Allerdings kann bezweifelt werden, dass in dem zugrunde liegenden Sachverhalt auch handelsrechtlich ein Mischkonto vorgelegen hat.[136] Eindeutig ist dagegen die

---

132 *Wüllenkemper*, BB 1991, 1904, 1911 Fn. 44.

133 *Dötsch*, in: FS Spindler, S. 595, 615.

134 Die KG hatte drei „Kapitalkonten“: Auf dem Kapitalkonto I wurde die Hafteinlage als Festkonto gebucht, auf dem Kapitalkonto II anteilige Gewinne, Einlagen und Entnahmen und auf einem Kapitalkonto III anteilige Verluste und anteilige Gewinne bis zum Verlustausgleich, BFH v. 5.6.2002 – I R 81/00, DStR 2002, 1480.

135 BFH v. 5.6.2002 – I R 81/00, DStR 2002, 1480, 1482.

136 Auf dem betreffenden Kapitalkonto II waren Einlagen, Gewinne und Entnahmen des Kommanditisten zu buchen. Es ging um die Frage, ob die Wertsteigerung bei der Übertragung zweier Grundstücke entgeltlich im Sinne von § 49 Abs. 1 Nr. 2 Buchstabe f EStG 1990/1994 war. Der BFH führt dazu aus, dass Entgeltlichkeit anzunehmen sei, wenn die Gegenleistung in der Gewährung eines Gesellschaftsanteils liegt, aber auch wenn als Gegenleistung der Wert auf einem Forderungskonto gutgeschrieben wird, ohne dass sich die gesellschaftsrechtliche Stellung ändert. Die

Aussage des BFH im Urteil vom 16.10.2008. Mit Hinweis auf *Wüllenkemper* hielt es der BFH in einem *obiter dictum* für möglich, dass auf ein und demselben Gesellschafterkonto gebuchte Zahlungsvorgänge eigenkapital- und fremdkapitalrelevant sind. [137] Ein gegenteiliger Grundsatz gelte jedenfalls nicht ausnahmslos.

Gegen die Zulässigkeit einer eigenen Kategorie „Mischkonten" neben den Kapital- und Forderungskonten spricht, dass bei einem Mischkonto die Auswirkungen jedes einzelnen Geschäftsvorfalls bestimmt werden müssten, da nicht an das Saldo des Mischkontos angeknüpft werden kann. Dies würde zu erheblicher Rechtsunsicherheit führen.[138] Zudem gibt es Geschäftsvorfälle, die sowohl auf Kapital- als auch auf Forderungskonten gebucht werden können, etwa der Anteil eines Gesellschafters am Gewinn. Die im Gesellschaftsvertrag festgelegte oder durch Gesellschafterbeschluss vereinbarte Buchung hat Auswirkung darauf, ob der Gewinn dem Eigen- oder dem Fremdkapital zugebucht wird. Würde der Gewinn einem Mischkonto zugeschrieben, könnte die Rechtsfolge der Buchung nicht bestimmt werden.

Weiterhin ist es in den soeben unter II beschriebenen Fällen nicht möglich, die rechtliche Relevanz eines Mischkontos zu bestimmen.[139] Wenn Regelungen über die Berechnung des Abfindungsguthabens oder die Auseinandersetzung in der Liquidation an die Rechtsnatur der Gesellschafterkonten anknüpfen, können

---

Wertsteigerung einer Beteiligung sei hingegen nur ein Reflex der Einlage und damit keine Gegenleistung in Form eines Veräußerungspreises. Der BFH schrieb dem Konto auf dieser Grundlage Forderungscharakter zu und hat in der Einlage einen entgeltlichen Vorgang gesehen. Dagegen spreche nicht, dass auf dem Konto Grundstücke als Einlage in das Vermögen der KG gebracht worden seien und diese Teil des Eigenkapitals darstellen. Ob das auf die hier untersuchte Situation anzuwenden ist, ist aber fraglich. Unterschieden werden muss zwischen dem steuerlichen und dem handelsrechtlichen Begriff der Einlage. Eine handelsrechtliche Einlage wird zur Mehrung der Haftungsmasse in das Gesamthandsvermögen der Gesellschaft geleistet. Sie erhöht das Eigenkapital. Eine steuerrechtliche Einlage wird von einem Gesellschafter in das Vermögen der Gesellschaft geleistet. Sie kann entweder auf einem Kapital- oder auf einem Forderungskonten gebucht werden und erhöht nicht notwendig das Eigenkapital. Die Buchung von Einlagen im engeren handelsrechtlichen Sinne auf Forderungskonten ist eine Fehlbuchung. So handelt es sich bei der Entscheidung des BFH um eine Mischung von Eigen- und Fremdkapitalelementen im steuerrechtlichen Sinne. Handelsrechtlich können Einlagen im weiteren Sinne auch auf Forderungskonten gebucht werden.

137 BFH v. 16.10.2008 – IV R 98/06, BStBl. II 2009, 272 = BFHE 223,149 = DStR 2009, 212, 217.

138 *Wüllenkemper*, BB 1991, 1904, 1911.

139 Ebd.

Mischkonten diese Aufgabe nicht erfüllen. Naturgemäß kämen Fehlbuchungen praktisch nicht vor, es sei denn, dass bspw. Geschäftsvorfälle mit zwingendem Kapitalcharakter (formelle Einlagen) auf Forderungskonten oder etwa Forderungen aus Lieferung und Leistung auf Kapitalkonten gebucht werden. Zwar spricht nichts dagegen, Beträge auf dem gleichen Gesellschafterkonto in Bezug auf Kündbarkeit, Verzinsung oder Abtretbarkeit unterschiedlich zu behandeln.[140] Die Mischung von Eigen- oder Fremdkapital tritt aber in Konflikt mit den Grundsätzen ordnungsmäßiger Buchführung. Sie widerspricht insbesondere dem aus dem Gebot der Klarheit abgeleiteten Prinzip der Kontenklarheit.[141]

Mischkonten sind damit als handelsrechtliche Gesellschafterkonten nicht zulässig.[142] Ein Geschäftsvorfall, der auf einem Kapitalkonto gebucht wird, muss Kapitalcharakter haben, ebenso wie nur ein Geschäftsvorfall mit Forderungscharakter auf einem Forderungskonto gebucht werden kann. Geschäftsvorfälle unterschiedlicher Rechtsnatur können nicht auf demselben Gesellschafterkonto gebucht werden.

D. Feste und bewegliche Kapitalkonten

Die soeben dargestellten Unterschiede zwischen Kapital- und Forderungskonten wurden aus dem „gesetzlichen Modell“ der Gesellschafterkonten abgeleitet, nach dem der Komplementär ein und der Kommanditist zwei Gesellschafterkonten hat. Eine weitere Differenzierung innerhalb der Gesellschafterkonten hat die Vertragspraxis entwickelt: die Trennung des Kapitalkontos in einen festen und einen beweglichen Teil.

---

140 Vgl. BGH v. 23.2.1978 – II ZR 145/76, NJW 1978, 1053 (Gutschriften auf Darlehenskonten unterliegen grundsätzlich den gesellschaftsrechtlichen Regeln des Kontos, Ausnahmen sind daher möglich).

141 Zum Prinzip der Kontenklarheit BFH v. 3.2.1988 – I R 394/83, BStBl. II 1988, 551 = BFHE 152, 543 = BB 1988, 1312, 1314 (hier allerdings verstanden als Prinzip, dass die Konten im Zweifel klar und wahr sind); *Sassenrath*, in: HdbPersG, I Rn. 583b; zum Klarheitsprinzip der GoB allgemein *Ballwieser*, in: MünchKommHGB, § 243 Rn. 60 ff.

142 Im Ergebnis ebenso BGH v. 23.2.1978 – II ZR 145/76, BB 1978, 630, 631; *Pauli*, Eigenkapital, S. 131; *Roth*, in: Baumbach/Hopt, § 120 Rn. 20; *Froning*, in: MünchAnwHdbPersG, § 8 Rn. 35; *Wüllenkemper*, BB 1991, 1904, 1911.

I. Trennung in feste und bewegliche Kapitalkonten

Bereits erläutert wurde, dass das Gesetz nur vom Kapitalanteil spricht und seine Darstellung auf Kapital- und Forderungskonten voraussetzt. Im „gesetzlichen Modell" gibt es ein variables Kapitalkonto, das negativ, null oder positiv sein kann. Das Kapitalkonto ist für den Komplementär unbegrenzt variabel und nur für den Kommanditisten nach § 167 Abs. 2 HGB in der Höhe der bedungenen Einlage begrenzt. Neben dem Kapitalkonto setzt das Gesetz für den Kommanditisten ein Forderungskonto voraus.[143]

Unerlässlich sind somit drei verschiedene Konten: das variable Kapitalkonto des persönlich haftenden Gesellschafters, das variable in seiner Höhe beschränkte Konto des Kommanditisten und das Forderungskonto des Kommanditisten. In nahezu allen professionell gestalteten Gesellschaftsverträgen wird das variable Kapitalkonto in ein festes und ein bewegliches[144] Kapitalkonto aufgeteilt.[145] In Abgrenzung zum gesetzlichen Modell wird vom „vertraglichen System" oder vom System der „geteilten Kapitalkonten" gesprochen.[146] Feste Kapitalkonten werden als Anknüpfungspunkt für Vermögens- und Mitgliedschaftsrechte vereinbart,[147] damit der Einfluss auf und die Vorteile aus der Gesellschaft in einem konstanten Verhältnis zwischen den Gesellschaftern verteilt sind.[148] Zu den Rechten, die sich am festen Kapitalkonto orientieren, gehören regelmäßig die Gewinnanteile, das Abfindungs- bzw. Auseinandersetzungsguthaben sowie die Stimmrechte der Gesellschafter.[149] Variable Kapitalkonten sind für die Anknüpfung dieser Rechte ungeeignet, da sich das Verhältnis der Beteiligungs- und Vermögensrechte im

143 *Huber*, Vermögensanteil, S. 255; *Rodewald*, GmbHR 1998, 521, 523.

144 Auch das „bewegliche" Kapitalkonto ist ein „variables" Kapitalkonto. Beweglich und variabel meinen das gleiche, werden aber im Folgenden unterschieden, um zwischen dem gesetzlichen und vertraglichen Kontenmodellen auch sprachlich zu differenzieren.

145 Vgl. nur *Priester*, in: MünchKommHGB, § 120 Rn. 101 ff.

146 Nach *Huber*, Vermögensanteil, S. 240. Das „gesetzliche Modell" bezeichnet *Huber* im Gegenzug als „System der variablen Kapitalanteile und einheitlichen Kapitalkonten", a. a. O., S. 236.

147 Ausführlich zur Einführung fester Kapitalkonten *Huber*, Vermögensanteil, S. 236 ff.; vgl. auch *Plassmann*, BB 1978, 413 f.

148 *Sassenrath*, in: HdbPersG, I Rn. 577 a; feste Kapitalkonten sind seit langem gebräuchlich, vgl. schon RG v. 4.3.1930 – II 207/29, RGZ 128, 172, 175.

149 Vgl. nur *Götze*, in: MünchVertragsHdbGesR, III.1, S. 216 (§ 6 Abs. 4 für Stimmrechte; § 8 Abs. 1 für den Gewinnanteil).

Lauf der Zeit abhängig vom Stand des variablen Kapitalkontos ändern könnte[150] und eine Anknüpfung an negative Kapitalkonten versagt.[151]

Neben dem festen Kapitalkonto muss dann konsequenterweise mindestens ein bewegliches Kapitalkonto geführt werden,[152] weil nach dem oben unter A.III.2 dargestellten Zusammenhang zwischen Kapitalkonten und Eigenkapital in der Bilanz die Summe der Kapitalkonten aller Gesellschafter mit dem Eigenkapital der Gesellschaft übereinstimmen muss. Da das Eigenkapital der Gesellschaft seinerseits variabel ist,[153] muss mindestens ein Kapitalkonto jedes Gesellschafters, der an Gewinn und Verlust der Gesellschaft beteiligt ist, ein bewegliches Konto sein.[154]

II. Keine Notwendigkeit fester Kapitalkonten

Es ist allgemeine Praxis, in Gesellschaftsverträgen feste Kapitalkonten einzurichten.[155] Die Gesellschafterrechte werden über die festen Kapitalkonten in einem starren Verhältnis zueinander festgelegt und können bei Eintritt neuer und Austritt alter Gesellschafter an die neuen Verhältnisse angepasst werden. Da das feste Kapitalkonto Anknüpfungspunkt für die Vermögens- und Mitgliedschaftsrechte eines Gesellschafters ist, muss es konstant bleiben, solange keine Änderung der Gesellschafterrechte gewollt ist. Daher ändert sich das feste Kapitalkonto auch dann nicht, wenn die Einlage durch Verluste oder Entnahmen aufgezehrt ist. Der Stand der Einlage wird nur über die Summe der Kapitalkonten sichtbar. Das feste

---

150 Vgl. dazu *Huber*, Vermögensanteil, S. 183 f.; *Flume*, AT I/1, § 11 II 2, S. 150; *Priester*, in: MünchKommHGB, § 120 Rn. 100; *Sassenrath*, in: HdbPersG, I Rn. 586; *Schäfer*, in: Staub, § 120 Rn. 60; *Huber*, ZGR 1988, 1, 43.

151 *Huber*, ZGR 1988, 1, 43; die Auswirkungen sind allerdings gering: Im gesetzlichen System fallen nur die Vorabvergütung und die Entnahmerechte nach § 122 HGB weg. Gewinnbeteiligung und Stimmrechte richten sich davon unabhängig nach Köpfen.

152 Vgl. etwa *Hoffmann*, DStR 2000, 837, 841; *Emmerich*, in: Heymann, § 120 Rn. 3. Das feste Kapitalkonto entspricht daher auch nicht dem variablen, in der Höhe beschränkten Kapitalkonto des Kommanditisten. Dieses ist zwar nach oben in der Höhe beschränkt, nach unten aber variabel.

153 Vgl. ausführlich zum Eigenkapital sogleich 1. Kapitel E.

154 *Priester*, in: MünchKommHGB, § 120 Rn. 104.

155 Anders noch der empirische Befund aus dem Jahr 1980 von *Morck*, vertragliche Gestaltung, S. 93; 58,9 % der untersuchten Gesellschaften hatten bewegliche Kapitalanteile. Umso höher die Zahl der Gesellschafter, desto eher wurden feste Kapitalkonten vereinbart. Während in nur 26 % der Gesellschaften mit 2 Gesellschaftern Kapitalkonten vereinbart worden waren, hatten Gesellschaften ab 4 Gesellschaftern zu mehr als zwei Dritteln feste Kapitalkonten.

Kapitalkonto ist nur als starrer Wert von Bedeutung, der nicht unbedingt durch eine Buchung auf einem Gesellschafterkonto dargestellt werden muss.

Es stellt sich daher die Frage, ob auf das feste Kapitalkonto nicht verzichten werden könnte. Stattdessen kann im Gesellschaftsvertrag jeder Beteiligung ein Wert zugeordnet werden, der bei Ein- oder Austritt von Gesellschaftern wie das feste Kapitalkonto an die veränderten Beteiligungsverhältnisse angepasst wird.[156] Beispielsweise kann Kommanditist A 50 Anteile, B 20 Anteile und C 30 Anteile haben. Gewinnanteile, Stimmrechte und Auseinandersetzungsguthaben berechnen sich nach dem Verhältnis der Anteile zueinander. Dann wird nur ein bewegliches Kapitalkonto geführt, so wie es das Gesetz für den oHG-Gesellschafter und mit Einschränkungen den Kommanditisten vorsieht. Auf dem beweglichen Kapitalkonto werden neben der Pflichteinlage und Verlusten weitere Entnahmen und Einlagen gebucht, die das Eigenkapital der Gesellschaft betreffen sollen. Außerdem können nicht entnahmefähige Gewinne auf diesem Gesellschafterkonto gebucht werden, soweit die Gesellschafter hierdurch die Kapitalbasis stärken wollen. Neben diesem einen Kapitalkonto müssten nur ein oder zwei weitere Forderungskonten geführt werden, wenn zwischen entnahmefähigen und nicht entnahmefähigen Gewinnen unterschieden werden soll.

Ein wesentlicher Vorteil der beschriebenen Kontengestaltung ist, dass das Eigenkapital der Gesellschaft aus der Summe der Kapitalkonten stets ablesbar ist. Es ist kein Verlustvortragskonto erforderlich, das zunächst mit dem festen Kapitalkonto und eventuell weiteren Kapitalkonten verrechnet werden muss, damit die aktuelle Einlage des Gesellschafters festgestellt werden kann. Es müssen auch keine Rücklagenkonten für nicht entnahmefähige Gewinne gebildet werden. Soweit das Kapitalkonto negativ ist, werden nicht entnahmefähige Gewinne dazu genutzt, das negative Kapitalkonto aufzufüllen. Einzig für Kommanditisten bietet es sich an, ein Gesellschafterkonto einzuführen, auf dem Entnahmen gebucht werden, falls das Kapitalkonto die Höhe der Haftsumme unterschritten hat. Über dieses Gesellschafterkonto wird abgelesen, ob die Haftung des Kommanditisten wieder aufgelebt ist.

Der Verzicht auf das feste Kapitalkonto macht weitere Kapitalkonten weitgehend entbehrlich. Dafür wird auf die beschriebenen Vorteile des Festkapitalkontos verzichtet. Deshalb ist dieses Modell ungebräuchlich. Im Folgenden wird

156 Eine andere Möglichkeit wäre, die Beteiligungsrechte quotal zu teilen. Dies würde jedoch eine Neuberechnung der Quoten bei jedem Ein- oder Austritt erforderlich machen, vgl. *Huber*, Vermögensanteil, S. 240; *Pauli*, Eigenkapital, S. 156.

deshalb von dem in der Praxis vorherrschenden Modell der festen und beweglichen Kapitalkonten ausgegangen.

III. Vertragliche Kontenmodelle

Die Vereinbarung fester Kapitalkonten hat zur Folge, dass in Gesellschaftsverträgen regelmäßig vom Gesetz abweichend vereinbart wird, welche Gesellschafterkonten für einen Gesellschafter geführt werden und welche Geschäftsvorfälle auf ihnen zu buchen sind. Dabei wird zumeist auf sogenannte Kontenmodelle zurückgegriffen.[157]

1. Das Zwei-Konten-Modell

Die Aufteilung des Kapitalkontos in einen festen und einen variablen Teil wird als **Zwei-Konten-Modell** bezeichnet.[158] Auf dem festen Gesellschafterkonto wird die Pflichteinlage, auf dem beweglichen Gesellschafterkonto werden geschuldete Einlagen, Gewinnanteile, Verluste und Entnahmen gebucht.[159] Das feste Kapitalkonto behält mit Ausnahme von Änderungen des Gesellschaftsvertrags einen konstanten Betrag. Auch wenn das bewegliche Kapitalkonto aufgrund von Entnahmen oder Verlusten negativ wird und selbst wenn das Eigenkapital der Gesellschaft negativ ist, bleibt das feste Kapitalkonto unverändert.

Das Zwei-Konten-Modell hat sich in der Praxis der Kommanditgesellschaft nicht durchgesetzt.[160] Insbesondere für den Kommanditisten ist die Verbuchung

---

157 Darstellungen der Kontenmodelle bei *Huber*, Vermögensanteil, S. 256 ff.; *ders.*, ZGR 1988, 1, 47 ff.; *Karsten Schmidt*, GesR, § 47 III 2 d, S. 1385; *Pauli*, Eigenkapital, S. 134 ff.; *Sassenrath*, in: HdbPersG, I Rn. 591 ff.; *Carlé*//*Bauschatz*, FR 2002, 1153, 1155 f.; *Kahle*, FR 2010, 773, 776; *Ley*, DStR 2003, 957 f.; *dies.*, DStR 2009, 613, 614 ff.; *Oppenländer*, DStR 1999, 939, 940 ff.; *Rodewald*, GmbHR 1998, 521, 524 ff.; *von Horn*, BuW 2001, 624 ff.; zur Vertragspraxis vgl. *Götze*, in: MünchVertragsHdbGesR, III.1, S. 215 f.; *Sommer*, in: Wachter, PraxisHGR, Teil 2 § 3 E Rn. 611 ff.; *Lang*, in: Vertrags-Hdb, II. C. 2. § 4, S. 424, 431; aus der Rechtsprechung BFH v. 16.10.2008 – IV R 98/06, BStBl. II 2009, 272 = BFHE 223, 149 = DStR 2009, 212, 214 f.

158 Anders *Sassenrath*, in: HdbPersG, I Rn. 591a: Das Zwei-Konten-System ist dort ein Modell aus variablem Kapitalkonto und Fremdkapitalkonto, auf dem entnahmefähige Gewinne sowie Forderungen und Verbindlichkeiten des Gesellschafters gebucht werden.

159 *Sassenrath*, in: HdbPersG, I Rnrn. 587a, 588; *Rodewald*, GmbHR 1998, 521, 524.

160 *Priester*, in: MünchKommHGB, § 120 Rn. 106; *Sommer*, in: Wachter, PraxisHGR, Teil 2 § 3 E Rn. 614; nach *Kahle*, DStZ 2010, 720, 727 findet das Zwei-Konten-Modell in der oHG häufig Anwendung. Ein reines Zwei-Konten-Modell mit zwei Kapitalkonten

von Verlusten auf dem zweiten Konto gegenüber dem gesetzlichen System der Gesellschafterkonten nachteilhaft, da stehengelassene Gewinne früherer Jahre, gleich, ob entnahmefähig oder nicht, mit Verlusten verrechnet werden. [161] Im gesetzlichen Modell sind dagegen alle Gewinne und Einlagen, die über den vereinbarten Kapitalanteil hinausgehen, dem Forderungskonto gutzuschreiben und damit als Fremdkapital nicht mit neuen Verlusten zu verrechnen. Ein weiterer Nachteil des Zwei-Konten-Modells liegt in der fehlenden Möglichkeit, zwischen entnahmefähigen und nicht entnahmefähigen Gewinnen zu trennen.[162]

2. Das Drei-Konten-Modell

Diese Kritik wurde im **Drei-Konten-Modell**[163] aufgenommen. Auch dieses sieht ein festes Kapitalkonto I vor, nach dem sich die Vermögens- und Mitgliedschaftsrechte richten. Daneben wird ein Kapitalkonto II gebildet, auf dem nicht entnahmefähige Gewinne sowie Verluste gebucht werden. Die entnahmefähigen Gewinne sowie sonstige Einlagen und Entnahmen werden auf einem dritten Konto gebucht,[164] ebenso weitere aus dem Gesellschaftsverhältnis resultierende Forderungen und Verbindlichkeiten zwischen Gesellschafter und Gesellschaft.[165] Der wesentliche Unterschied zum Zwei-Konten-Modell besteht darin, dass der Gesellschafter mit Gewinnen, die auf dem dritten Gesellschafterkonto gebucht werden, an künftigen Verlusten nicht teilnimmt.[166] Entnahmefähige Gewinne sind vor der Verlustverrechnung geschützt. Die nicht entnahmefähigen Gewinne auf dem zweiten Gesellschafterkonto können mit Verlusten verrechnet werden und dienen der Gesellschaft als Gewinnrücklage.

---

wird zudem selten zu finden sein. Sobald ein Gesellschafter schuldrechtlich wie ein Dritter mit der Gesellschaft kontrahiert, ist ein Forderungskonto zu bilden. Forderungskonten können, im Gegensatz zu Kapitalkonten, auch ohne Bestimmung im Gesellschaftsvertrag eingerichtet werden, vgl. *Schäfer*, in: Staub, § 120 Rn. 55.

161 *Rodewald*, GmbHR 1998, 521, 524.

162 *Priester*, in: MünchKommHGB, § 120 Rn. 105; *Sommer*, in: Wachter, PraxisHGR, Teil 2 § 3 E Rn. 615.

163 Vgl. zum Gesellschaftsvertrag einer Kommanditgesellschaft mit Drei-Konten-Modell *Götze*, in: MünchVertragsHdbGesR, III.1, S. 215 ff.; ein solches Modell lag auch bei der Entscheidung des BGH v. 23.2.1978 – II ZR 145/76, NJW 1978, 1053 vor. Das entnahmebeschränkte Konto wurde als „Reservefonds" bezeichnet.

164 *Priester*, in: MünchKommHGB, § 120 Rn. 106; *Schäfer*, in: Staub, § 120 Rn. 66 ff.; *Carlé/Bauschatz*, FR 2002, 1153, 1160; *Ley*, DStR 2003, 957, 958; *dies.*, DStR 2009, 613, 615; *Schuck*, DStR 1994, 1352.

165 *Huber*, ZGR 1988, 1, 73.

166 *Huber*, ZGR 1988, 1, 86.

3. *Das Vier-Konten-Modell*

Um auch die nicht entnahmefähigen Gewinne vor der Verlustverrechnung zu schützen, wird im **Vier-Konten-Modell** zusätzlich ein Verlustvortragskonto eingerichtet, auf dem die Verlustanteile eines Gesellschafters gebucht werden.[167] Daneben bestehen weiterhin ein festes Kapitalkonto, ein zweites Gesellschafterkonto für nicht entnahmefähige Gewinne (häufig „Kapitalkonto II" genannt) sowie ein Forderungskonto für sonstige Einlagen, Entnahmen und die unentziehbaren Gewinnanteile. Der Unterschied zum Drei-Konten-Modell besteht darin, dass Verluste und nicht entnahmefähige Gewinne auf zwei Konten statt auf dem gleichen Gesellschafterkonto gebucht werden. Dies vereinfacht die Feststellung aufgelaufener Verluste,[168] die nicht mit den auf dem „Kapitalkonto II" gebuchten nicht entnahmefähigen Gewinne verrechnet werden.[169] Entnahmen von positiven Forderungskonten, zu denen auch das sogenannte „Kapitalkonto II" zählt,[170] sind weiterhin haftungsunschädlich möglich.

Das Vier-Konten-Modell entspricht einem differenzierten Bild des gesetzlichen Kontenmodells des Kommanditisten.[171] Das Kapitalkonto wird in ein festes Kapitalkonto und ein Verlustkonto unterteilt. Beide Konten werden über ein einheitliches Kapitalkonto, das den Kapitalanteil, verstanden als Summe der Kapitalkonten,[172] ausweist, abgeschlossen. Das Forderungskonto wird ebenfalls zweigeteilt: in Gewinne und Einlagen, die der Gesellschaft dauerhaft zur Verfügung stehen sollen, auf der einen und Gewinne und Einlagen, die zur Verfügung des Gesellschafters stehen, auf der anderen Seite.[173]

IV. Begriff des „Kapitalanteils" im System gespaltener Kapitalkonten

Wie gezeigt, kennt das Gesetz keine Kapitalkonten, sondern nur den Kapitalanteil, der auf einem variablen Kapitalkonto abgebildet wird. Im System gespaltener

---

167 *Huber*, ZGR 1988, 1, 86 (kritisch hierzu S. 89); vgl. zum Gesellschaftsvertrag einer Kommanditgesellschaft mit Vier-Konten-Modell *Götze*, in: MünchVertragsHdbGesR, III.3, S. 235 ff.; *Lang*, in: VertragsHdb, II C 2, S. 458.

168 *Priester*, in: MünchKommHGB, § 120 Rn. 107.

169 *Kahle*, DStZ 2010, 720, 729.

170 Zur Begründung unten 3. Kapitel A.III.

171 *Huber*, ZGR 1988, 1, 87 spricht von einer Rückkehr zum gesetzlichen System der Konten nach § 167 Abs. 2, 169 Abs. 2 HGB; ebenso BFH v. 16.10.2008 - IV R 98/06, BStBl. II 2009, 272 = BFHE 223,149 = DStR 2009, 212, 214.

172 Zum Begriff des Kapitalanteils im System gespaltener Kapitalkonten sogleich 1. Kapitel D.IV.

173 Auch diese können gleichwohl in der Entnahme beschränkt sein.

Kapitalkonten wird diese Parallele durchbrochen, da an die Stelle des einen variablen Kapitalkontos ein festes und ein oder mehrere bewegliche Kapitalkonten treten. Terminologisch ist fraglich, welche Konten im System gespaltener Kapitalkonten dem „Kaptalanteil" entsprechen.

Der Kapitalanteil ist, wie oben bereits dargestellt, eine „Bilanzziffer, die den gegenwärtigen Stand der Einlage des Gesellschafters angibt, so wie er sich nach den Methoden der kaufmännischen Buchführung errechnet".[174] Da der Kapitalanteil im gesetzlichen Modell dem auf dem variablen Kapitalkonto gebuchten Betrag entspricht, könnten die Vermögensrechte auch an das variable Kapitalkonto anknüpfen. Im System gespaltener Kapitalkonten übernimmt das feste Kapitalkonto die Funktion als Anknüpfungspunkt für Vermögens- und Stimmrechte. Das feste Kapitalkonto ist Schlüssel für die Aufteilung von Gewinnen und Verlusten zwischen den Gesellschaftern[175] und zwar auch dann, wenn der Gesellschaftsvertrag eine entsprechende ausdrückliche Regelung nicht enthält.[176] Es übernimmt insbesondere die Funktion des Kapitalanteils im gesetzlichen System als Basis für die Kapitalentnahme nach § 122 Abs. 1 Hs. 1 HGB[177] und die Verteilung des Liquidationsgewinns.[178] Ausgehend von der Funktion des Kapitalanteils ist daher im System der gespaltenen Kapitalkonten das feste Kapitalkonto als Kapitalanteil zu bezeichnen. Es kann vom System fester Kapitalanteile und geteilter Kapitalkonten[179] oder von festen und variablen Kapitalanteilen gesprochen werden.[180]

Demgegenüber kann auf Grundlage der Gesamthandslehre im System gespaltener Kapitalkonten auch die Summe der Kapitalkonten als Kapitalanteil bezeichnet werden.[181] Denn der Kapitalanteil ist der auf einen Gesellschafter

---

174 Vgl. *Huber*, Vermögensanteil, S. 228 und oben 1. Kapitel A.II.2.

175 *Roth*, in: Baumbach/Hopt, § 120 Rn. 15; *Priester*, in: MünchKommHGB, § 120 Rn. 103.

176 *Priester*, in: MünchKommHGB, § 121 Rn. 26; *Schäfer*, in: Staub, § 121 Rn. 14.

177 *Priester*, in: MünchKommHGB, § 122 Rn. 19; *Ehricke*, in: E/B/J/S, § 122 Rn. 27; **aA** *Roth*, in: Baumbach/Hopt, § 122 Rn. 8 (sämtliche Kapitalkonten); offen gelassen bei *Schäfer*, in: Staub, § 122 Rn 14.

178 *Huber*, ZGR 1988, 1, 62; Koller/*Kindler*/Roth/Morck, § 155 Rn. 2.

179 *Huber*, Vermögensanteil, S. 261; den Begriff „fester Kapitalanteil" verwenden auch *Roth*, in: Baumbach/Hopt, § 120 Rn. 15; *Ehricke*, in: E/B/J/S, § 120 Rn. 75; *v. Falkenhausen/Schneider*, in: MünchHdbGesR II, § 22 Rn. 11; *Weitemeyer*, in: Oetker, § 120 Rn. 50.

180 *Priester* spricht von zwei Kapitalanteilen in einem Drei-Konten-Modell von Kapitalkonto I, Kapitalkonto II und Privatkonto, vgl. *Priester*, in: MünchKommHGB, § 120 Rn. 106.

181 So auch *Hennrichs/Pöschke*, in: HdJ III/1, Rn. 73.

entfallende Anteil am Eigenkapital der Gesellschaft. In der Bilanz entspricht nicht der Saldo der festen, sondern der Saldo aller Kapitalkonten dem Eigenkapital.[182] Das feste Kapitalkonto ist nur ein Schlüssel, um das Verhältnis der Verwaltungs- und Vermögenrechte zwischen den Gesellschaftern festzuschreiben. Der Kapitalanteil wäre damit nichts Anderes als der Saldo der Kapitalkonten zu einem bestimmten Zeitpunkt.

Als Ergebnis lässt sich festhalten, dass sich der Begriff „Kapitalanteil" in den vertraglichen Kontenmodellen nicht eindeutig zuordnen lässt: Wird im HGB der Begriff „Kapitalanteil" verwendet, ist damit im System gespaltener Kapitalkonten teilweise das feste Kapitalkonto und teilweise die Summe der Kapitalkonten gemeint. Wie bereits dargestellt, ist mit dem „Kapitalanteil" im Sinne des § 121 Abs. 1 S. 1 HGB im Zweifel das feste Kapitalkonto gemeint, „Kapitalanteil" im Sinne von § 172 Abs. 4 S. 2 HGB ist hingegen die Summe der Kapitalkonten.[183] Ob im System gespaltener Kapitalkonten der Kapitalanteil im Sinne einzelner Vorschriften des HGB mit dem festen Kapitalkonto oder der Summe der Kapitalkonten übereinstimmt, ist daher durch Auslegung zu ermitteln. Auf Grundlage der Verwendung des Begriffs im HGB kann weder das feste Kapitalkonto noch die Summe der Kapitalkonten eindeutig als Kapitalanteil bezeichnet werden.

Damit im Folgenden zwischen dem festen Kapitalkonto und der Summe der Kapitalkonten terminologisch klar unterschieden werden kann, wird nur die Summe der Kapitalkonten als Kapitalanteil bezeichnet. Grundsätzlich kann im System gespaltener Kapitalkonten auf den Begriff des Kapitalanteils aber verzichtet werden, da er keine eigene Aussagekraft besitzt.[184]

E. Rechtsnatur der Gesellschafterkonten und Eigenkapital

Der Zusammenhang zwischen Eigen- und Fremdkapital und Kapital- und Forderungskonten wurde oben unter A.III.2 für das gesetzliche System bereits hergeleitet. Danach entspricht die Summe der Kapitalanteile im gesetzlichen System der Gesellschafterkonten dem buchmäßigen Eigenkapital der Gesellschaft.[185] Da das einheitliche Kapitalkonto im vertraglichen System nur in verschiedene feste

182 *Huber*, Vermögensanteil, S. 261; *Weitemeyer*, in: Oetker, § 120 Rn. 52.

183 Vgl. dazu 1. Kapitel C.II.5.

184 Das gilt grundsätzlich auch im gesetzlichen Modell. Das Gesetz verwendet zwar den Begriff „Kapitalanteil", meint damit aber nichts anderes als den auf dem einheitlichen „Kapitalkonto" gebuchten Betrag. Der Kapitalanteil ist dazu notwendiger Bestandteil der Mitgliedschaft und hat darüber hinaus keine eigenständige Bedeutung.

185 Vgl. 1. Kapitel A.III.2.

und variable Kapitalkonten aufgeteilt wird, ergibt die Summe der Kapitalkonten das buchmäßige Eigenkapital der Personenhandelsgesellschaft.[186] Daher gilt auch im System vertraglich vereinbarter Gesellschafterkonten: Was auf einem Kapitalkonto gebucht wird gehört zum bilanziellen Eigenkapital der Gesellschaft,[187] und was auf einem Forderungskonto gebucht wird gehört im Haben zum Fremdkapital und im Soll zu den Aktiva.[188] Die Unterscheidung von Kapital- und Forderungskonten entspricht der Abgrenzung von Eigen- und Fremdkapital.[189]

I. Eigenkapitaldefinition

Um aus dem Zusammenhang zwischen Eigen- und Fremdkapital sowie Kapital- und Forderungskonten Schlüsse zu ziehen, muss zunächst der Eigenkapitalbegriff näher bestimmt werden. Das bilanzielle Eigenkapital der Personenhandelsgesellschaft[190] ist die Differenz aus Vermögensposten und Verbindlichkeiten der Gesellschaft[191] und damit variabel.[192] Auf der Grundlage dieser Definition kann das Eigenkapital als Ziffer nur dann bestimmt werden, wenn die Verbindlichkeiten (Fremdkapital) vom Eigenkapital abgegrenzt werden. Diese Abgrenzung von

---

186 *Huber*, Vermögensanteil, S. 261 f.

187 Vgl. zu den Buchungssätzen auf Kapitalkonten und der Darstellung der Kapitalkonten in der Bilanz *Winnefeld*, in: BilanzHdb, A VIII 11, Rn. 480 ff.

188 Vgl. BFH v. 27.6.1996 - IV R 80/95, BStBl. II 1997, 36 = BFHE 181, 48 = NJW-RR 1997, 352, 353.

189 BFH v. 27.6.1996 - IV R 80/95, BStBl. II 1997, 36 = BFHE 181, 48 = NJW-RR 1997, 352, 353; FG Düsseldorf v. 7.10.2008, 3 K 4126/06 F, BB 2011, 560; FG Nürnberg v. 24.10.2008 - 7 K 318/2007, BeckRS 2008, 26027937; *Schulte*, in: Sudhoff, Personengesellschaften, § 6 I Rn. 2, S. 73; *Emmerich*, in: Heymann, § 120 Rn. 28; *Kleindiek*, in: Staub, § 247 Rn. 24; *Priester*, in: MünchKommHGB, § 120 Rn. 96; *Schäfer*, in: Staub, § 120 Rn. 54; *v. Falkenhausen/Schneider*, in: MünchHdbGesR II, § 22 Rn. 64 (Beteiligungsrechte oder schuldrechtliche Forderungen); *Haas*, in: Röhricht/Graf v. Westphalen/Haas, § 120 Rn. 17; *Kersten/Feldgen*, FR 2013, 197, 199.

190 Eigenkapital ist ein unbestimmter Rechtsbegriff und kann in verschiedenen Situationen unterschiedlich definiert werden. Hier geht es nur um das bilanzielle Eigenkapital der Personenhandelsgesellschaft nach dem HGB. Davon abzugrenzen ist die Wertung nach IFRS-Standard IAS 32, auf die im Folgenden nicht eingegangen wird, vgl. hierzu *Kraft*, ZGR 2008, 324, 338.

191 *Pauli*, Eigenkapital, S. 24; *Ballwieser*, in: MünchKommHGB, § 247 Rn. 55; *Kleindiek*, ZHR 175 (2011), 247, 248.

192 Vgl. *Winnefeld*, in: BilanzHdb, A VIII 3, Rn. 331 f.

Eigen- und Fremdkapital kann formell oder funktional[193] (materiell[194]) vorgenommen werden.

Nach dem formellen Ansatz zählt zum Eigenkapital all das, was der Gesellschafter als einlagefähige Leistung aufgrund gesellschaftsvertraglicher Verpflichtung einbringt.[195] Der formelle Ansatz wird jedoch zunehmend als unzureichend kritisiert,[196] da etwa die Zuordnung mezzaniner Finanzierungen[197] zum Fremdkapital den „modernen ausdifferenzierten Finanzierungsformen nicht mehr ganz gerecht“[198] wird. Eine funktionale Bestimmung des Eigenkapitals soll diese

---

193 In der Literatur wird sowohl von funktionellem als auch von funktionalem Eigenkapital gesprochen, vgl. *Hommelhoff*, Wpg 1984, 629, 632 (funktional); *Altmeppen*, in: Roth/Altmeppen, GmbHG, Vor § 64 Rn. 39 (funktionell); nach dem DUDEN bedeutet funktionell „die Funktion erfüllend, im Sinne der Funktion wirksam; das Funktionieren, die Funktionen betreffend, eine bestimmte Funktion habend“, funktional „die Funktion betreffend, auf die Funktion bezogen, der Funktion entsprechend“. Die Begriffe können somit synonym verwendet werden.

194 Zur Begrifflichkeit: Materielles und funktionales Eigenkapital unterscheiden sich nicht. Der Begriff materiell ist als Gegenstück zum formellen Eigenkapital gedacht. Der Begriff funktional weist auf die Beziehung zur Funktion des Eigenkapitals hin. Im Folgenden wird dem funktionalen Eigenkapitalbegriff der Vorrang gegeben.

195 Heute vertreten vor allem noch von *Welf Müller*, in: FS Budde, S. 445, 456: Zum Eigenkapital zählt nach *Müller* all das, „was als Residualgröße den Unternehmensträgern ausweismäßig und wertmäßig ausschließlich zuzurechnen ist“ und nicht all jenes, was „den mitgliedschaftlichen Vermögensrechten der Unternehmensträger angenähert ist.“ Dabei kommt es ihm wesentlich darauf an, dass Eigenkapital nur von den Unternehmensträgern geleistet werden kann und nicht etwa von Dritten in Form von Genussrechtsinhabern oder atypisch stillen Gesellschaftern.

196 *Hennrichs/Pöschke*, in: HdJ III/1, Rn. 13 ff. sehen formelles und funktionales Fremdkapital richtigerweise nicht als Gegensatz, sondern als zwei Stufen von Eigenkapital.

197 Mezzanine-Finanzierungen zeichnen sich dadurch aus, dass sie sowohl wesentliche Merkmale von Eigenkapital als auch von Fremdkapital enthalten, vgl. *Schrecker*, Mezzanine-Kapital, S. 1. Der Begriff „mezzanine“ ist abgeleitet vom italienischen Wort für Zwischenstockwerk, „il mezzanino“.

198 So auch *Welf Müller*, in: FS Budde, S. 445, 458. Nicht überzeugen kann hingegen die Argumentation von *Schrecker*, Mezzanine-Kapital, S. 41: Der formelle Eigenkapitalansatz widerspreche der Funktion des Eigenkapitals als Residualgröße. Wenn alle Finanzinstrumente, die eine Gesellschafterstellung begründeten, als Eigenkapital bilanziert würden, entstünde das Eigenkapital aus sich selbst heraus. Das Eigenkapital entstehe aber nur aus der Differenz von Vermögen und Schulden. *Schrecker* verkennt, dass die Einlagen der Gesellschafter nur im Zeitpunkt der Einlage eine feste Größe sind und sehr wohl bei Verlusten aufgebraucht werden können. Werden die Einlagen in der Eröffnungsbilanz bilanziert, so entsprechen sie den geleisteten Einlagen.

Unzulänglichkeiten überwinden.[199] Zum funktionalen Eigenkapital zählen über das formelle Eigenkapital hinaus auch jene Gesellschafterleistungen, die die Funktion von Eigenkapital übernehmen.[200] Hierzu muss in jedem Fall bestimmt werden, welche Funktion das Eigenkapital in der Personenhandelsgesellschaft hat[201] und begründet werden, wie die formelle Rechtswahl der Gesellschafter eingeschränkt werden kann.[202] Bislang ist kein konkretes dogmatisches und

---

199 Grundlegend zum funktionalen Eigenkapital *Lutter/Hommelhoff*, ZGR 1979, 31 ff.; *Knobbe-Keuk*, ZIP 1983, 127; *Karsten Schmidt*, in: FS Gördeler, S. 487 ff.; *ders.*, GesR, § 18 II 2 d, S. 520; siehe auch *Habersack*, ZGR 2000, 384 f.; *Priester*, DB 1991, 1917, 1918; *Wiedemann*, in: FS Beusch, S. 893, 896.

200 Ein einheitliches Rechtsinstitut „funktionales Eigenkapital" gibt es gleichwohl nicht. Problematisch ist insbesondere, dass durch das funktionale Eigenkapital die privatautonome Finanzierungsentscheidung eingeschränkt wird, wenn formelles Fremdkapital funktional zum Eigenkapital erklärt wird (vgl. zur Finanzierungsfreiheit BFH, Beschluss v. 8.12.1997 – GrS 1-2/95, DStR 1998, 159; *Fleischer*, Finanzplankredite, S. 91 f., *Karsten Schmidt*, GesR, § 18 III 1 b, S. 526 f.). Als Rechtfertigung für die Einschränkung der Finanzierungsfreiheit wurden neben dem widersprüchlichen Verhalten, Fremdkapital zu gewähren oder stehen zu lassen, obwohl es Eigenkapital bedurft hätte (BGH v. 14.12.1959 – II ZR 187/57, BGHZ 31, 258 = NJW 1960, 285) die „Finanzierungsverantwortung" des Gesellschafters (BGH v. 7.12.1998 – II ZR 382–96, BGHZ 140, 147, 150 = NJW 1999, 577, 578; hierzu *Grunewald*, in: FS Großfeld, S. 319 ff.) oder die Tatsache, dass die Gesellschafter Fremdkapital wie Eigenkapital behandelten (BGH v. 21. 3.1988 – II ZR 238/87, BGHZ 104, 33 = NJW 1988, 1841, 1843), angeführt. Ein systematisches Konzept des funktionalen Eigenkapitals findet sich bei *Karsten Schmidt*, GesR, § 18 III 1, S. 526 ff.; *ders*, in: FS Goerdeler, S. 487 ff.

201 Einigkeit besteht insofern, dass Eigenkapital als Verlustdeckungspotential zur Verfügung stehen sollte (sog. „Haftungsfunktion", vgl. nur IDW RS HFA 7 Rn. 14; Bundessteuerberaterkammer, DStR 2006, 668, 669; *Kleindiek*, ZHR 175 [2011], 247, 274). Umstritten ist, ob Eigenkapital von Gesellschaftern geleistet werden muss (dagegen etwa *Baums*, ZHR 175 [2011], 160, 204; *Schrecker*, Mezzanine-Kapital, S. 46; *Wiedemann*, in: FS Beusch, S. 893, 907) oder ob im Gegenzug lediglich Gewinn- oder Teilhaberechte gewährt werden müssen (so *Wiedemann*, in: FS Beusch, S. 893, 907). Unterschiedlich beurteilt wird weiterhin, ob Eigenkapital längerfristig der Gesellschaft zu Verfügung stehen muss (**dafür** etwa IDW RS HFA 7 Rn. 14; *Baums*, ZHR 175 [2011], 160, 172; *Hennrichs/Pöschke*, in: HDJ III/1, Rn. 7, 20; **dagegen** *Wiedemann*, GesR II, § 4 III 2, S. 364; *Röhrig/Doege*, DStR 2006, 489, 491) oder ob die Finanzierung im Gesellschaftsvertrag vereinbart werden muss (**dafür** BGH v. 21.3.1988 – II ZR 238/87, BGHZ 104, 33, 40 = NJW 1988, 1841, 1843; **dagegen** *Fleischer*, Finanzplankredite, S. 128; offen gelassen bei *Wiedemann*, in: FS Beusch, S. 893, 905).

202 Vgl. hierzu *Wiedemann*, in: FS Beusch, S. 893, 900: „Die *rechtliche Beurteilung* beginnt mit dem Grundsatz der gesellschaftsrechtlichen Vertragsfreiheit – und endet

methodisches Konzept ersichtlich, dass dies zu bewerkstelligen vermag.[203] Dennoch besteht weitgehend Einigkeit darüber, dass das bilanzielle Eigenkapital funktional bestimmt werden muss.

II. Auswirkung auf die Bestimmung der Rechtsnatur von Gesellschafterkonten

Der Wandel der Eigenkapitalabgrenzung wirkt sich auf die Bestimmung der Rechtsnatur der Gesellschafterkonten im Personengesellschaftsrecht aus. Diesen Zusammenhang hat *Fleischer* hervorgehoben:[204]

> „Die Anerkennung eines rechtsformübergreifenden, materiellen Eigenkapitalbegriffs hat weitreichende Folgen, denn sie wirft eine grundlegende Frage im Personengesellschaftsrecht erneut auf, die nach erheblichen Unsicherheiten zuletzt endlich zufriedenstellend beantwortet schien: *die Abgrenzung von Kapital- und Darlehenskonten der Personengesellschafter.* [...] Der materielle Eigenkapitalbegriff führt hier – im gesellschaftsrechtlichen Schrifttum noch fast unbemerkt – zu einer Verschiebung der Bewertungsskala".

Es ist folglich möglich, dass Konten, die formell als Forderungskonten zu qualifizieren sind, funktional Kapitalkonten sind.[205] Die Vertragsfreiheit erlaubt eine unendliche Zahl von Schattierungen, so dass eine Grauzone zwischen den Polen nicht vermeidbar ist.[206] Gesellschafterkonten müssen aber zwingend dem Eigen- und Fremdkapitalbereich zugeordnet werden. Weder Mischkonten, auf denen sowohl eigen- als auch fremdkapitalrelevante Geschäftsvorfälle gebucht werden,[207] noch „Mezzaninekonten", die zwischen Kapital- und Forderungskonten angesiedelt sind, sind zulässig.[208] In Bezug auf Gesellschafterkonten müssen

damit auch." Die Gesellschafter haben es „in der Hand, ihre Finanzierung inner- oder außerhalb des Gesellschaftsvertrages, zum Beispiel in Darlehens-Festkonten, für das Binnenverhältnis frei zu gestalten." „Freilich müssen sie gewärtigen, daß ihre Entscheidung vom Haftungsrecht korrigiert oder vom Steuerrecht nicht akzeptiert werden."

203 Vgl. auch *Wiedemann*, in: FS Beusch, S. 893, 911.

204 *Fleischer*, Finanzplankredite, S. 199 f.

205 Vgl. auch *Winnefeld*, in: BilanzHdb., L Rn. 565.

206 So auch *Welf Müller*, in: FS Budde, S. 445, 453.

207 Dazu bereits oben 1. Kapitel C.III.

208 Beim Ausweis von Mezzanine-Finanzierungen muss zwischen der Buchführung und der bilanziellen Darstellung unterschieden werden. In Bezug auf den bilanziellen Ausweis fordert § 247 Abs. 1 HGB zwar eine Trennung von Eigenkapital und Schulden auch bei Mezzanine-Finanzierungsformen (vgl. *Priester*, DB 1991, 1917, 1923); *Thiele*, Eigenkapital, S. 86 ff.; insbesondere im Hinblick auf Genussrechte ist das im

Kriterien herausgearbeitet werden, die eine Qualifikation als Kapital- oder Forderungskonto ermöglichen. Dabei ist in Grenzfällen darauf einzugehen, ob das Konto die Funktion eines Kapital- oder eines Forderungskontos übernimmt. Die Bestimmung der Rechtsnatur ist daher nicht formell, sondern funktional am Begriff des Eigenkapitals auszurichten. Die möglichen Kriterien werden im Folgenden untersucht.

Anschluss an IDW HFA 1/1994, WPg 1994, 419, 421, Tz. 2.1.3 die h. M., vgl. nur *Schubert,* in: BeckBilanzKomm, § 247 Rn. 228. Teilweise wird eine eigene Kapitalform des „Mezzanine-Kapitals" daher kategorisch abgelehnt (*Schrecker*, Mezzanine-Kapital, S. 20). Nach verbreiteter Ansicht können Mezzanine-Finanzierungen bilanziell aber in einem eigenen Posten zwischen Eigen- und Fremdkapital ausgewiesen werden (*Knobbe-Keuk*, Bilanz- und Unternehmenssteuerrecht, S. 107 f.; *dies*, ZIP 1983, 127, 130 f.; *Lutter*, DB 1993, 2441, 2446; *Welf Müller*, in: FS Budde, 1995, S. 445, 459; *Karsten Schmidt*, in: FS Goerdeler, S. 487, 503; ablehnend mit guten Gründen *Fleischer*, Finanzplankredite, S. 322). Dieses Verfahren ist verbreitet und wird wohl auch testiert. In der Buchführung der Gesellschaft gilt dagegen, dass Eigen- und Fremdkapitalkomponenten zu trennen sind (Gebot der Kontenklarheit). Es widerspricht den Grundsätzen ordnungsmäßiger Buchführung, Kapital- und Forderungskonten um Mezzaninekonten zu erweitern. Würde eine neue Kategorie der „Mezzaninekonten" eingeführt, müssten auch die Rechtsfolgen des Ausweises auf diesen Konten entwickelt werden. Zwar käme in Betracht, die Konten situationsabhängig zu behandeln und je nach Anwendungsbereich dem Eigen- oder Fremdkapital zuzuschlagen, doch würde dies den vermeintlichen Gewinn einer neuen Kategorie zunichtemachen. Die flexible Handhabung der Rechtsnatur würde die Rechtssicherheit beseitigen, die die konkrete Bestimmung der Rechtsnatur von Gesellschafterkonten leisten soll.

2. Kapitel Bestimmung der Rechtsnatur von Gesellschafterkonten

Die Rechtsnatur der Gesellschafterkonten wird durch das Gesetz und die gesellschaftsvertraglichen Regelungen zu den Gesellschafterkonten bestimmt. Wie bereits dargelegt, können die Gesellschafter die Gesellschafterkonten entweder nach den gesetzlichen Regelungen führen oder diese teilweise oder vollständig abbedingen.[209] Die gesetzlichen Regelungen finden nur insoweit Anwendung, als eine gesellschaftsvertragliche Regelung nicht getroffen wurde. Bedeutung für die Bestimmung der Rechtsnatur haben daher vorrangig die Vereinbarungen im Gesellschaftsvertrag, bevor die gesetzlichen Normen heranzuziehen sind.

Die Bezeichnung der Konten in Gesellschaftsverträgen ist oft ungenau, teilweise sogar falsch oder zumindest missverständlich (dazu unten A). Maßgeblich für die Rechtsnatur von Gesellschafterkonten ist daher nicht ihre Bezeichnung im Gesellschaftsvertrag, sondern sind die Eigenschaften, die die Gesellschafter den Konten zuweisen, sowie die Geschäftsvorfälle, die nach dem Gesellschaftsvertrag auf den Gesellschafterkonten zu buchen sind.[210] Die Eigenschaften und Geschäftsvorfälle werden im Folgenden zusammengefasst als Kriterien bezeichnet. [211] Sieht der Gesellschaftsvertrag zum Beispiel vor, dass auf einem Gesellschafterkonto Verluste gebucht werden, wird von dem Kriterium der Verlustbuchung gesprochen. Werden auf einem Gesellschafterkonto nach dem Gesellschaftsvertrag „Einlagen und Entnahmen" gebucht, findet auf dieses Konto das Kriterium der Verbuchung von „Einlagen und Entnahmen" Anwendung. Soll ein Konto mit

---

209 S. o. 1. Kapitel D.

210 Die Rechtsprechung nimmt die Unterscheidung anhand typisierender Merkmale vor, vgl. schon BGH v. 21.5.1952 – II ZR 114/51, BB 1952, 478 und aus der jüngeren Rechtsprechung BFH v. 16.10.2008 – IV R 98/06, BStBl. II 2009, 272 – BFHE 223,149 – DStR 2009, 212; ähnlich *Sieker*, Eigenkapital und Fremdkapital, S. 6, die zur Abgrenzung von Eigen- und Fremdkapital auf den Zweck des jeweils einschlägigen Normenkomplexes abstellt; aA *Potsch*, Grundfragen Kommanditistenhaftung, S. 232 f., der die Gesamtwürdigung der Umstände als alte Rechtsprechung darstellt und der vermeintlichen Ansicht *Hubers* den Vorrang einräumt, dass zu bestimmen sei, ob ein Konto eine materiell nicht mehr entziehbare Forderung des Kommanditisten ausdrücke.

211 Von Kriterien sprechen auch *Kahle*, FR 2010, 773, 774 f.; *ders.*, DStZ 2010, 721, 722 f.; *Ley*, DStR 2003, 957, 962.

vier Prozent pro Jahr gewinnunabhängig verzinst werden, wird vom Kriterium der gewinnunabhängigen Verzinsung gesprochen.

Ein Kriterium ist für die Bestimmung der Rechtsnatur eines Gesellschafterkontos relevant, wenn es aufgrund der gesellschaftsvertraglichen oder gesetzlichen Regelung auf das betreffende Gesellschafterkonto Anwendung findet. Die Rechtsnatur eines Gesellschafterkontos richtet sich daher nach den *abstrakten* Eigenschaften des Gesellschafterkontos und den *abstrakt* zu buchenden Geschäftsvorfällen. So macht es keinen Unterschied für die Anwendung des Kriteriums der Verlustbuchung, ob bereits Verluste angefallen sind oder nicht. Soweit der Gesellschaftsvertrag vorsieht, dass auf einem Gesellschafterkonto Verluste gebucht werden sollen, findet das Kriterium der Verlustbuchung auf dieses Gesellschafterkonto Anwendung. Abzugrenzen sind die *abstrakten* Kriterien von den *konkret* gebuchten Geschäftsvorfällen. Die Buchung eines *konkreten* Geschäftsvorfalls hat im Grundsatz keinen Einfluss auf die Rechtsnatur des Gesellschafterkontos.

Im Gesellschaftsvertrag wird regelmäßig unter der Überschrift „Gesellschafterkonten" im Einzelnen geregelt, welche Geschäftsvorfälle auf welchen Konten gebucht werden. Naturgemäß ist die Aufzählung der Geschäftsvorfälle nicht abschließend,[212] da viele Geschäftsvorfälle bei der Gestaltung des Gesellschaftsvertrages noch nicht absehbar sind. Die nicht vorhergesehenen Geschäftsvorfälle müssen entsprechend ihrer rechtlichen Einordnung auf das richtige Gesellschafterkonto gebucht werden (vgl. dazu schon oben 1. Kapitel B.II). Wird ein Geschäftsvorfall entgegen der vertraglichen Vereinbarung oder seiner rechtlichen Einordnung auf einem falschen Gesellschafterkonto gebucht, liegt eine Fehlbuchung vor.

Fehlbuchungen wirken sich wie andere konkrete Geschäftsvorfälle nicht auf die Rechtsnatur eines Gesellschafterkontos aus.[213] Sie sind zu berichtigen, indem eine Korrekturbuchung durchgeführt wird.[214] Nach überwiegender Auffassung kann aber die Kontenstruktur konkludent durch dauernde Übung beeinflusst werden.[215] Es handelt sich dabei um eine konkludente Änderung des Gesellschaftsvertrages, die mit Ausnahme der Publikumspersonengesellschaften[216]

---

212 Vgl. *v. Falkenhausen/Schneider*, in: MünchHdbGesR II, § 22 Rn. 35.

213 *Ehricke*, in: E/B/J/S, § 120 Rn. 86; *Priester*, in: MünchKommHGB, § 120 Rn. 99.

214 *V. Falkenhausen/Schneider*, in: MünchHdbGesR II, § 22 Rn. 35.

215 BGH v. 17.1.1966 – II ZR 8/64, NJW 1966, 826; *Pauli*, Eigenkapital, S. 143; *Ehricke*, in: E/B/J/S, § 120 Rn. 86; *v. Falkenhausen/Schneider*, in: MünchHdbGesR II, § 22 Rn. 36.

216 BGH v. 5.2.1990 – II ZR 94/89, NJW 1990, 2684; *Carlé/Bauschatz*, FR 2002, 1153, 1159; **aA** *Grunewald*, in: MünchKommHGB, § 161 Rn. 122.

durch dauernde, vom Gesellschaftsvertrag abweichende Übung der Gesellschafter möglich ist.[217] Sie setzt die Zustimmung aller Gesellschafter voraus und soll auch dann möglich sein, wenn Änderungen des Gesellschaftsvertrages grundsätzlich der Schriftform bedürfen.[218] Eine einmalige oder nur kurzfristige Abweichung vom Gesellschaftsvertrag reicht zur konkludenten Änderung nicht aus.[219]

Einzelne Geschäftsvorfälle haben daher im Grundsatz keinen Einfluss auf die Rechtsnatur eines Gesellschafterkontos,[220] die anhand der im Folgenden zu untersuchenden Kriterien zu bestimmen ist. Die folgenden Kriterien werden teilweise aufgrund ihrer tatsächlichen Bedeutung für die Rechtsnatur der Gesellschafterkonten und teilweise aufgrund der häufigen Verwendung in der Kautelarpraxis und ihrer Bedeutung in der Rechtsprechung untersucht. Im Ergebnis wird sich zeigen, dass einige Kriterien zwingend zur Qualifikation eines Gesellschafterkontos als Kapital- oder Forderungskonto führen, andere nur Indiz für eine Rechtsnatur sind und wiederum andere sich nicht auf die Rechtsnatur eines Gesellschafterkontos auswirken (vgl. zur Systematisierung unten unter J).

A. Bezeichnung des Kontos

Ausgangspunkt für die Bestimmung der Rechtsnatur eines Gesellschafterkontos ist die Bezeichnung des Kontos im Gesellschaftsvertrag. Das entspricht der Bedeutung, die der Auslegung nach dem Wortlaut in der Methodik zugewiesen wird.[221] Für die Bestimmung der Rechtsnatur kann die Bezeichnung eines Kontos im Gesellschaftsvertrag jedoch allenfalls als Indiz für seine Rechtsnatur herangezogen werden.[222] Eine weitergehende Bedeutung hat sie nicht, zumal die

---

217 BGH v. 21.2.1978 – KZR 6/77, BGHZ 70, 331, 332 = NJW 1978, 1001; BGH v. 29.3.1996 – II ZR 263/94, BGHZ 132, 263, 271 = NJW 1996, 1678, 1680; *Huber*, Vermögensanteil, S. 257; *Gummert*, in: MünchAnwHdbPersG, § 2 Rn. 143; *Carlé/Bauschatz*, FR 2002, 1153, 1158.

218 Grundlegend BGH v. 5.2.1968 – II ZR 85/67, BGHZ 49, 364, 366 = NJW 1968, 1378, 1379; BGH v. 29.3.1996 – II ZR 263/94, BGHZ 132, 263, 271 = NJW 1996, 1678, 1680; *Carlé/Bauschatz*, FR 2002, 1153, 1158; *Dötsch*, in: FS Spindler, S. 595, 600.

219 *Gummert*, in: MünchAnwHdbPersG, § 2 Rn. 143.

220 *Priester*, in: MünchKommHGB, § 120 Rn. 99; *Sassenrath*, in: HdbPersG, I Rn. 583b.

221 *Larenz*, Methodenlehre, S. 320.

222 Ganz h. M.: BGH v. 23.2.1978 – II ZR 145/76, BB 1978, 630, 631; *Priester*, in: MünchKommHGB, § 120 Rn. 100; *Sassenrath*, in: HdbPersG, I Rn. 583a; *Kahle*, DStZ 2010, 720, 722; anders wohl *Rodewald*, GmbHR 1998, 521, 523, nach dem die Bezeichnung „Darlehenskonto" zum Ausdruck bringe, dass ein Forderungsrecht des Gesellschafters für Guthaben auf diesem Konto einherginge.

Bezeichnung der Konten häufig falsch oder zumindest wenig aussagekräftig ist.[223]

In Literatur und Rechtsprechung finden sich vielfältige Bezeichnungen für Gesellschafterkonten, auch wenn es nur zwei verschiedene Rechtsnaturen, Kapital- und Forderungskonten, gibt. Die meisten Gesellschaftsverträge sehen ein oder mehrere Kapitalkonten vor, wobei das erste Kapitalkonto häufig als „festes Kapitalkonto" bezeichnet wird. Kapitalkonten werden teilweise auch als „Beteiligungskonten" bezeichnet,[224] da mit dem Kapitalanteil auch eine Beteiligung am Unternehmen einhergeht. Daneben werden Gesellschafterkonten Darlehens-,[225] Privat-,[226] Verrechnungs-,[227] „Kapitalkonto II", Separat- oder Kontokorrentkonto[228] genannt. Für Konten mit Forderungscharakter werden die Begriffe

---

223 Vgl. aus der Rechtsprechung BFH v. 27.6.1996 – IV R 80/95, BStBl. II 1997, 36 = BFHE 181, 148 = NJW-RR 1997, 352; BFH v. 15.5.2008 – IV R 46/05, BStBl. II 2008, 812 = BFHE 221, 162 = DStR 2008, 1577; zur Bezeichnung der Forderungskonten ausführlich *Huber*, Vermögensanteil, S. 241 ff.

224 Vgl. etwa *Wiedemann*, GesR II, § 4 III 3 a, S. 367; Bundesministerium der Finanzen v. 24.11.1993, DStR 1993, 1859.

225 BGH v. 23.02.1978 – II ZR 145/76, NJW 1978, 1053; BFH v. 27.6.1996 – IV R 80/95, BStBl. II 1997, 36 = BFHE 181, 148 = NJW-RR 1997, 352; *Grunewald*, in: MünchKommHGB, § 167 Rn. 17; *v. Falkenhausen/Schneider*, in: MünchHdbGesR II, § 22 Rn. 63 ff.; kritisch zu diesem Begriff *Hoffmann*, in: BeckHdbPersG, § 5 Rn. 67.

226 *Ehricke*, in: E/B/J/S, § 120 Rn. 81 f.; *Priester*, in: MünchKommHGB, § 120 Rn. 96 ff.

227 *V. Falkenhausen/Schneider*, in: MünchHdbGesR II, § 22 Rn. 69; *Weipert*, in: E/B/J/S, § 167 Rn. 10.

228 Eine andere Frage ist, ob Gesellschafterkonten im Kontokorrent im Sinne von §§ 355 ff. HGB geführt werden können. Während nach einer Ansicht das Vorliegen eines Kontokorrents generell vereint wird (*v. Falkenhausen/Schneider*, in: MünchHdbGesR, § 22 Rn. 37; *Priester*, in: MünchKommHGB, § 120 Rn. 98), können Forderungskonten nach anderer Ansicht als Kontokorrentkonten geführt werden (*Wiedemann*, GesR II, § 4 III 3 a, S. 369; *Schäfer*, in: Staub, § 120 Rn. 72). Das Kontokorrent hätte zur Folge, dass die einzelnen Geschäftsvorfälle zum Ende jeder Abrechnungsperiode in einem Saldo aufgehen. *V. Falkenhausen/Schneider* begründen ihre Ablehnung des Kontokorrents mit der fehlenden Geschäftsbeziehung zwischen Gesellschaft und Gesellschafter (*v. Falkenhausen/Schneider*, a. a. O., § 22 Rn. 38). Es würden nicht laufend neue Geschäfte zwischen Gesellschaft und Gesellschafter geschlossen. Allerdings habe die Feststellung der Bilanz durch Gesellschafter und Gesellschaft die Wirkung eines Schuldanerkenntnisses, was in derselben Weise wie das Kontokorrent verhindere, einzelne Posten geltend zu machen (*v. Falkenhausen/Schneider*, a. a. O., § 22 Rn. 38). Richtigerweise stehen Forderungskonten nicht im Kontokorrent. Sie können zwar summiert dargestellt werden, die einzelnen Forderungen und Verbindlichkeiten sind aber nicht in jedem Fall zu summieren, da

Fremdkapital-, Darlehens- und Forderungskonto[229] etwa gleichwertig gebraucht, wobei in älteren Darstellungen der Darlehensbegriff überwiegt. Die Bezeichnungen haben sich häufig historisch entwickelt und verweisen auf die ursprüngliche Funktion eines Kontos. So geht der in Gesellschaftsverträgen verbreitete Begriff „Privatkonto"[230] auf die Buchführung des Einzelkaufmanns zurück.[231] Der Begriff des Fremdkapitalkontos ist an der bilanziellen Darstellung angelehnt[232] und als „Kapitalkonto II" wird ein Konto bezeichnet, das aus der Aufspaltung des „gesetzlichen" variablen Kapitalkontos in einen festen und einen variablen Teil entstanden ist.[233] Gerade die Bezeichnung als „Kapitalkonto II" ist jedoch missverständlich. So wird das zweite Konto im Vier-Konten-Modell als „Kapitalkonto II" bezeichnet.[234] Das Konto hat aber, anders als es die Bezeichnung vermuten lässt, die Rechtsnatur eines Forderungskontos (vgl. dazu unten 3. Kapitel A.IV). Vielfach werden auch Darlehenskonten vereinbart, die funktional Kapitalkontencharakter haben.[235]

Im Ergebnis kann die Bezeichnung des Gesellschafterkontos bei der Bestimmung seiner Rechtsnatur zwar als Anhaltspunkt dienen. Es ist aber nicht

---

unterschiedliche Rechtsfolgen in Bezug auf Verzinsung und Fälligkeit an sie geknüpft werden können. Für Kapitalkonten findet zwar jährlich eine Summierung statt, die zu einem einheitlichen Saldo führt, was einem Kontokorrent entspricht. Ob ein Kontokorrentverhältnis im Sinne der §§ 355 ff. HGB vorliegt, ist indes zweifelhaft. Dagegen spricht, dass es an einer Geschäftsbeziehung zwischen Gesellschafter und Gesellschaft fehlt. Auch sind die §§ 355 ff. HGB systematisch nicht auf Kapitalkonten anwendbar. Die Verzinsung ist spezialgesetzlich oder gesellschaftsvertraglich geregelt, die Regelung des § 355 Abs. 1 HGB würde dahinter zurück treten. Auch die Regelungen über Sicherheiten (§ 356 HGB) und die Pfändung des Saldos (§ 357 HGB) sind auf das Verhältnis der auf Kapitalkonten gebuchten Positionen nicht anwendbar. Auch wenn das Rechtsverhältnis dem Kontokorrent ähnelt, ist die Anwendung der entsprechenden Vorschriften abzulehnen und wäre auch bei gegensätzlichem Ergebnis nicht hilfreich.

229 Etwa *Huber*, in: GS Knobbe-Keuk, S. 203, 215.

230 Diesen Begriff ziehen auch *v. Falkenhausen/Schneider*, in: MünchHdbGesR II, § 22 Rn. 69; *Schäfer*, in: Staub, § 120 Rnrn. 55, 62; *Schulte*, in: Sudhoff, Personengesellschaften, § 6 I Rn. 1, S. 73 vor.

231 *Huber*, Vermögensanteil, S. 241.

232 Gegen seine Verwendung spricht, dass ein aktivisches Forderungskonto bilanziell Umlaufvermögen und nicht Fremdkapital ist.

233 Vgl. hierzu oben 1. Kapitel D.III.2.

234 So etwa bei *Kahle*, FR 2010, 773, 776.

235 Vgl. etwa BFH v. 15.5.2008 – IV R 46/05, BStBl. II 2008, 812 = BFHE 221, 162 = DStR 2008, 1577.

möglich, von der Bezeichnung auf die Rechtsnatur zu schließen. Bei der Ausgestaltung von Gesellschaftsverträgen sollte trotzdem darauf geachtet werden, die Kontenbezeichnung an die Rechtsnatur anzupassen. Kapitalkonten sind als Kapitalkonten, Forderungskonten als Forderungskonten zu bezeichnen. Für die Bestimmung der Rechtsnatur eines Gesellschafterkontos spielt seine Bezeichnung im Ergebnis nur eine untergeordnete Rolle.

B. Verlustbuchung

Die Verlustbuchung (auch Verlustteilnahme oder Verlustverrechnung) wird in Literatur und Rechtsprechung als entscheidendes Kriterium zur Bestimmung der Rechtsnatur angesehen:[236] Ein Gesellschafterkonto, auf dem die Verlustanteile des Gesellschafters gebucht werden, ist ein Kapitalkonto.[237]

Die Bedeutung der Verlustbuchung für den Kontencharakter wird häufig apodiktisch damit begründet, dass die Buchung von Verlusten mit dem Begriff des

---

236 In Gesellschaftsverträgen wird die Buchung von Verlusten regelmäßig innerhalb des Abschnitts über die Gesellschafterkonten geregelt. So heißt es zum Beispiel: „Verlustanteile werden den Gesellschaftern auf den Kapitalkonten II belastet"; vgl. *Blaum/Scholz*, in: BeckFormularbuch, VIII D 2, § 12 Abs. 3; soweit ein Verlustvortragskonto eingerichtet wird, sind auf diesem alle Verluste zu buchen, vgl. etwa *Götze*, in: MünchVertragsHdbGesR, III.3 § 4 Abs. 4, S. 237.

237 Ganz h. M.; BGH v. 23.2.1978 – II ZR 145/76, BB 1978, 630, 631; BGH v. 21.3.1988 – II ZR 238/87, BGHZ 104, 33 = ZIP 1988, 638, 641; BFH v. 3.12.1980 – II R 66/77, BStBl. II 1981, 280, 281 ff. = BFHE 132, 329 = DStR 1981, 329; BFH v. 17.12.1980 – II R 36/79, BStBl. II 1981, 325, 326 = BFHE 132, 345 = BB 1981, 721, 722; BFH v. 27.5.1981 – I R 123/77, BStBl. II 1982, 211, 213 = BFHE 133, 412 = BB 1981, 1752; BFH v. 27.6.1996 – IV R 80/95, BStBl. II 1997, 36 = BFHE 181, 148 = NJW-RR 1997, 352; BFH v. 5.6.2002 – I R 81/00, BStBl. II 2004, 344, 346 = BFHE 199, 300 = DStR 2002, 1480; BFH v. 7.4.2005 – IV R 24/03, BStBl. II 2005, 598, 600 = BFHE 209, 353 = DStR 2005, 1179, 1180; BFH v. 15.5.2008 – IV R 46/05, BStBl. II 2008, 812 = BFHE 221, 162 = DStR 2008, 1577; BFH v. 16.10.2008 – IV R 98/06, BStBl. II 2009, 272 = BFHE 223, 149 = DStR 2009, 212; OLG Köln v. 11.1.2000 – 22 U 139/99, ZIP 2000, 1726, 1727; *Huber*, Vermögensanteil, S. 248; *ders.*, ZGR 1988, 1, 70 f.; *Sassenrath*, in: HdbPersG, I Rn. 583c; *Schulte*, in: Sudhoff, Personengesellschaften, § 6 I Rn. 1, S. 72; *Carlé/Bauschatz*, FR 2002, 1153, 1159; *Kahle*, DStZ 2010, 720, 722; *Ley*, DStR 2003, 957, 959; *Oppenländer*, DStR 1999, 939, 942; IDW RS HFA 7 Rn. 13; einschränkend: *Rodewald*, GmbHR 1998, 521, 524 ("Gesellschafterkonten, auf denen Verluste verrechnet werden, sind danach, wenn nicht weitere besondere Umstände gegen eine solche Einordnung sprechen, als „echte" Kapitalkonten zu behandeln."); **aA** *Thiele*, Eigenkapital, S. 225.

Darlehens im Grundsatz unvereinbar sei.[238] Ein Konto, auf dem Verluste gebucht werden, könne folglich nicht die Rechtsnatur eines „Darlehnskontos“ und in der Diktion dieser Arbeit eines Forderungskontos haben. Diese Begründung kann durch eine auf dem Gesetz basierende Begründung ergänzt werden.

I. Verluste auf Konten persönlich haftender Gesellschafter

Für das gesetzliche Kontenmodell ergibt sich der Zusammenhang zwischen der Verlustbuchung und dem Kapitalkontencharakter aus § 120 Abs. 2 HGB. Danach ist der auf den Gesellschafter entfallende Verlustanteil von seinem Kapitalanteil, der beim persönlich haftenden Gesellschafter dem Kapitalkonto entspricht, abzuschreiben. Verluste werden somit auf einem Kapitalkonto gebucht. Sie mindern das Kapitalkonto und damit das Eigenkapital der Gesellschaft.

In vertraglichen Kontensystemen, in denen die Buchung von Verlustanteilen abweichend von § 120 Abs. 2 HGB vereinbart wird, kann die Rechtsfolge der Buchung von Verlusten über § 707 BGB hergeleitet werden, der gemäß §§ 161 Abs. 2, 105 Abs. 2 HGB auch auf die oHG und KG anwendbar ist.[239] Nach § 707 BGB ist der Gesellschafter einer Personengesellschaft bis zur Auflösung der Gesellschaft oder seinem Ausscheiden zu Nachschüssen nicht verpflichtet. Neben seiner ursprünglich vereinbarten Beitragspflicht ist der Gesellschafter daher nicht verpflichtet, weitere Beiträge zu leisten, solange die Gesellschaft nicht im Wege der Liquidation oder Insolvenz aufgelöst ist.[240] Durch die Buchung von Verlustanteilen auf seinem Gesellschafterkonto darf einem Gesellschafter somit keine weitere Belastung erwachsen. Diese Anforderung wird nur dann erfüllt, wenn die Verluste auf einem Kapitalkonto gebucht werden, da ein negatives Kapitalkonto einer werbenden Gesellschaft im Gegensatz zu einem negativen Forderungskonto nicht ausgeglichen werden muss. Entstünde durch die Verlustbuchung ein negatives Forderungskonto, würde die Gesellschaft einen Anspruch gegen den Gesellschafter erwerben, da negative Forderungskonten einen im Grundsatz jederzeit fälligen Anspruch der Gesellschaft gegen den Gesellschafter

238 BFH v. 4.5.2000 – IV R 16-990, BStBl. II 2001, 171 = BFHE 191, 539 = DStR 2000, 1508; *Baums*, ZHR 175 (2011), 160, 170; ähnlich FG Nürnberg v. 24.10.2008 – 7 K 318/2007, BeckRS 2008, 26027937 = EFG 2009, 2019; *Kahle*, DStZ 2010, 720, 722; *Steger*, NWB 2013, 998, 1002.

239 *Schäfer*, in: Staub, § 105 Rn. 63.

240 *Huber*, Vermögensanteil, S. 253; *Ihrig*, in: Reichert, GmbH & Co. KG, § 21 Rn. 10; *v. Falkenhausen/Schneider*, in: MünchHdbGesR II, § 22 Rn. 41; *Weitemeyer*, in: Oetker, § 120 Rn. 48.

ausweisen.[241] Diese weitere Beitragspflicht, die durch die Sollbuchung auf einem Forderungskonto entstünde, wäre mit § 707 BGB nicht vereinbar. Das gleiche gilt für den Fall, dass die Verluste auf einem positiven Forderungskonto gebucht würden. Der Gesellschafter würde dann eine Forderung gegen die Gesellschaft in Höhe der Verluste verlieren. Auch dieser Forderungsverlust entspräche einem Beitrag des Gesellschafters, der mit § 707 BGB nicht vereinbar wäre. Zwar ist § 707 BGB insoweit abdingbar, als dass die Gesellschafter im Gesellschaftsvertrag oder durch Beschluss eine Nachschusspflicht vereinbaren können.[242] Eine solche Regelung ist im Zweifel aber nicht anzunehmen[243] und insbesondere nicht aus der Kontobezeichnung im Gesellschaftsvertrag abzuleiten.[244] § 707 BGB kann nicht pauschal im Gesellschaftsvertrag abbedungen werden.[245]

Sieht der Gesellschaftsvertrag daher vor, dass Verluste auf einem Gesellschafterkonto eines persönlich haftenden Gesellschafters gebucht werden, handelt es sich bei dem betreffenden Konto um ein Kapitalkonto.

II. Verluste auf Konten von Kommanditisten

Für den Kommanditisten kann die Rechtsfolge der Verlustbuchung zusätzlich über § 167 Abs. 3 HGB begründet werden.[246] Gemäß § 167 Abs. 3 HGB nimmt der Kommanditist nur bis zum Betrag seines Kapitalanteils und seiner noch rückständigen Einlage am Verlust teil. Werden Verluste auf einem Gesellschafterkonto eines Kommanditisten gebucht, kann dieses Konto zwar negativ werden. Der Kommanditist muss aber nach § 167 Abs. 3 HGB weder vor noch nach Ausscheiden aus der Gesellschaft dieses negative Gesellschafterkonto ausgleichen.[247] Würden Verluste auf einem negativen Forderungskonto gebucht,

---

241 Zur Bedeutung negativer Forderungskonten unten 3. Kapitel B.I.

242 Vgl. dazu BFH v. 3.2.1988 – I R 394/83, BStBl. II 1988, 551 = BFHE 152, 543 = BB 1988, 1312, 1313.

243 Es ist aber nicht ausgeschlossen, dass die Gesellschafter ausdrücklich vereinbaren, dass Verluste bis zu einer im Voraus bestimmten Höhe entgegen § 707 BGB mit Guthaben auf einem Forderungskonto verrechnet werden. Ein solches Konto ist nicht zwingend ein Kapitalkonto.

244 Etwa indem ein Kapitalkonto als „Darlehenskonto" bezeichnet wird, so in BGH v. 27.9.1982 – II ZR 241/81, NJW 1983, 164.

245 BGH v. 15.1.2007 – II ZR 245/05, DStR 2007, 494, 496; BGH v. 21.5.2007 – II ZR 96/06, DStR 2007, 1263; *Schäfer*, in: MünchKommBGB, § 707 Rn. 2.

246 *Huber*, ZGR 1988, 1, 59; *ders.*, in: JbFAStR 1988/1889, S. 301, 308.

247 BGH v. 23.10.1985 – IVb ZR 62/84, NJW-RR 1986, 226, 227; *Gummert*, in: Henssler/Strohn, § 167 HGB Rn. 7; Koller/*Kindler*/Roth/Morck, § 167 Rn. 4.

entstünde aufgrund der Verlustbuchung eine Verbindlichkeit des Kommanditisten und damit entgegen § 167 Abs. 3 HGB eine Beitragspflicht über die Einlage hinaus. Die Buchung von Verlustanteilen auf einem Gesellschafterkonto hat daher auch aufgrund von § 167 Abs. 3 HGB zur Folge, dass das Gesellschafterkonto als Kapitalkonto zu qualifizieren ist. Entsprechend ist das erste Gesellschafterkonto des Kommanditisten im gesetzlichen System, auf dem die Verlustanteile des Kommanditisten gebucht werden, ein Kapitalkonto.

III. Zur Kritik Siekers am Kriterium „Verlustbuchung"

Wie gezeigt wurde sind Gesellschafterkonten, auf denen Verluste gebucht werden, Kapitalkonten. Gegen diese der Verlustbuchung zugeschriebene Rechtsfolge führt *Sieker* an, dass die Verlustbuchung als Kriterium für die Qualifikation von der Gesellschaft überlassenen Vermögenswerten als Einlage (und damit als Eigenkapital) ungeeignet sei.[248] Die Buchung von Verlusten auf einem Gesellschafterkonto führe nicht dazu, dass sämtliche auf diesem Konto zu buchenden Beträge Eigenkapitalcharakter hätten.[249] Die Beträge würden zwar im Zeitpunkt der Verlustverrechnung wie Kapitalanteile behandelt.[250] Daraus lasse sich aber nicht zwingend ableiten, dass sie auch zum Eigenkapital der Gesellschaft gehörten. Für die Qualifikation als Eigenkapital sei allein auf die Behandlung der Vermögenswerte (hier: Guthaben auf Gesellschafterkonten) im Rahmen der Auseinandersetzung abzustellen.

Sieker begründet dies systematisch mit Blick auf die stille Gesellschaft. Gemäß § 236 HGB könne der stille Gesellschafter, wenn über das Vermögen des Geschäftsinhabers das Insolvenzverfahren eröffnet wird, seine Einlage als Insolvenzgläubiger geltend machen, soweit diese nicht durch auf ihn entfallende Verluste aufgezehrt wurde. Diese Regelung mache deutlich, dass das Verlustverrechungsrisiko in der Insolvenz nicht zwingend zur Behandlung der Einlage als Eigenkapital führe.[251] Die Einlage des stillen Gesellschafters werde zwar gesetzestypisch durch Verluste aufgezehrt (arg. e § 231 Abs. 2 HGB), sei aber im Insolvenzfall mit Dritten gleichrangige Insolvenzforderung und könne daher kein Eigenkapital sein.[252] Die typische stille Gesellschaft unterscheide sich daher von der Außengesellschaft

248 *Sieker*, Eigenkapital und Fremdkapital, S. 33; für die stille Gesellschaft ebenso *Mundry*, Darlehen und stille Einlagen, S. 12; *Reusch*, BB 1989, 2358, 2359.

249 *Sieker*, Eigenkapital und Fremdkapital, S. 73.

250 *Sieker*, Eigenkapital und Fremdkapital, S. 34.

251 *Sieker*, Eigenkapital und Fremdkapital, S. 33.

252 So auch die ganz herrschende Meinung, vgl. dazu unten 5. Kapitel A.II.

hinsichtlich der Einlage nicht in Bezug auf die Verlustverrechnung, sondern nur auf die Rechtsfolgen in der Insolvenz und Auseinandersetzung.

Für *Siekers* These spricht, dass die Verlustverrechnung allein aus der stillen Einlage noch keinen Eigenkapitalbestandteil macht (vgl. zu den Gesellschafterkonten des stillen Gesellschafters ausführlich unten 5. Kapitel A).[253] Es ist außerdem denkbar, dass gesellschaftsvertraglich dem Kommanditisten oder oHG-Gesellschafter die ungekürzte Rückzahlung seiner Einlage versprochen wird[254] und dieser die Einlage bei freiwilligem Ausscheiden oder Liquidation auch ausgezahlt bekommt.

Beide Argumente können aber entkräftet werden. Gegen die Begründung über § 236 HGB spricht, dass § 236 HGB nur auf stille Einlagen mit Fremdkapitalcharakter anwendbar ist[255] und, anders als das allgemeine Insolvenzrecht, nicht die Insolvenz der stillen Gesellschaft,[256] sondern die Behandlung der stillen Einlage in der Insolvenz des Geschäftsinhabers betrifft. Es ist zudem ein wesentliches Merkmal der typischen stillen Gesellschaft, dass der stille Gesellschafter nur obligatorische Ansprüche im Rahmen der Auseinandersetzung hat,[257] während in der KG und oHG ein Auseinandersetzungsanspruch an die Stelle der Beteiligung tritt. §§ 230 ff. HGB setzen nicht voraus, dass eine Einlage mit Eigenkapitalcharakter geleistet wird. Ein systematischer Vergleich mit § 236 HGB gibt daher keinen Grund, die Rechtsfolge der Buchung von Verlusten auf einem Gesellschafterkonto für dessen Rechtsnatur in Frage zu stellen. Das Gesellschafterkonto des Gesellschafters einer KG oder oHG ist in jedem Fall ein Kapitalkonto, wenn auf ihm Verluste zu buchen sind.

C. Nachrangige Haftung

I. Verrechnung mit Kapitalkonten bei Ausscheiden aus der Gesellschaft und Einbeziehung in die Ermittlung des Auseinandersetzungsguthabens

Neben der laufenden Verlustbuchung führt auch die Verrechnung mit Verlusten bei Auseinandersetzung der Gesellschaft dazu, dass ein Gesellschafterkonto als Kapitalkonto zu qualifizieren ist. Ein Gesellschafterkonto, das im Fall

---

253 *Karsten Schmidt*, in: MünchKommHGB, § 230 Rn. 170.

254 *Huber*, Vermögensanteil, S. 249.

255 Vgl. nur *Karsten Schmidt*, in: MünchKommHGB, § 236 Rn. 9.

256 Die es mangels Rechtsfähigkeit der stillen Gesellschaft nicht gibt, *Gehrlein*, in: E/B/J/S, § 236 Rn. 1; *Karsten Schmidt*, in: MünchKommHGB, § 236 Rn. 1.

257 *Blaurock*, Stille Gesellschaft, Rnrn 6.80, 16.6.

des Ausscheidens des Gesellschafters oder der Auflösung der Gesellschaft mit anderen Kapitalkonten verrechnet wird, ist ein Kapitalkonto.[258] Gleichzeitig ist Rechtsfolge der Qualifikation eines Gesellschafterkontos als Kapitalkonto, dass es beim Ausscheiden des Gesellschafters aus der Gesellschaft mit den anderen Kapitalkonten verrechnet wird.[259]

Die Verrechnung von Kapitalkonten findet grundsätzlich jährlich statt, da Kapitalkonten über ein einheitliches (Ober-)Kapitalkonto abgeschlossen werden, auch wenn die Konten im Folgejahr aufgeschlüsselt weitergeführt werden.[260] Sind verschiedene Konten eindeutig als Unterkonten[261] zu einem einheitlichen Kapitalkonto ausgestaltet, bereitet das Kriterium der Verrechnung mit anderen Kapitalkonten keine Probleme. Die Verrechnung ist dann nichts weiter als eine Verlustbuchung. Aber auch andere Konten können bei Ausscheiden des Gesellschafters in die Auseinandersetzung einbezogen werden, bei denen die Beziehung zum einheitlichen Kapitalkonto in der Bilanz nicht eindeutig ist und in der Rechnungslegung nicht praktiziert wird. Entscheidend für den Charakter als Kapitalkonto ist die Behandlung im Zeitpunkt der Auseinandersetzung bzw. des Ausscheidens eines Gesellschafters aus der Gesellschaft.

---

258 BFH v. 15.5.2008 - IV R 46/05, BStBl. 2008, 812 = BFHE 221, 162 = DStR 2008, 1577, 1579 (m. Anm. *Kempermann*); BFH v. 27.6.1996 - IV R 80/95, BStBl. II 1997, 36 = BFHE 181, 148 = NJW-RR 1997, 352, 353; *Kahle*, DStZ 2010, 720, 723; *Sassenrath*, in: HdbPersG, I Rn 583c; kritisch: *Wälzholz*, DStR 2011, 1815, 1817 („zweifelhaft, ob die bloße Verrechnung mit einem negativen Kapitalkonto bei Liquidation und Ausscheiden zur Einstufung als Eigenkapital genügt"); *Kersten/Feldgen*, FR 2013, 197, 199.

259 Die Beziehung zwischen dem Kriterium und der Rechtsfolge für den Kapitalkontencharakter ist daher wechselseitig. Das ist bei allen Kriterien der Fall, die zwingend zu einer Rechtsnatur führen und nicht lediglich als Indiz für eine Rechtsnatur herangezogen werden können.

260 BGH v. 26.6.2007 - IV R 29/06, BStBl. II 2008, 103 = BFHE 218, 291 = DStR 2008, 31; OLG Koblenz v. 27.11.1986 - 6 U 1239/85, NJW-RR 1987, 484, 485; *Fleischer*, Finanzplankredite, S. 222; vgl. auch *Schluck-Amend/Krispenz*, BB 2010, 1847, 1848.

261 In der Buchführung werden Konten, die sich aufeinander beziehen, als Ober- und Unterkonten bezeichnet. So hat der Gesellschafter einer oHG grundsätzlich ein Kapitalkonto, das aber in weitere Unterkonten unterteilt werden kann. Diese Unterteilung dient vor allem dazu, verschiedene Buchungsanlässe sichtbar zu machen. So können für den Gesellschafter einer oHG als Unterkonto zu seinem einheitlichen Kapitalkonto ein Privateinlagekonto und ein Privatentnahmekonto geführt werden. Ein Unterkonto hat immer die gleiche Rechtsnatur wie das Oberkonto, auf das es sich bezieht.

Der Verrechnung mit anderen Kapitalkonten beim Ausscheiden entspricht die Einbeziehung in die Ermittlung des Abfindungs-/Auseinandersetzungsguthabens,[262] die in Gesellschaftsverträgen häufig geregelt ist.[263] So ist beispielsweise in dem Muster eines Gesellschaftsvertrags für eine Kommanditgesellschaft zur Berechnung des Abfindungsguthabens geregelt:[264]

„(2) Der ausgeschiedene Gesellschafter erhält eine Abfindung, für deren Höhe und Bezahlung gilt:

a) Maßgebend ist der Wert des Gesellschaftsanteils […].

(2) Das Darlehenskonto bliebt bei der Abfindung außer Betracht […].“

Aus dieser Regelung kann gefolgert werden, dass von den im zitierten Vertragsformular vorgesehenen Gesellschafterkonten (festes Kapitalkonto, Rücklagenkonto, Verlustvortragskonto, Darlehenskonto) nur das „Darlehenskonto“ nicht in die Ermittlung des Abfindungsguthabens eingeht. Das Kapitalkonto, das Rücklagenkonto und das Verlustvortragskonto sind hingegen miteinander zu verrechnen und daher nach dem hier untersuchten Kriterium Kapitalkonten.[265]

Bedeutung für die Qualifikation eines Kontos hat das Kriterium der Verrechnung mit anderen Kapitalkonten im Zeitpunkt des Ausscheidens vor allem für das Rücklagenkonto, auf dem nicht entnahmefähige Gewinne, aber keine laufenden Verluste gebucht werden. Dieses Rücklagenkonto ist auch dann ein Kapitalkonto, wenn auf ihm zwar keine laufenden Verluste gebucht werden, aber eine Verrechnung mit anderen Kapitalkonten beim Ausscheiden des Gesellschafters stattfindet. Wenn für das Rücklagenkonto auch eine Verrechnung mit anderen Kapitalkonten im Zeitpunkt des Ausscheidens nicht vorgesehen ist, spricht vieles

262 Zur Bedeutung der Ermittlung des Abfindungsguthabens BFH v. 4.5.2000 – IV R 16–990, BStBl. II 2001, 171 = BFHE 191, 539 = DStR 2000, 1508, 1509; BFH v. 5.6.2002 – I R 81/00, BStBl. II 2004, 344, 346 = BFHE 199, 300 = DStR 2002, 1480, 1481; BFH v. 26.6.2007 – IV R 29/06, BStBl. II 2008, 103, 105 = BFHE 218, 291 = DStR 2008, 31, 33; BFH v. 15.5.2008 – IV R 46/05, BStBl. 2008, 812 = BFHE 221, 162 = DStR 2008, 1577, 1579 (m. Anm. *Kempermann*); *Dötsch*, in: FS Spindler, S. 595, 601 f.

263 Abzugrenzen ist die Einbeziehung in die Ermittlung des Auseinandersetzungsguthabens von der Regelung, dass das Guthaben eines Kontos dem Abfindungsbetrag hinzuzurechnen ist (so im Fall des OLG Stuttgart v. 31.10.2012 – 14 U 19/12, DStR 2013, 1138). In diesem Fall findet keine Verrechnung mit anderen Kapitalkonten statt. Es wird lediglich das Hin- und Herzahlen im Fall des Ausscheidens vermieden.

264 *Götze*, in: MünchVertragsHdbGesR, III.3 § 18, S. 243.

265 So auch in dem Anmerkungen zum Formular III.3 bei *Götze*, in: MünchVertrags HdbGesR, S. 245.

dafür, dass es als Forderungskonto zu qualifizieren ist. Allerdings muss auch dann anhand der weiteren Kriterien geprüft werden, ob das Gesellschafterkonto die Funktion von Eigenkapital übernimmt und damit als Kapitalkonto zu qualifizieren ist.[266]

II. Abgrenzung zum Darlehen, dessen Rückzahlung bis zum Ausscheiden gestundet wird

Abzugrenzen ist die Vereinbarung, dass ein Gesellschafterkonto beim Ausscheiden mit anderen Kapitalkonten verrechnet wird, von der Vereinbarung, dass die Rückzahlung des negativen Saldos des Gesellschafterkontos bis zur Beendigung der Gesellschafterstellung gestundet wird.[267] Eine solche Vereinbarung findet sich bei Darlehen, die als Finanzplankredit insbesondere als Teil der sogenannten „gesplitteten Einlage" vereinbart[268] und auf einem gesonderten „Darlehensfestkonto" gebucht werden. Der Unterschied zwischen der Verrechnung beim Ausscheiden und dem „gestundeten Darlehen" liegt im Schicksal des Guthabens bei der Auseinandersetzung. Die gestundete Forderung kann im Fall der Auseinandersetzung unabhängig von einem etwaigen Liquidationsüberschuss

---

266 Vgl. zum Rücklagenkonto ausführlich 3. Kapitel D.II.

267 *Huber*, Vermögensanteil, S. 249. Die Rechtsnatur des Kontos, auf dem ein bis zum Ausscheiden aus der Gesellschaft gestundetes Darlehen gebucht wurde, hatte das FG Baden-Württemberg mit Urteil vom 8.4.2003 (11 K 225/00, BeckRS 2003, 26014170) zu entscheiden. Streitig war, ob ein Darlehen, das die Treugeber-Kommanditisten neben ihrer Kommanditeinlage einzubringen hatten, in das Kapitalkonto nach § 15a EStG einzubeziehen ist. Der Gesellschaftsvertrag sah für jeden Kommanditisten drei Gesellschafterkonten vor (ein festes für die Pflichteinlage, eines zur Verbuchung von Gewinnen, Entnahmen und weiteren Einlagen und ein drittes für Verluste). Das Darlehen, das in solchen Fällen regelmäßig auf einem sogenannten „Darlehensfestkonto" gebucht wird, sollte laut Gesellschaftsvertrag bei Ausscheiden eines Kommanditisten zunächst mit einem negativen Saldo der Kapitalkonten verrechnet werden. Nur ein verbleibender Betrag sollte ausgezahlt werden. Das FG hat die Einbeziehung des Darlehens in das Kapitalkonto im Sinne von § 15a EStG abgelehnt. Begründet wird dies in der veröffentlichen Fassung des Urteils nicht. Für die Auffassung des FG spricht zwar zunächst, dass das Darlehen bei der Verrechnung der Kapitalkonten nicht einbezogen wurde. Vieles spricht indes dafür, dass das Darlehen die Funktion von Eigenkapital übernommen hat. Ist das Darlehen nicht unabhängig von der Beteiligung kündbar und die Rückzahlung beim Ausscheiden im Gesellschaftsvertrag von einem positiven Abfindungsguthaben abhängig, übernimmt das Darlehen die Haftungsfunktion von Eigenkapital.

268 Vgl. zur Rechtsfigur der gesplitteten Einlage *Fleischer*, Finanzplankredite, S. 17 ff.

oder -fehlbetrag vom Gesellschafter geltend gemacht werden. Das Guthaben auf den Kapitalkonten ist dagegen erst im Rahmen der Auseinandersetzung der Gesellschafter bei der Ermittlung des Auseinandersetzungsguthabens zu berücksichtigen.

Diese Unterscheidung ist das Ergebnis einer formalen Betrachtungsweise. Im Einzelfall kann die Bestimmung der Rechtsnatur des gesonderten Darlehenskontos aber auch zu dem Ergebnis kommen, dass das gestundete Darlehen die Funktion von Eigenkapital übernimmt und das gesonderte Darlehenskonto als Kapitalkonto zu qualifizieren ist. Das ist insbesondere dann der Fall, wenn mit der Gewährung des Darlehens besondere Gesellschafterrechte verbunden sind (dazu auch sogleich F.II.2). Es handelt sich dabei um atypische Fälle, in denen sich die funktionale Qualifikation über die formale Bestimmung hinwegsetzt.[269] Die Rechtsfolge dieser Qualifikation wäre unter anderem, dass das gestundete Darlehen in die Ermittlung des Auseinandersetzungsguthabens einzubeziehen wäre.

III. Kumulatives oder eigenständiges Kriterium?

Das Kriterium der „Verrechnung mit Kapitalkonten bei Ausscheiden aus der Gesellschaft" ist neben der Verlustbuchung das zweite Kriterium, aufgrund dessen ein Gesellschafterkonto zwingend als Kapitalkonto zu qualifizieren ist. Nach verbreiteter Auffassung ist ein Gesellschafterkonto nur dann ein Kapitalkonto, wenn es kumulativ mit Verlusten verrechnet *und* bei Ausscheiden aus der Gesellschaft oder Liquidation der Gesellschaft nachrangig ausgekehrt wird.[270] Unter B. und C. wurde dagegen gezeigt, dass jedes Kriterium auch für sich allein den Kapitalkontencharakter eines Gesellschafterkontos begründet. Im Ergebnis unterscheiden sich die Ansichten nur marginal, denn Rechtsfolge der Qualifikation als Kapitalkonto ist, dass das Konto abschließend mit anderen Kapitalkonten und damit auch mit laufenden Verlusten verrechnet wird. Jedes Kapitalkonto wird bei Auseinandersetzung der Gesellschaft mit Verlusten, die bisher auf einem anderen Gesellschafterkonto gebucht wurden, verrechnet.

---

269 Vgl. hierzu schon oben 1. Kapitel E.II.

270 *Karsten Schmidt*, in: FS Goerdeler, S. 487, 492; IDW RS HFA 7 n. F. Rn. 13 (Stand 6.2.2012); *Ballwieser*, in: MünchKommHGB, § 247 Rn. 64; *Förschle/Hoffmann*, in: BeckBilanzKomm, § 247 Rn. 160; *Schluck-Amend/Kripsenz*, BB 2012, 1847, 1850.

D. Gesellschaftsrechtliche oder schuldrechtliche Veranlassung der auf einem Gesellschafterkonto gebuchten Geschäftsvorfälle

Weiterhin soll die Rechtsnatur eines Gesellschafterkontos danach unterschieden werden können, ob die auf dem Gesellschafterkonto gebuchten Geschäftsvorfälle gesellschaftsrechtlich oder schuldrechtlich veranlasst sind.[271] Geschäftsvorfälle, die „gesellschaftsrechtlicher Natur" sind (Einlagen, Entnahmen, Gewinne und Verluste) seien auf Kapitalkonten zu buchen.[272] Geschäftsvorfälle, die nicht unmittelbar auf dem Gesellschaftsvertrag beruhen und damit eher schuldrechtlicher Natur sind, seien auf Forderungskonten zu buchen.[273]

Obwohl dieses Kriterium in Standardfällen zu zutreffenden Ergebnissen führt, ist es im Ergebnis nicht geeignet, zur Bestimmung der Rechtsnatur von Gesellschafterkonten substantiell beizutragen. So gibt es Forderungen und Verbindlichkeiten, die auf Forderungskonten gebucht werden können und trotzdem auf dem Gesellschaftsverhältnis beruhen. Dies gilt für Aufwendungsersatzansprüche (§ 110 HGB), Schadensersatzansprüche wegen sorgfaltswidriger Geschäftsführung und Forderungen der Gesellschaft aus unberechtigten Entnahmen.[274] Diese würden auf der Grundlage des hier diskutierten Kriteriums der gesellschaftsrechtlichen Ebene und damit Kapitalkonten zuzuweisen sein, sind aber auf Forderungskonten zu buchen, da sie nicht zum Eigenkapital der Gesellschaft gehören oder dieses belasten. Sie sind echte Forderungen und Verbindlichkeiten zwischen Gesellschaft und Gesellschafter. Weiterhin kann es schuldrechtlich vereinbarte Geschäftsvorfälle geben, die funktional zum Eigenkapital der Gesellschaft zählen und auf Kapitalkonten zu buchen sind. Beispiel hierfür sind

---

271 „Die Abgrenzung, ob Konten als Eigen- oder Fremdkapitalkonten zu qualifizieren sind, richtet sich [...] danach, ob Zu- und Abgänge gesellschafts- oder schuldrechtlicher Natur sind.", vgl. FG Nürnberg v. 24.10.2008 - 7 K 318/2007 = BeckRS 2008, 26027937 = EFG 2009, 2019; BFH v. 5.6.2002 - I R 81/00, BStBl. II 2004, 344 = BFHE 199, 300 = DStR 2002, 1480; zustimmend *Dötsch*, in: FS Spindler, S. 595, 600.

272 *Schäfer*, in: Staub, § 120 Rn. 59.

273 BFH v. 5.6.2002 - I R 81/00, BStBl. II 2004, 344, 346 = BFHE 199, 300 = DStR 2002, 1480, 1481; *Schäfer*, in: Staub, § 120 Rn. 63; die Abgrenzung nach mitgliedschaftlichen Vermögensrechten und Drittbuchungen kann hingegen nicht als Indiz für einzelne Buchungen verwandt werden. Sie rührt aus der Unterscheidung in Eigen- und Fremdkapital her, vgl. *Sassenrath*, in: HdbPersG, I Rn. 583d.

274 *Priester*, in: MünchKommHGB, § 120 Rn. 97; nach **aA** können auch unzulässige Entnahmen auf Kapitalkonten gebucht werden, vgl. *Roth*, in: Baumbach/Hopt, § 120 Rn. 14.

Genussrechte, die am Verlust der Gesellschaft teilnehmen und nachrangig haften (dazu 5. Kapitel C). Kapital- und Forderungskonten können daher nicht danach unterschieden werden, ob die Buchung auf einem mitgliedschaftlichen Vorgang beruht.

E. Verbuchung von Einlagen und Entnahmen

Als weiteres Kriterium wird vorwiegend in der Rechtsprechung die abstrakte gesellschaftsvertragliche Vereinbarung, dass auf einem Gesellschafterkonto Einlagen und Entnahmen gebucht werden sollen, als Indiz für den Kapitalkontencharakter eines Gesellschafterkontos herangezogen.[275] Begründet werden kann die Rechtsfolge dieses Kriteriums damit, dass die Buchung von Einlagen und Entnahmen auf eine gesamthänderische Bindung der Gesellschafterkonten hinweise.[276] In Gesellschaftsverträgen wird regelmäßig ausdrücklich vereinbart, auf welchen Konten Einlagen zu buchen sind und von welchen Konten und in welcher Höhe ein Gesellschafter Entnahmen tätigen kann.[277] Als Beispiel für eine solche gesellschaftsvertragliche Vereinbarung kann § 4 des Vertragsformulars eines KG-Vertrags von *Lang* dienen, in dem es zur Buchung von Einlagen und Entnahmen heißt:[278]

> „(2) Auf den Kapitalkonten werden die Einlagen gem. § 3 gebucht. […]
> (3) Auf den laufenden Konten werden entnahmefähige Gewinnanteile, Entnahmen, Zinsen, Gesellschafterdarlehen sowie der sonstige Zahlungsverkehr des Gesellschafters mit der Gesellschaft gebucht. […]
> (4) Auf den Rücklagenkonten werden nicht entnahmefähige Gewinnanteile sowie Einlagen eines Gesellschafters, die keine Einlagen gem. § 3 darstellen, gebucht."

---

275 BFH v. 3.2.1988 – I R 394/83, BStBl. II 1988, 551 = BFHE 152,543 = BB 1988, 1312, 1313 f. (unter II. 2 und 5.b); BFH v. 27.6.1996 – IV R 80/95, BStBl. II 1997, 36 = BFHE 181, 148 = NJW-RR 1997, 352, 353; BFH v. 4.5.2000 – IV R 16-990, BStBl. II 2001, 171 = BFHE 191, 539 = DStR 2000, 1508, 1509; BFH v. 5.6.2002 – I R 81/00, BStBl. II 2004 = BFHE 199, 300 = DStR 2002, 1480, 1481; FG Nürnberg v. 22.10.2008 – 7 K 318/2007, EFG 2009, 2019, 2020; *Rodewald*, BB 1997, 763, 764; differenzierend BFH v. 16.10.2008 – IV R 98/06, BStBl. II 2009, 272 = BFHE 223,149 = DStR 2009, 212, 214 (Aussage bezieht sich nur auf das Zwei-Konten-Modell).

276 *Ley*, KÖSDI 2009, 16678, 16679.

277 Vgl. zu den Kontenmodellen oben 1. Kapitel D.III; zu Vertragsformularen: *Götze*, in: MünchVertragsHdbGesR, III.1, S. 215 f.; *Sommer*, in: Wachter, PraxisHGR, Teil 2 § 3 E Rn. 611 ff.; *Lang*, in: VertragsHdb, II C 2, § 4.

278 *Lang*, in: VertragsHdb, II C 2, § 4.

Wird das hier untersuchte Kriterium, nach dem die abstrakte Vereinbarung, dass Einlagen und Entnahmen auf einem Gesellschafterkonto gebucht werden, Indiz für den Kapitalkontencharakter ist, auf die soeben genannten Gesellschafterkonten angewandt, wären das Kapitalkonto (§ 4 Abs. 2), das Rücklagekonto (§ 4 Abs. 3) und das laufende Konto (§ 4 Abs. 2) als Kapitalkonten zu qualifizieren, da auf ihnen Einlagen und/oder Entnahmen gebucht werden können. Zumindest das „laufende Konto" ist jedoch ein Forderungskonto, da auf ihm keine Verluste, dafür aber der sonstige Zahlungsverkehr zwischen den Gesellschaftern gebucht werden soll.[279] Das Kriterium der „Verbuchung von Einlagen und Entnahmen" führt in diesem Fall zu einer unzutreffenden Qualifikation des Gesellschafterkontos. Das liegt jedoch nicht daran, dass das Kriterium nicht tauglich ist. Das Problem dieses Kriteriums besteht darin, dass die Begriffe „Einlage" und „Entnahme" nicht einheitlich verwendet werden. Neben dem handelsrechtlichen (dazu I.) gibt es einen steuerrechtlichen (dazu II.) Einlagen- und Entnahmebegriff. Die konkrete Verwendung in der Praxis orientiert sich am steuerrechtlichen Begriff, was sich auf die Bedeutung des Kriteriums für die Bestimmung der Rechtsnatur von Gesellschafterkonten auswirkt (dazu III.)

I. Handelsrechtlicher Einlage- und Entnahmebegriff

BGB und HGB verwenden den Begriff der „Einlage" uneinheitlich. Differenziert wird terminologisch zwischen der Einlage (§§ 707, 733, Abs. 2 und 3, 734, 735 S. 1, 739 BGB, §§ 111, 121 Abs. 2, 139 Abs. 1, 162 Abs. 1, 167 Abs. 2 und 3, 169, 171, 172, 174, 175, 230, 232, 236 BGB) und dem Beitrag (§§ 705, 706, 707, 735 S. 2 BGB), die als Ober- und Unterbegriff zu verstehen sind.[280] *Beiträge* sind alle von den Gesellschaftern geschuldeten Leistungen, die den Gesellschaftszweck fördern.[281] *Einlagen* sind Beiträge, die zur Eigenkapitalbildung in das Gesellschaftsvermögen mit dem Zweck geleistet werden, die Haftungsmasse zu mehren.[282]

279 Vgl. zum Kriterium der Verbuchung von Verkehrsgeschäften unten 2. Kapitel B.

280 Die von *Pauli* noch als herrschende Ansicht dargestellte Abgrenzung von zu erbringenden Beiträgen und schon erbrachten Einlagen widerspricht dem Wortlaut des Gesetzes vgl. *Pauli*, Eigenkapital, S. 43; vgl. auch schon ausführlich *Huber*, Vermögensanteil, S. 191; *Karsten Schmidt*, Einlage und Haftung, S. 2 ff.

281 *Roth*, in: Baumbach/Hopt, § 109 Rn. 6; *Karsten Schmidt*, in: MünchKommHGB, § 105 Rn. 177.

282 *Karsten Schmidt*, GesR § 20 II 1, S. 567; *ders.*, in: MünchKommHGB, § 105 Rn. 177; *Roth*, in: Baumbach/Hopt, HGB, § 109 Rn. 6; *v. Falkenhausen/Schneider*, in: MünchHdbGesR I, § 60 Rn. 2.

Der Zusammenhang zwischen der handelsrechtlichen Einlage und den Gesellschafterkonten wurde oben bereits dargestellt. Der Kapitalanteil nach dem HGB und damit die Kapitalkonten geben den gegenwärtigen Stand der Einlage des Gesellschafters wieder.[283] Damit ist die Einlage des Gesellschafters auf Kapitalkonten zu buchen.[284] Ausgehend von einem streng handelsrechtlichen Begriff können Einlagen nur auf Kapitalkonten gebucht werden.

Entnahmen sind vermögenswerte Leistungen der Gesellschaft an den Gesellschafter, die *causa societatis* erfolgen.[285] Nicht zu den Entnahmen zählen daher Auszahlungen, die auf einem Drittgeschäft beruhen.[286] Das HGB verwendet den Begriff der Entnahme im Recht der Personenhandelsgesellschaft grundsätzlich im Zusammenhang mit dem Kapitalanteil.[287] So wird gemäß § 120 Abs. 2 HGB das im Geschäftsjahr entnommene Geld vom Kapitalanteil abgeschrieben und gemäß § 121 Abs. 2 S. 2 HGB die Entnahme vom Kapitalanteil bei der Vorabverzinsung nach § 121 Abs. 1 HGB berücksichtigt. Da der persönlich haftende Gesellschafter im gesetzlichen Grundfall nur ein Kapitalkonto führt, werden Entnahmen dem Kapitalkonto belastet.[288] Der Kommanditist, auf den gemäß § 169 Abs. 1 S. 1 HGB die Entnahmeregelung des § 122 HGB nicht anwendbar ist, kann nur die „Auszahlung" des Gewinns verlangen. Ein gewinnunabhängiges Entnahmerecht des Kommanditisten besteht nach dem Gesetz nicht.[289] Handelsrechtlich sind daher Einlagen und Entnahmen des persönlich haftenden Gesellschafters auf Kapitalkonten zu buchen. Die „Verbuchung von Einlagen und Entnahmen" ist danach Indiz für den Kapitalkontencharakter eines Gesellschafterkontos.

II. Steuerrechtlicher Begriff

Vom handelsrechtlichen Begriff der Einlage und Entnahme ist der steuerrechtliche zu unterscheiden. Im Steuerrecht werden als Einlagen alle Wirtschaftsgüter bezeichnet, „die der Steuerpflichtige dem Unternehmen im Laufe des

---

283 Vgl. oben 1. Kapitel A.II.2.

284 Vgl. *Pauli*, Eigenkapital, S. 42.

285 *Finckh*, in: Henssler/Strohn, § 122 Rn. 5; *Priester*, in: MünchKommHGB, § 122 Rn. 5.

286 *Roth*, in: Baumbach/Hopt, § 122 Rn. 1. Ein Drittgeschäft liegt vor, wenn der Gesellschafter weder in seiner Eigenschaft als Gesellschafter zum Abschluss des Geschäfts oder zur Erbringung der Leistung verpflichtet ist, noch das Geschäft eine gesellschaftsvertragliche Grundlage hat, *Gummert*, in: MünchAnwHdbPersG, § 3 Rn. 208.

287 So auch BFH v. 3.12.1980, II R 66/77, BStBl. II 1981, 280 = BFHE 132, 329 = DB 1981, 1168, 1169.

288 Vgl. *Karsten Schmidt*, GesR, § 47 IV 3 a, S. 1388.

289 *Grunewald*, in: MünchKommHGB, § 169 Rn. 1.

Wirtschaftsjahres zugeführt hat", § 4 Abs. 1 S. 8 EStG. Entnahmen sind spiegelbildlich alle Wirtschaftsgüter, die der Steuerpflichtige aus dem Betrieb für sich, seinen Haushalt oder betriebsfremde Zwecke im Laufe des Wirtschaftsjahres entnommen hat, § 4 Abs. 1 S. 2 EStG. Entnommen werden können auch Darlehen, Leistungen und Nutzungen.[290] So können bei Auszahlungen von Forderungskonten steuerlich Entnahmen aus dem Sonderbetriebsvermögen vorliegen, während handelsrechtlich eine Auszahlung von einem Forderungskonto gegeben ist.[291]

III. Auswirkung auf die Rechtsnatur eines Gesellschafterkontos

Mithin unterscheiden sich der handelsrechtliche und der steuerrechtliche Begriff von Einlage und Entnahme. Handelsrechtlich wirken sich Einlagen und Entnahmen stets auf den Kapitalanteil aus. Sie sind folglich auf Kapitalkonten zu buchen. Die Buchung einer „Entnahme" auf einem Forderungskonto ist handelsrechtlich entweder eine *falsa demonstratio*,[292] weil überhaupt keine Entnahme im handelsrechtlichen Sinne gegeben ist, oder eine Fehlbuchung. Die steuerrechtliche Systematik lässt dagegen die Buchung von Einlagen und Entnahmen auch auf Forderungskonten zu.[293]

Das in Literatur und Rechtsprechung zur Bestimmung der Rechtsnatur von Gesellschafterkonten angewandte Kriterium, nach dem es für die Qualifikation eines Gesellschafterkontos als Kapitalkonto spricht, wenn der Gesellschaftsvertrag vorsieht, dass auf einem Gesellschafterkonto Einlagen und Entnahmen gebucht werden,[294] führt nur dann zu richtigen Ergebnissen, wenn auf den handelsrechtlichen Begriff von Einlagen und Entnahmen abgestellt wird. Der Gesellschaftsverträgen regelmäßig zugrunde liegende steuerrechtliche Einlagen-

---

290 *Wied*, in: Blümich, § 4 EStG Rn. 454 ff.

291 *Dötsch*, in: FS Spindler, S. 595, 605; *Altendorf*, GmbH-StB 2009, 101, 103.

292 BFH v. 3.12.1980 - II R 66/77, BStBl. II 1981, 280, 281 ff. = BFHE 132, 329 = DB 1981, 1168, 1169.

293 Dabei handelt es sich allerdings um Einlagen und Entnahmen aus dem Sonderbetriebsvermögen und nicht aus dem Gesamthandsvermögen, *Ley*, DStR 2009, 613, 615.

294 BFH v. 3.2.1988 - I R 394/83, BStBl. II 1988, 551 = BFHE 152,543 = BB 1988, 1312, 1313 f. (unter II. 2 und 5.b); BFH v. 27.6.1996 -IV R 80/95, BStBl. II 1997, 36 = BFHE 181, 148 = NJW-RR 1997, 352, 353; BFH v. 4.5.2000 - IV R 16-990, BStBl. II 2001, 171 = BFHE 191, 539 = DStR 2000, 1508, 1509; BFH v. 5.6.2002 - I R 81/00, BStBl. II 2004 = BFHE 199, 300 = DStR 2002, 1480, 1481; *Rodewald*, BB 1997, 763, 764; einschränkend zuletzt BFH v. 16.10.2008 - IV R 98/06, BStBl. II 2009, 272 = BFHE 223,149 = DStR 2009, 212 (nur in Bezug auf das variable Kapitalkonto II im Zwei-Konten-Modell); **aA** *Dötsch*, in: FS Spindler, S. 595, 605.

und Entnahmebegriff[295] lässt einen Rückschluss auf eine besondere Bindung der Guthaben nicht zu. Als Einlagen und Entnahmen werden in Gesellschaftsverträgen häufig auch Vorgänge bezeichnet, die handelsrechtlich keine Einlagen und Entnahmen darstellen und daher nicht zwingend auf Kapitalkonten zu buchen sind.[296] Es ist möglich, dass im Gesellschaftsvertrag als „Einlage" bezeichnete Leistungen auf Forderungskonten gebucht werden, da es sich hierbei nicht um Einlagen im engeren handelsrechtlichen, sondern nur im steuerrechtlichen Sinne handelt.[297] Der Wortlaut „Verbuchung von Einlagen und Entnahmen" kann daher allenfalls als Indiz gegen das Vorliegen eines Forderungskontos oder für den Kapitalkontencharakter gewertet werden.

Eine weitere Bedeutung hat die abstrakte Vereinbarung, dass Einlagen und Entnahmen auf einem Konto gebucht werden, nicht. Insbesondere führt die Verbuchung von als Einlage oder Entnahme bezeichneten Geschäftsvorfällen auf einem „Darlehenskonto" auch nicht zu einer „Eigenkapital-Infizierung des Darlehenskontos".[298] Das folgt bereits daraus, dass die Rechtsnatur von Konten anhand der abstrakt vereinbarten und nicht der konkret getätigten Buchungen zu bestimmen ist. Außerdem ist für den Fall, dass ein als „Einlage" oder „Entnahme" bezeichneter Geschäftsvorfall auf einem Forderungskonto gebucht wird, zunächst zu untersuchen, welchen Charakter die Leistung im konkreten Fall wirklich hat,[299] da die Bezeichnung eines Geschäftsvorfalls nicht zwangsläufig mit seiner rechtlichen Einordnung übereinstimmt. Die „Buchung von Einlagen und Entnahmen" ist kein zwingendes Kriterium für die Qualifikation eines Gesellschafterkontos als Kapital- oder Forderungskonto, sondern die handelsrechtliche Rechtsfolge der Qualifikation als Kapitalkonto.[300]

F. Entnahme- und Auszahlungsmodalitäten

Von der gesellschaftsvertraglichen Vereinbarung, auf welchen Konten Einlagen und Entnahmen zu buchen sind, ist die im Gesellschaftsvertrag vereinbarte Zulässigkeit von Entnahmen und Auszahlungen zu unterscheiden. Sowohl im

295 Vgl. die Formulare bei *Götze*, in: MünchVertragsHdbGesR, III.1 § 4 Abs. 2, S. 216; *Lang*, in: VertragsHdb, II C 2, § 4 Abs. 3, S. 458.

296 Vgl. auch *Ley*, DStR 2009, 613, 615.

297 BFH v. 16.10.2008 – IV R 98/06, BStBl. II 2009, 272 = BFHE 223,149 = DStR 2009, 212.

298 So aber *Kahle*, FR 2010, 774, 775; *ders.*, DStZ 2010, 720, 723; *Rödel*, INF 2007, 456, 457 (einschränkend für Falschbezeichnungen).

299 So auch *Kahle*, DStZ 2010, 720, 723.

300 *Dötsch*, in: FS Spindler, S. 595, 605.

Gesetz als auch in Gesellschaftsverträgen ist geregelt, von welchen Konten, in welcher Höhe und zu welchen Konditionen Gesellschafter Beträge entnehmen oder sich auszahlen lassen können. Diese Entnahme- und Auszahlungsmodalitäten werden in Literatur und Rechtsprechung auf unterschiedliche Weise zur Bestimmung der Rechtsnatur von Gesellschafterkonten herangezogen. Bei der Beantwortungen der Frage, welche Auswirkung gesellschaftsvertragliche Regelungen über die Zulässigkeit von Entnahmen und Auszahlungen auf die Rechtsnatur eines Gesellschafterkontos haben (dazu II.), sind die gesetzlichen Wertungen der Zulässigkeit von Entnahmen zu berücksichtigen, die unter I. zunächst dargestellt werden.

I. Gesetzliche Wertung

Für den oHG-Gesellschafter und den Komplementär der KG gibt es zwei wesentliche Entnahmeregelungen. Zum einen kann der Gesellschafter jährlich 4 % des für das vergangene Geschäftsjahr festgestellten Kapitalanteils (§ 122 Abs. 1 Hs. 1 HGB) entnehmen.[301] Das Vier-Prozent- Entnahmerecht dient dazu, dem oHG-Gesellschafter oder Komplementär den Lebensunterhalt unabhängig von der Ertragslage zu sichern.[302] Erwirtschaftet die Gesellschaft keinen Gewinn, verringert sich aufgrund dieser Entnahmen der Kapitalanteil des Gesellschafters und damit das Eigenkapital der Gesellschaft.[303] Zum anderen kann der Anteil am Gewinn, der über das vierprozentige Vorabentnahmerecht hinausgeht, vom Gesellschafter entnommen werden, soweit dies nicht zum Schaden der Gesellschaft gereicht, § 122 Abs. 1 Hs. 2 HGB. Es gilt der Grundsatz der Vollausschüttung.[304] Da das Gesetz ein Forderungskonto für den persönlich haftenden Gesellschafter nicht vorsieht, sind Entnahmen von Forderungskonten nicht geregelt.[305]

Dass Kommanditisten Entnahmen zu Lasten des Kapitalkontos tätigen, sieht das Gesetzt nicht vor, § 169 Abs. 1 S. 1 HGB i. V. m. § 122 HGB.[306] Der Kommanditist hat nur Anspruch auf den Gewinnanteil des laufenden Geschäftsjahres, soweit sein

---

301 Abzugrenzen ist das gewinnunabhängige Entnahmerecht von dem Vorabgewinn nach § 121 HGB, der einen festgestellten Gewinn voraussetzt.

302 *V. Falkenhausen/Schneider*, in: MünchHdbGesR I, § 63 Rn. 66.

303 *Priester*, in: MünchKommHGB, § 122 Rn. 17.

304 *Finckh*, in: Henssler/Strohn, § 122 HGB Rn. 29; *Priester*, in: MünchKommHGB, § 122 Rn. 26.

305 Im Folgenden wird in Anlehnung an die steuerrechtliche Begriffsbestimmung gleichermaßen in Bezug auf Kapital- und Forderungskonten von Entnahmen gesprochen.

306 Da § 169 HGB dispositiv ist, sind Abweichungen durch Beschluss der Gesellschafter oder gesellschaftsvertragliche Regelung möglich, vgl. nur *Roth*, in: Baumbach/Hopt, § 169 Rn. 7.

Kapitalkonto nicht durch Verluste unter den Betrag der bedungenen Einlage herabgemindert wurde oder durch die Auszahlung wird. Soweit das Kapitalkonto die Höhe der bedungenen Einlage noch nicht erreicht hat, wird der Gewinn dem Kapitalkonto des Kommanditisten zugeschrieben.[307] Über die Höhe der bedungenen Einlage hinaus werden weitere Gewinnanteile dem zweiten Konto des Kommanditisten, hinzugebucht. Sie können vom Kommanditisten jederzeit herausverlangt werden.[308] Das gleiche gilt für den bereits bezogenen Gewinn vergangener Jahre.[309] Der Gesellschafter kann sich den bezogenen und auf dem zweiten Konto gebuchten Gewinn grundsätzlich jederzeit auszahlen lassen,[310] wobei Einschränkungen aus der gesellschaftsrechtlichen Treuepflicht möglich sind.[311]

II. Gesellschaftsvertragliche Regelungen

Da die Entnahme- und Auszahlungsmodalitäten als Teil der inneren Vermögensordnung der Gesellschaft dispositiv sind,[312] werden sie in den meisten Gesellschaftsverträgen abweichend vom Gesetz geregelt.[313] Häufig wird das Entnahmerecht der Gesellschafter zugunsten der Innenfinanzierung der Gesellschaft eingeschränkt (sog. Entnahmebeschränkung, dazu sogleich 1.), teilweise wird die Entnahme vollständig bis zur Auseinandersetzung der Gesellschaft ausgeschlossen (hier Entnahmesperre genannt, dazu unter 2.) oder, im Gegenteil,

---

307 Soweit die Einlage überhaupt noch nicht geleistet wurde, kann der Kommanditist den Gewinn zwar geltend machen, die Gesellschaft kann mit dem Gewinnanspruch jedoch aufrechnen (h. L.) vgl. *Grunewald*, in: MünchKommHGB, § 169 Rn. 6; *Oetker*, in: Oetker, § 169 Rn. 11; **aA** *Gummert*, in: Henssler/Strohn, § 169 HGB Rn. 8; *Weipert*, in: E/B/J/S, § 169 Rn. 12: Geltendmachung der Einlageschuld darf nicht in das Belieben der Geschäftsführung gestellt sein.

308 BGH v. 23.2.1978 – II ZR 145/76, BB 1978, 630, 631; BFH v. 16.10.2008 – IV R 98/06, BFHE 223,149 = DStR 2009, 212; *Grunewald*, in: MünchKommHGB, § 167 Rn. 17; *Roth*, in: Baumbach/Hopt, § 167 Rn. 3.

309 *Gummert*, in: Henssler/Strohn, § 167 HGB Rn. 6; *Oetker*, in: Oetker, § 167 Rn. 17.

310 *Grunewald*, in: MünchKommHGB, § 167 Rn. 17; *Roth*, in: Baumbach/Hopt, § 167 Rn. 3.

311 Streitig ist etwa, ob der Kommanditist auch in Krisensituationen die Auszahlung verlangen kann vgl. *Grunewald*, in: MünchKommHGB, § 167 Rn. 17 (prinzipiell ja); **aA** Koller/*Kindler*/Roth/Morck, § 169 Rn. 2 (Einschränkung analog § 122 Abs. 1 HGB).

312 *Roth*, in: Baumbach/Hopt, § 169 Rn. 7.

313 BGH v. 14.5.1973 – II ZR 144/71, BB 1973, 957: vertraglich abweichende Regelungen in „nahezu allen wohlüberlegten Gesellschaftsverträgen"; *Priester*, in: MünchKommHGB, § 122 Rn. 49.

jederzeit in voller Höhe zugelassen, soweit das Gesellschafterkonto ein Guthaben ausweist (unbegrenzte Entnahmefähigkeit, dazu unter 3.). Ob sich diese Vereinbarungen auf die Rechtsnatur des betreffenden Gesellschafterkontos auswirken, wird unterschiedlich beurteilt.

1. *Entnahmebeschränkung und Kündigungsbeschränkung*

Entnahmebeschränkungen sind gesellschaftsvertragliche Vereinbarungen, die die Entnahme von Guthaben von einer Bedingung abhängig machen. So kann vereinbart werden, dass Entnahmen nur zur Zahlung von Steuern, nach Kündigung des Guthabens innerhalb einer bestimmten Frist,[314] in einer bestimmten prozentualen oder absoluten Höhe zulässig oder von einer Entscheidung der Gesellschafter abhängig[315] sind. Die Entnahmebeschränkungen, die es dem Gesellschafter nur unter bestimmten Voraussetzungen ermöglichen, Guthaben zu entnehmen, sind von einer Entnahmesperre, die eine Entnahme nur bei Ausscheiden des Gesellschafters oder Auflösung der Gesellschaft erlaubt (dazu sogleich unter 2.), abzugrenzen.

Auf die Rechtsnatur eines Gesellschafterkontos hat die Beschränkung der Entnahme regelmäßig keinen Einfluss. Weitgehend Einigkeit besteht darüber, dass ein Gesellschafterkonto nicht zwingend als Kapitalkonto zu qualifizieren ist, wenn die Entnahme von diesem Gesellschafterkonto nur eingeschränkt möglich ist.[316] Ein Gesellschafter kann der Gesellschaft Kapital zur Verfügung stellen, das zwar nicht das Eigenkapital der Gesellschaft erhöhen, aber dennoch der Gesellschaft längerfristig zur Verfügung stehen soll. Die Möglichkeit der Kündigung von Forderungskonten wird daher ebenso wie die Entnahme von Kapitalkonten für Zwecke der Innenfinanzierung der Gesellschaft beschränkt.[317]

---

314 Vgl. das Vertragsmuster bei *Götze*, in: MünchVertragsHdbGesR, III.3 § 12 Abs. 2 und Abs. 3, S. 241.

315 Dies Vereinbarung war im Fall des BFH v. 15.5.2008 – IV R 46/05, BStBl. II 2008, 812 = BFHE 221, 162 = DStR 2008, 1577 getroffen worden. Die Vorinstanz (FG Köln v. 23.6.2005 – 10 K 2325/04, DStRE 2005, 1190, 1191) hatte diese Beschränkung noch als Indiz für den Kapitalkontencharakter verstanden. In der Revision war die Frage nicht entscheidungserheblich.

316 BGH v. 23.2.1978 – II ZR 145/76, NJW 1978, 1053; *Dötsch*, in: FS Spindler, S. 595, 609; *Sassenrath*, in: HdbPersG, I Rn. 583d m. w. N.; *Rodewald*, GmbHR 1998, 521, 526; **aA** FG Köln v. 23.6.2005 – 10 K 2325/04, DStRE 2005, 1190, 1191.

317 Anders als das OLG Düsseldorf (v. 18.10.62 – 6 U 25/61, BB 1963, 284 m. Anm. *Siebel*) in einem Fall entschieden hat, kann ein Gesellschafterkonto die Rechtsnatur eines Forderungskontos haben, auch wenn Entnahmen von diesem nur eingeschränkt

In der Literatur wird erwogen, die Beschränkung des Entnahmerechts als Indiz für die Einordnung als Kapitalkonto heranzuziehen.[318] Dafür könnte die gesetzliche Wertung sprechen, nach der Guthaben auf Kapitalkonten im Gegensatz zu Guthaben auf Forderungskonten einer besonderen gesellschaftsrechtlichen Bindung unterliegen.[319] Der Umkehrschluss, dass eine Entnahmebeschränkung Indiz gegen den Forderungscharakter eines Gesellschafterkontos ist, ist jedoch nicht zwingend. Die gesellschaftsvertragliche Beschränkung der Entnahme von Gesellschafterkonten ist für Kapital- und Forderungskoten gleichermaßen typisch, da auch Forderungskonten häufig eine Finanzierungsfunktion haben, die nur über Entnahmebeschränkungen sichergestellt werden kann. Es spricht nicht gegen den Forderungscharakter eines Guthabens, wenn ein Gesellschafter das Guthaben nur eingeschränkt herausverlangen kann. Einfache Entnahmebeschränkungen haben daher grundsätzlich keinen Einfluss auf die Rechtsnatur eines Gesellschafterkontos.

2. *Entnahmesperre*

Eine Entnahmesperre unterbindet im Gegensatz zur bloßen Entnahmebeschränkung die Entnahme von Guthaben auf einem Gesellschafterkonto bis zum Ausscheiden des Gesellschafters oder der Auseinandersetzung der Gesellschaft. In Betracht kommt eine solche Gestaltung, wenn die Gesellschafter einerseits Rücklagen bilden wollen und andererseits den Gesellschaftern im Zeitpunkt ihres Ausscheidens oder bei Auseinandersetzung der Gesellschaft eine Forderung in Höhe des Guthaben zustehen soll. Die Entnahmesperre wird vor allem bei sogenannten Finanzplankrediten vereinbart.[320] Diese im Rahmen des Beitritts zur Gesellschaft vereinbarten Kredite werden vorbehaltlich einer einverständlichen

möglich sind. Das Gericht hatte die im Gesellschaftsvertrag vereinbarte Entnahmebeschränkung für unbeachtlich gehalten, weil es das betreffende Gesellschafterkonto als Forderungskonto qualifizierte und dem Kommanditisten das Recht zugesprochen, das Darlehen nach den allgemeinen Regeln zu kündigen.

318 Hierfür *Kahle*, DStZ 2010, 720, 723; *ders.*, FR 2010, 774, 775; *Strahl*, KÖSDI 2009, 16531, 16532.

319 Dazu oben 1. Kapitel C.

320 Dabei handelt es sich um Darlehen oder stille Einlagen, die ein Kommanditist aufgrund gesellschaftsvertraglicher Verpflichtung neben seiner Kommanditeinlage erbringt. Diese wurden unter bestimmten Voraussetzungen dem haftenden Kapital gleichgestellt. Während die eigenkapitalersetzenden Darlehen nur im Recht der GmbH und GmbH & Co. KG von Bedeutung waren, sind Finanzplandarlehen neben der GmbH & Co. KG in der Publikumskommanditgesellschaft zu finden. Die

Aufhebung der Finanzplanbindung erst bei Ausscheiden aus der Gesellschaft zurückgewährt und sind als Gesellschafterbeitrag zwingend neben der Einlage zu erbringen. Finanzplankredite werden teilweise auf sogenannten „Darlehens-Festkonten" gebucht,[321] so dass die Kreditbedingungen mit den Eigenschaften des Gesellschafterkontos identisch sind.

Die Vereinbarung einer Entnahmesperre führt dazu, dass das Gesellschafterkonto dem Zugriff des Gesellschafters entzogen ist. Daraus wird teilweise gefolgert, dass ein Gesellschafterkonto mit Entnahmesperre ein Kapitalkonto ist, weil die fehlende Kündbarkeit des Gesellschafterkontos mit der Qualifikation als Forderungskonto nicht vereinbar sei.[322] Diese Schlussfolgerung kann jedoch in Frage gestellt werden, wenn das Guthaben auf dem Gesellschafterkonto ausdrücklich als Darlehen geleistet wurde.[323] Die Qualifikation als Kapitalkonto würde sich über die Rechtswahl der Gesellschafter hinwegsetzen.[324] Dies hätte zur Folge, dass das Gesellschafterkonto bei Auseinandersetzung der Gesellschaft oder in der Insolvenz mit anderen (negativen) Kapitalkonten zu verrechnen und in die Ermittlung des Auseinandersetzungsguthabens einzubeziehen wäre. Die Qualifikation als Kapitalkonto gegen die formelle Rechtswahl der Gesellschafter würde einen erheblichen Nachteil für den Kommanditisten bedeuten, der im Regelfall ein negatives Auseinandersetzungsguthaben nicht ausgleichen muss, ein Darlehen aber unabhängig vom Stand des Kapitalkontos herausverlangen kann.

Damit ein Gesellschafterkonto mit Entnahmesperre, das formell als Forderungskonto ausgestaltet ist, funktional als Kapitalkonto qualifiziert werden kann, müssen daher weitere Kriterien hinzukommen, die die Qualifikation als Kapitalkonto stützen.[325] Solche Kriterien sind beispielsweise, dass das Guthaben nicht isoliert abtretbar ist oder zwingend mit der Einlage geleistet werden

---

Anwendung der Rechtsprechungsgrundsätze zu den Finanzplandarlehen auf die typische KG wurde diskutiert, aber gerichtlich bislang nicht entschieden.

321 Vgl. etwa BGH v. 21.3.1988 – II ZR 238/87, BGHZ 104, 33 = NJW 1988, 1841.

322 So *Priester*, in: MünchKommHGB, § 120 Rn. 98; *Schäfer*, in: Staub, § 120 Rn. 71; *Carlé*, KÖSDI 9/85, 6095, 6098.

323 Dies steht nicht im Widerspruch zu der Aussage unter A, dass die Bezeichnung des Kontos nur ein schwaches Indiz für die Rechtsnatur ist. Hier geht es um den ausdrücklichen Willen der Gesellschafter, den Saldo eines Gesellschafterkontos rechtlich einzuordnen, nicht um eine irrtümliche Falschbezeichnung.

324 Hierzu bereits oben 1. Kapitel E.II.

325 So etwa bei Finanzplankrediten, vgl. zu den dort typischen Vertragsgestaltungen *Fleischer*, Finanzplankredite, S. 19 ff.

muss und damit Voraussetzung für die Gesellschafterstellung ist.[326] Das Gesellschafterkonto übernimmt dann die Funktion von Eigenkapital und kann beim Ausscheiden oder in der Insolvenz nicht selbständig geltend gemacht werden. Grundsätzlich gilt aber, dass ein Gesellschafterkonto, von dem bis zum Ausscheiden aus der Gesellschaft das Guthaben nicht entnommen werden kann, nicht zwingend Kapitalkontencharakter hat,[327] auch wenn die Entnahmesperre ein starkes Indiz hierfür ist. Das gleiche gilt *a maiore ad minus* für den langfristigen Kündigungsausschluss. Ein Gesellschafterkonto, von dem innerhalb von 10 oder 40 Jahren keine Guthaben entnommen werden dürfen, ist nicht zwangsläufig dem Eigenkapital der Gesellschaft zuzuordnen.[328]

3. *Unbegrenzte Entnahmefähigkeit*

Umstritten ist, ob die Vereinbarung, dass Entnahmen unbeschränkt von einem Gesellschafterkonto möglich sind, der Qualifikation dieses Gesellschafterkontos als Kapitalkonto entgegensteht. Der BFH hat diese Frage offen gelassen.[329] In der Literatur wird zum Teil angenommen, dass auch das Guthaben auf einem Kapitalkonto jederzeit entnahmefähig oder kündbar sein kann.[330] Die wohl überwiegende Ansicht geht dagegen davon aus, dass ein Gesellschafterkonto, welches nur bei Ausscheiden mit anderen Kapitalkonten verrechnet werden soll, kein Kapitalkonto sein kann, wenn die Entnahme unbegrenzt zulässig ist.[331] Ein Gesellschafter könnte sich ansonsten der Verrechnung seines positiven Kapitalkontos mit etwaigen negativen Kapitalkonten entziehen, indem er kurz vor der Auseinandersetzung der Gesellschaft sein Guthaben entnimmt. Zur Erhaltung

326 Die genetische Verknüpfung und der vertraglich vereinbarte Gleichlauf von Darlehen und Kommanditeinlage sind typische Merkmale des Finanzplankredits, *Fleischer*, Finanzplankredite, S. 19.

327 So auch OLG Stuttgart v. 31.10.2012 – 14 U 19/12, DStR 2013, 1138, 1141.

328 Anders *Fleischer*, Finanzplankredite, S. 146: „Krediten mit Laufzeiten von 40, 50 oder gar 99 Jahren steht der Eigenkapitalcharakter geradezu auf der Stirn geschrieben".

329 BFH v. 15.5.2008 – IV R 46/05, BStBl. II 2008, 812 = BFHE 221, 162 = DStR 2008, 1577, 1579.

330 In diese Richtung *Baums*, ZHR 175 (2011), 160, 172 f.

331 *Potsch*, Grundfragen Kommanditistenhaftung, S. 238 (wird das Konto in die Ermittlung des Auseinandersetzungsguthabens einbezogen, wird ein Guthaben in der logischen Sekunde vor Beendigung der Gesellschaft zur Einlage); *Dötsch*, in: FS Spindler, S. 595, 604; in der Tendenz ebenso *Kempermann*, FR 2008, 1113; *Scharfenberg*, sj Heft 22/2008, 20, 22.

der Haftungsmasse der Gesellschaft müsse – entsprechend der gesetzlichen Wertung – die Entnahme von Kapitalkonten grundsätzlich eingeschränkt sein.

Wesentlich gegen eine Auswirkung der unbegrenzten Entnahmefähigkeit auf den Kontencharakter spricht aber, dass dem Recht der Personengesellschaften das Konzept einer dauerhaften Kapitalüberlassung fremd ist. Dies kann zunächst damit begründet werden, dass der Gesetzgeber aufgrund der persönlichen Haftung der Gesellschafter darauf verzichtet hat, wie im Kapitalgesellschaftsrecht Schutzvorkehrungen gegen Gesellschafterentnahmen vorzusehen.[332] Es gibt zudem keine gläubigerschützenden Ausschüttungsverbote in der Personengesellschaft.[333] Außerdem ist die Beteiligung des Personengesellschafters innerhalb der Frist des § 132 HGB jederzeit zum Schluss eines Geschäftsjahres kündbar, was effektiv zu einer Entnahme des Auseinandersetzungsguthabens führt. Schließlich gilt für den Komplementär und den oHG-Gesellschafter in Bezug auf den Gewinn der Grundsatz der Vollausschüttung gemäß § 122 Abs. 1 HGB.[334] Jeder persönlich haftende Gesellschafter kann, soweit es nicht zum Schaden der Gesellschaft ist, den vollen Gewinn des Jahres entnehmen. Hinzu kommt, dass sich über das gewinnunabhängige Entnahmerecht in Höhe von 4 % des Kapitalanteils gemäß § 122 Abs. 1 HGB das Eigenkapital der Gesellschaft gesetzlich vorgesehen schrittweise gewinnunabhängig verringern kann.[335]

Das Kapital der Personengesellschaft unterliegt im Innenverhältnis gesetzlich somit keinem absoluten Schutz.[336] Die Möglichkeit, das Guthaben eines Gesellschafterkontos unbegrenzt zu entnehmen, schließt die Qualifikation dieses Gesellschafterkontos als Kapitalkonto nicht aus.[337]

III. Entnahmen über das Guthaben hinaus

Entnahmen von Gesellschafterkonten sind auch dann noch möglich, wenn das Guthaben auf dem Gesellschafterkonto geringer ist als die entnommene Summe, so dass ein negatives Gesellschafterkonto entsteht. Bei Entnahmen von Kapitalkonten kann dies zu einem negativen Kapitalanteil führen, wenn die Summe der

---

332 *Baums*, ZHR 175 (2011), 160, 172; *Demuth*, KÖSDI 2008, 16177, 16181.

333 *Fleischer*, Finanzplankredite, S. 178; *Karsten Schmidt*, in: MünchKommHGB, § 155 Rn. 42.

334 *Priester*, in: MünchKommHGB, § 122 Rn. 26.

335 Vgl. auch *Baums*, ZHR 175 (2011) 160, 175.

336 So auch BGH v. 12.3.2013 – II ZR 73/11, NJW 2013, 2278, 2279.

337 So auch *Sassenrath*, in: HdbPersG, I Rn. 583d; *Demuth*, KÖSDI 2008, 16177, 16181; wohl auch *Hennrichs/Pöschke*, in: HdJ III/1, Rn. 20 (kein Kapital wird dauerhaft überlassen).

Gesellschafterkonten geringer ist als Null.[338] Während ein negatives Kapitalkonto den Kapitalkontencharakter behält,[339] bestehen unterschiedliche Ansichten über die Rechtsnatur von Forderungskonten, die aufgrund von Entnahmen negativ geworden sind. Dieses Problem wird eingehend im 3. Kapitel unter B.I untersucht.

G. Modalitäten der Kapitalüberlassung

Als Indiz für oder gegen eine Kontenqualifikation werden weiterhin die Modalitäten der Kapitalüberlassung herangezogen. Dabei geht es um die im Gesellschaftsvertrag oder individualvertraglich vereinbarten Zinsen, Tilgungsvereinbarungen, Sicherheiten oder Höchstbeträge für Guthaben und Debetsalden auf einem Gesellschafterkonto. Dass in Bezug auf ein Gesellschafterkonto überhaupt Modalitäten der Kapitalüberlassung vereinbart wurden, wird teilweise pauschal für oder gegen die Rechtsnatur dieses Gesellschafterkontos herangezogen:[340] Das Fehlen näherer Regelungen zu Sollsalden wird als Indiz dafür gewertet, dass die Beträge nicht als Darlehen ausgezahlt wurden, sondern als Entnahmen das Kapital belasten sollten.[341] Im Gegenzug soll das Vorliegen der Kriterien im Einzelfall für den Forderungscharakter des Gesellschafterkontos sprechen.[342]

I. Verzinsung

Zunächst stellt sich die Frage, welchen Einfluss Art und Weise der Verzinsung und die Tatsache, dass ein Gesellschafterkonto überhaupt verzinst wird, auf die Rechtsnatur eines Gesellschafterkontos haben. Sowohl die Guthaben als auch die Debetsalden eines Gesellschafterkontos können verzinst werden.[343] Der

338 *Ehricke*, in: E/B/J/S, § 120 Rn. 79; *Priester*, in: MünchKommHGB, § 120 Rn. 88.

339 *Ley*, DStR 2003, 957, 959.

340 FG Nürnberg v. 24.10.2008 – 7 K 318/2007, BeckRS 2008, 26027937 = EFG 2009, 2019, 2020 f.; dagegen: *Dötsch*, in: FS Spindler, S. 595, 605.

341 BFH v. 27.6.1996 – IV R 80/95, BStBl. II 1997, 36 = BFHE 181, 148 = NJW-RR 1997, 352, 353; dagegen soweit die Beträge jederzeit entnahmefähig sind BFH v. 16.10.2008 – IV R 98/06, BStBl. II 2009, 272 = BFHE 223,149 = DStR 2009, 212, 215.

342 BFH v. 4.5.2000 – IV R 16-990, BStBl. II 2001, 171 = BFHE 191, 539 = DStR 2000, 1508, 1509.

343 *Götze*, in: MünchVertragsHdbGesR, III.3 § 4 Abs. 6, S. 237; III.1 § 4 Abs. 4, S. 216; *Lang*, in: VertragsHdb, C II 2, § 4 Abs. 3, S. 458.

Zinsanspruch entsteht bei einem Guthaben beim Gesellschafter und bei einem verzinsten Debetsaldo bei der Gesellschaft.

Gesetzlich ist in Bezug auf die Verzinsung nur geregelt, dass die Kapitalkonten der Gesellschafter gewinnunabhängig verzinst werden. § 121 Abs. 1 Hs. 1 HGB sieht vor, dass jeder Gesellschafter vom Jahresgewinn maximal vier Prozent seines Kapitalanteils erhält. Für Forderungskonten enthält das HGB keine ausdrückliche Regelung zur Verzinsung. Allerdings ist es dem Darlehensrecht immanent, dass die Überlassung des Geldbetrages mit einer prozentualen Zahlungspflicht korrespondiert, vgl. § 488 Abs. 1 S. 2 BGB. In der Regel werden daher auch für Beträge auf Forderungskonten Zinsen gezahlt.

In Gesellschaftsverträgen wird in aller Regel für jedes Gesellschafterkonto individuell festgelegt, ob und wie das Gesellschafterkonto verzinst wird. [344] Die festen Kapitalkonten werden in der Regel nicht verzinst.[345] Für die weiteren Kapitalkonten ist dagegen eine gewinnunabhängige Verzinsung ebenso gebräuchlich wie eine gewinnabhängige.[346] Forderungskonten werden häufig fest verzinst,[347] können aber auch wie bei einem partiarischen Darlehen gewinnabhängig verzinst werden.[348]

In der gesellschaftsvertraglichen Praxis ist somit – entsprechend der gesetzlichen Regelung – sowohl die Verzinsung von Kapital- als auch von Forderungskosten typisch. Grundsätzlich spricht daher weder die gewinnunabhängige Verzinsung für den Charakter als Forderungskonto[349] noch die gewinnabhängige

---

344 *Götze*, in: MünchVertragsHdbGesR, III.1 § 4 Abs. 4, S. 215; *Lang*, in: Vertrags-Hdb, II C 2, § 4 Abs. 3, S. 458; **aA** für das feste Kapitalkonto I *Wiedemann*, GesR II, § 4 III 3 a, S. 367 (die Verzinsung der Kapitalziffer ist mit der Eigenschaft als Beteiligungskonto nicht vereinbar).

345 Vgl. nur *Götze*, in: MünchVertragsHdbGesR, III.3 § 4 Abs. 6, S. 237; *Priester*, in: MünchKommHGB, § 121 Rn 44.

346 *V. Falkenhausen/Schneider*, in: MünchHdbGesR I, § 63 Rn. 17 (keine allgemeine Vermutung für gewinnunabhängige Verzinsung); **aA** zur BGB-Gesellschaft *Gummert*, in: MünchHdbGesR I, § 15 Rn. 21 (Verzinsung regelmäßig nur bei Gewinn).

347 *Fleischer*, Finanzplankredite, S. 215; *Hopt*, in: Baumbach/Hopt, § 120 Rn. 20.

348 Zum partiarischen Darlehen vgl. *Schücking*, in: MünchHdbGesR I, § 2 Rn. 39 ff.; Abgrenzung zur stillen Gesellschaft: *Keul*, in: MünchHdbGesR II, § 73 Rn. 13 ff.

349 Dafür allerdings FG Nürnberg v. 24.10.2008 – 7 K 318/2007, BeckRS 2008, 26027937 = EFG 2009, 2019, 2020; OFD Hannover v. 7.2.2008, BeckVerw 117190; *Dötsch*, in; FS Spindler, S. 595, 605; dass dieses Kriterium allenfalls Indizwirkung haben kann, nahm auch der BFH an, der im Urteil v. 3.11.1993 – II R 96/91, BStBl. II 1994, 88, 90 ein Konto, auf dem Verluste gebucht wurden, trotz gewinnunabhängiger Verzinsung als Kapitalkonto qualifiziert hat.

für Eigenkapital.[350] Umgekehrt kann die gewinnabhängige Verzinsung nicht gegen den Forderungscharakter[351] und die feste Verzinsung gegen den Kapitalkontencharakter angeführt werden,[352] da Kapital- und Forderungskonten sowohl abhängig als auch unabhängig vom Gewinn verzinst werden können. Die Verzinsung eines Gesellschafterkontos spricht nicht gegen den Kapitalkontencharakter, da diese für Eigenkapital wie für Fremdkapital (§ 111 HGB) im HGB vorgesehen ist.[353] Allein das Fehlen einer Verzinsung kann als Indiz für das Vorliegen von Eigenkapital gewertet werden.[354] Eine weitere Bedeutung kommt dem Kriterium der Verzinsung eines Gesellschafterkontos nicht zu.[355]

II. Weitere Modalitäten der Kapitalüberlassung

Neben der Verzinsung werden als weitere Modalitäten der Kapitalüberlassung Tilgungsvereinbarungen,[356] Sicherheiten, Höchstbeträge oder besonders günstige Konditionen genannt. Das Vorliegen dieser Modalitäten ist ein Indiz für den Forderungscharakter des betreffenden Gesellschafterskontos.[357] Von einem Forderungskonto ist etwa auszugehen, wenn die Gesellschaft für das Guthaben Sicherheiten stellt oder eine Vereinbarung über die Tilgung unabhängig von der Beteiligung getroffen wurde. Solche Vereinbarungen sind für das Eigenkapital der Gesellschaft untypisch. Denkbar sind dennoch atypische Konstellationen, in denen Kapitalkonten den genannten Modalitäten unterliegen.

---

350 So aber wohl *Fleischer*, Finanzplankredite, S. 215 (typisches Merkmal von Eigenkapital).

351 So aber OFD Hannover v. 7.2.2008, BeckVerw 117190; *Kahle*, DStZ 2010, 720, 724.

352 So aber FG Düsseldorf v. 7.10.2008 – 3 K 4126/06 F = BB 2011, 560 (m. Anm. *von Glasenapp*).

353 BFH v. 16.10.2008 – IV R 98/06, BStBl. II 2009, 272 = BFHE 223,149 = DStR 2009, 212, 216; BFH v. 27.6.1996 – IV R 80/95, BStBl. II 1997, 36 = BFHE 181, 148 = NJW-RR 1997, 352, 353; FG Düsseldorf v. 11.2.2004 – 7 K 5737/01 F, DStRE 2004, 938, 939; *Dötsch*, in: FS Spindler, S. 595, 605; *Sassenrath*, in: HdbPersG, I Rn. 583d.

354 BFH v. 15.5.2008 – IV R 46/05, BStBl. II 2008, 812 = BFHE 221, 162 = DStR 2008, 1577; FG Nürnberg v. 24.10.2008 – 7 K 318/2007, BeckRS 2008, 26027937 = EFG 2009, 2019, 2020; *Dötsch*, in: FS Spindler, S. 595, 605.

355 BFH v. 3.11.1993 – II R 96/91, BStBl. II 1994, 88; *Schulte*, in: Sudhoff, Personengesellschaften, § 6 I Rn. 1, S. 72; *Carlé/Bauschatz*, FR 2002, 1153, 1159; *Hoffmann*, DStR 2000, 837, 841; *Kahle*, DStZ 2010, 720, 724.

356 Hierzu BFH v. 27.6.1996 – IV R 80/95, BStBl. II 1997, 36 = NJW-RR 1997, 352, 353.

357 BFH v. 27.6.1996 – IV R 80/95, BStBl. II 1997, 36 = BFHE 181, 148 = NJW-RR 1997, 352, 353; BFH v. 5.6.2002 – I R 81/00, DStR 2002, 1480, 1482; FG Nürnberg v. 24.10.2008 – 7 K 318/2007, BeckRS 2008, 26027937 = EFG 2009, 2019.

H. Zweckbestimmung durch die Gesellschafter

Als weiteres Kriterium ist der Zweck, den die Gesellschafter einem Gesellschafterkonto zuweisen, bei der Auslegung der Kontenstruktur und der mit ihr verbundenen Kriterien zu nennen.[358]

Als Beispiel für eine Zweckbestimmung nennt *Sassenrath* ein Gesellschafterkonto, auf dem Beträge zurückgehalten werden, die die Gesellschafter zur Begleichung von Steuern entnehmen können. Es handele sich dabei in aller Regel um ein Forderungskonto mit Verwendungsbeschränkung.[359] Dafür spricht, dass Steuerentnahmen typischerweise von Forderungskonten getätigt werden und regelmäßig nicht das Kapital der Gesellschaft schmälern sollen. Dagegen lässt allerdings einwenden, dass auch von Kapitalkonten die Entnahme von Beträgen zur Begleichung der persönlichen auf den Anteil am Gesellschaftsgewinn fallenden Steuern des Gesellschafters aufgrund der gesellschaftsrechtlichen Treuepflicht zulässig ist.[360] Es ist daher gleichfalls denkbar, dass ein Kapitalkonto als Rücklagenkonto für die Entnahme von Steuern eingerichtet wird.

Indiz für das Vorliegen eines Forderungskontos ist weiterhin, ob die Gesellschafter dem einzelnen Gesellschafter einen unbedingten Anspruch auf Auszahlung der Beträge einräumen wollen oder ob dies von der zukünftigen Entwicklung der Gesellschaft abhängen soll.[361] Wesentliche Bedeutung hat der Zweck des Gesellschafterkontos auch für die Rechtsnatur des zweiten Gesellschafterkontos im Vier-Konten-Modell, das regelmäßig als „Kapitalkonto II" bezeichnet wird. Es dient dazu, die nicht entnahmefähigen Gewinne vor der Verlustverrechnung zu schützen.[362] Der Zweck des Gesellschafterkontos widerspricht damit der Rechtsnatur als Kapitalkonto, da diese Qualifikation eine abschließende Verlustverrechnung zur Folge hätte.

Die Zweckbestimmung der Gesellschafter reicht indes nur so weit, wie zwingendes Recht ihr nicht entgegensteht. So kann die Zweckbestimmung nicht

---

358 BGH v. 21.5.1952 – II ZR 114/51, BB 1952, 478; OLG Köln v. 11.1.2000 – 22 U 139/99, NZG 2000, 979, 980; vgl. auch *Dötsch*, in: FS Spindler, S. 595, 616 („Welche Rechtsnatur […] ein Gesellschafterkonto hat, muss im Wege der Auslegung des Gesellschaftsvertrages unter Berücksichtigung der von den Gesellschaftern beabsichtigten Rechtsfolgen bestimmt werden").

359 *Sassenrath*, in: HdbPersG, I Rn. 583e; für Kapitalkontencharakter: *Huber*, ZGR 1988, 1, 96.

360 **AA** BGH v. 29.3.1996 – II ZR 263/94, NJW 1996, 1678, 1682; vgl. auch *Roth*, in: Baumbach/Hopt § 122 Rn. 17; *Schäfer*, in: Staub, § 122 Rn. 21.

361 *Schäfer*, in: Staub, § 120 Rn. 57.

362 Vgl. dazu ausführlich unten 1. Kapitel D.III.3.

verhindern, dass ein Gesellschafterkonto, auf dem Verluste gebucht werden, ein Kapitalkonto ist. Die Rechtswahl „Darlehenskonto“ setzt sich nicht gegen das zwingende Kriterium der laufenden und abschließenden Verlustbuchung durch.[363] Allein aus der Zweckbestimmung kann daher nicht auf die Rechtsnatur eines Gesellschafterkontos geschlossen werden.[364] Allerdings ist die Zweckbestimmung der Gesellschafter von entscheidender Bedeutung, wenn die weiteren auf das Gesellschafterkonto anwendbaren Kriterien nur Indizwirkung haben. Wollen die Gesellschafter ein Gesellschafterkonto als Forderungskonto behandeln und sprechen keine zwingenden Kriterien wie die Verlustverrechnung dagegen, ist das Gesellschafterkonto auch als Forderungskonto zu qualifizieren.

I. Verbuchung bestimmter Geschäftsvorfälle

Weiterhin soll sich die Vereinbarung im Gesellschaftsvertrag, dass eine bestimmte Art von Geschäftsvorfallen auf einem Gesellschafterkonto zu buchen ist, auf die Rechtsnatur dieser Gesellschafterkonten auswirken.

I. Buchung festgestellter Gewinne

Wie oben ausgeführt, ist die Buchung von Verlusten das maßgebliche Kriterium für den Kapitalkontencharakter eines Gesellschafterkontos. Teilweise wird auch aus der Vereinbarung, dass Gewinne auf einem Gesellschafterkonto gebucht werden sollen, abgeleitet, dass das betreffende Gesellschafterkonto ein Kapitalkonto sei.[365] Als Argument hierfür kann die gesetzliche Wertung herangezogen werden:

1. Gesetzliche Wertung

Gewinne oder Verluste werden in der Bilanz der Personenhandelsgesellschaft nicht als Jahresüberschuss oder Jahresfehlbetrag ausgewiesen,[366] sondern auf die Gesellschafterkonten der Gesellschafter verteilt.[367] Je nach gesetzlicher oder vertraglicher Gewinnverteilung erhöhen Gewinne die Kapital- oder Forderungskonten des Gesellschafters.

---

363 BGH v. 27.9.1982, II ZR 241/81 = NJW 1983, 164.

364 Anders *Salje*, DB 1978, 1115.

365 BFH v. 27.6.1996 – IV R 80/95, BStBl. II 1997, 36 = BFHE 181, 148 = NJW-RR 1997, 352, 353; *Rodewald*, BB 1997, 763, 764.

366 So die Gliederungsvorschrift für Kapitalgesellschaften § 266 III A 5 HGB.

367 Der Ausweis vor Gewinnfeststellung wird zumindest von *Pauli*, Eigenkapital, S. 99 f. ebenfalls für möglich gehalten.

Im gesetzlichen Kontenmodell wird der Gewinnanteil des persönlich haftenden Gesellschafters auf dessen Kapitalkonto gebucht, § 120 Abs. 2 HGB. Der Gewinn erhöht damit den Kapitalanteil des Gesellschafters.[368] Teilweise wird zwar vertreten, dass die entnahmefähigen Gewinnanteile (im gesetzlichen Modell etwa die 4% Verzinsung des Kapitalanteils) auf Forderungskonten zu buchen seien.[369] Dazu muss der Gesellschafter seinen Gewinnanteil jedoch auch entnommen haben.[370] Das Entnahmerecht und der Gewinnanspruch sind verhaltene Ansprüche, die mit Anfall des Gewinns entstehen, aber erst fällig und durchsetzbar sind, wenn der Gesellschafter sie geltend macht.[371] Solange der persönlich haftende Gesellschafter seinen Gewinnanspruch nicht geltend macht, sind auch die entnahmefähigen Gewinnanteile seinem Kapitalkonto zuzuschreiben. Während die Gewinnanteile eines persönlich haftenden Gesellschafters daher grundsätzlich auf Kapitalkonten zu buchen sind, ist für Kommanditisten der Gewinn weder dem Kapital- noch dem Forderungskonto ausschließlich zugeordnet. Die auf den Kommanditisten entfallenden Gewinnanteile sind bis zur Höhe der bedungenen Einlage auf dem Kapitalkonto, darüber hinaus auf dem Forderungskonto zu buchen, § 167 Abs. 2 HGB.

2. Bedeutung der Gewinnbuchung

Entsprechend der gesetzlichen Regelung für den Kommanditisten wird in Gesellschaftsverträgen häufig eine Teilung des Gewinns vorgesehen.[372] Ein Teil des Jahresgewinns wird einem Rücklagenkonto mit Kapitalkontencharakter und der andere Teil einem Forderungskonto zur freien Entnahme der Gesellschafter gutgeschrieben. Die gesetzliche Wertung, dass der Gewinn grundsätzlich dem Kapitalkonto des Gesellschafters zugeschrieben wird, wird bei der gesellschaftsvertraglichen Regelung von Gesellschafterkonten nicht berücksichtigt. Zwar wird die Verbuchung von Gewinnen allgemein als Indiz für das Vorliegen eines

---

368 *Hennrichs/Pöschke*, in: HdJ III/1, Rn. 61.

369 Bundessteuerberaterkammer, DStR 2006, 668, 670; *Bingel/Weidenhammer*, DStR 2006, 675, 678 f.; *Thiele*, Eigenkapital, S. 218 f.

370 *Hennrichs/Pöschke*, in: HdJ III/1, Rn. 61; *Priester*, in: MünchKommHGB, § 121 Rn. 12.

371 *Priester*, in: MünchKommHGB, § 121 Rn. 10, § 122 Rn. 8; *Sassenrath*, in: HdbPersG, I Rn. 585 a.

372 Nach dem Muster von *Götze*, in: MünchVertragsHdbGesR, III.3 § 11, S. 241, können Gewinnanteile den „Darlehenskonten", Verlustvortragskonten oder bei entsprechendem Gesellschafterbeschluss der Rücklage zuzubuchen sein.

Kapitalkontos[373] und die Buchung entnahmefähiger Gewinne als Indiz für den Forderungscharakter angeführt.[374] Im Ergebnis hat aber die Vereinbarung, dass Gewinne auf einem bestimmten Gesellschafterkonto gebucht werden sollen, keinen Einfluss auf dessen Rechtsnatur.

3. Exkurs: Buchung des Gewinns als „neutraler Geschäftsvorfall"

Wie gezeigt, kann der Gewinnanteil eines Gesellschafters entweder seinem Kapital- oder seinem Forderungskonto hinzugebucht werden.[375] Weder die abstrakte Vereinbarung noch die konkrete Buchung des Gewinns im technischen Sinne haben Einfluss auf die Rechtsnatur eines Gesellschafterkontos.[376]

Umgekehrt kann die Rechtsnatur des Gesellschafterkontos allerdings Einfluss auf die rechtliche Bedeutung des konkret gebuchten Gewinns haben. Die tatsächliche Verbuchung des im Grundsatz neutralen Geschäftsvorfalls kann als stillschweigender Beschluss der Gesellschafter über dessen rechtliche Einordnung verstanden werden.[377] Für die Buchung des Gewinns heißt das Folgendes: Die Gesellschafter können den Gewinn, so wie es das Gesetz für den Kommanditisten teilweise voraussetzt, auf einem Forderungskonto buchen. Dahinter steht die Entnahme des Gewinns in Verbindung mit der Vereinbarung eines Darlehens des Gesellschafters an die Gesellschaft. Oder sie können den Gewinn auf einem Kapitalkonto buchen. Die Buchung des Gewinns auf dem Kapitalkonto braucht keine weitere tatsächliche Grundlage als den tatsächlichen Anfall des Gewinns. Die rechtliche Einordnung des konkreten Geschäftsvorfalls richtet sich somit nach der Rechtsnatur des Gesellschafterkontos.[378] Dies widerspricht auch

---

373 BFH v. 27.6.1996 – IV R 80/95, BStBl. II 1997, 36 = BFHE 181, 148 = NJW-RR 1997, 352; *Rodewald*, BB 1997, 763, 764; *Pauli*, Eigenkapital, S. 160 geht davon aus, dass stehen gelassene Gewinne auch im vertraglichen System den Kapitalanteil mehren.

374 So *Wertenbruch*, NZG 2005, 665, 667.

375 Gewinn ist das Ergebnis des Vermögensvergleichs zu Beginn und am Ende eines bestimmten Zeitraums und kann sowohl als Rücklage einem Kapitalkonto als auch als bezogener Gewinn einem Forderungskonto gutgeschrieben werden; vgl. *Priester*, in: MünchKommHGB, § 121 Rn. 6; zu unterscheiden von diesem bilanzrechtlichen Gewinnbegriff ist der steuerrechtliche, vgl. ebd. Rn. 8.

376 *Fleischer*, Finanzplankredite, S. 33; *Pauli*, Eigenkapital, S. 142; *Plassmann*, BB 1978, 413.

377 *V. Falkenhausen/Schneider*, in: MünchHdbGesR II, § 22 Rn. 35.

378 Dasselbe ist denkbar bei Einlagen, die nicht als formelle Einlagen auf Kapitalkonten gebucht werden müssen. Sie können sowohl auf Forderungs- als auch auf Kapitalkonten gebucht werden und erhalten ihre Rechtsnatur erst durch die konkrete Verbuchung.

nicht dem im 1. Kapitel unter III.1 dargestellten Grundsatz, dass die Buchung nur die technische Aufzeichnung der Geschäftsvorfälle ist. Der Grund hierfür ist, dass die tatsächliche Verbuchung nicht nur technische Aufzeichnung, sondern auch Entscheidung über die rechtliche Einordnung ist.[379] Bei der tatsächlichen Verbuchung wird entschieden, wie ein im Grunde neutraler Geschäftsvorfall rechtlich eingeordnet werden soll.[380] Sie kann anders als die einfache Buchung, die lediglich den Buchungsvorgang aufzeichnet, unmittelbar Rechtsfolgen, wie etwa die Ausübung von Wahlrechten im Steuerrecht,[381] auslösen.

II. Verkehrsgeschäfte

Für die Bestimmung der Rechtsnatur eines Gesellschafterkontos ist auch die gesellschaftsvertragliche Regelung, dass Verkehrsgeschäfte auf einem Gesellschafterkonto gebucht werden, von Bedeutung. Verkehrsgeschäfte sind Geschäfte zwischen Gesellschaft und Gesellschafter wie Miete oder Kauf.[382] Forderungen und Verbindlichkeiten aus Verkehrsgeschäften sind zwingend auf Forderungskonten zu buchen.[383] Es müssen aber außergewöhnliche Umstände hinzutreten, damit ein Gesellschafterkonto, auf dem Verkehrsgeschäfte zwischen Gesellschafter und Gesellschaft verbucht werden, nicht als Forderungskonto qualifiziert wird. Grundsätzlich liegt daher eine Fehlbuchung vor, wenn Verkehrsgeschäfte auf Kapitalkonten gebucht werden. Der Anspruch aus einem Verkehrsgeschäft zwischen Gesellschaft und Gesellschafter ist nicht Teil des haftenden Eigenkapitals der Gesellschaft.

---

379 *Plassmann*, BB 1978, 413, 414. Der Ausgangspunkt der Überlegungen *Plassmanns* ist die damals noch herrschende Auffassung, dass es sich bei einem neben dem Kapitalkonto eingerichteten „Privatkonto" des oHG-Gesellschafters um ein Forderungskonto handelt. Dies wird heute nicht mehr vertreten. Zudem geht *Plassmann* davon aus, dass jegliche Geschäftsvorfälle zunächst unvermeidlich das Kapitalkonto treffen müssten. Dies ist zumindest für den Kommanditisten nicht der Fall.

380 Ähnlich *v. Falkenhausen/Schneider*, in: MünchHdbGesR II, § 22 Rn. 35: „stillschweigender Beschluss der Gesellschafter aus der Verbuchung".

381 *Röhrig/Doege*, DStR 2006, 489, 491.

382 Vgl. auch *Priester*, in: MünchKommHGB, § 120 Rn. 97 (drittüblicher Leistungsverkehr).

383 *Priester*, in: MünchKommHGB, § 120 Rn. 97; *Ehricke*, in: E/B/J/S, § 120 Rn. 82 (es sei denn, das Konto ist besonderen Entnahmebeschränkungen unterworfen); *Emmerich*, in: Heymann, § 120 Rn. 27.

III. Zulässige/unzulässige Entnahmen

Schließlich kann sich die Rechtsnatur eines Gesellschafterkontos nach einer einzigen Art von Geschäftsvorfallen richten, wenn, wie in Ausnahmefällen in Gesellschaftsverträgen geregelt, ein Gesellschafterkonto nur dazu dient, bestimmte klar bezeichnete Geschäftsvorfälle abzubilden. In diesen Fällen entspricht die rechtliche Einordnung des Geschäftsvorfalls der Rechtsnatur des Gesellschafterkontos. So war beispielsweise im Streitfall, den das FG Hamburg mit Urteil vom 10.10.2012 entschied,[384] unstrittig, dass zulässige Entnahmen auf einem Gesellschafterkonto gebucht wurden und das Gesellschafterkonto hierdurch negativ werden konnte.[385] Andere Buchungen auf diesem Konto waren nicht vorgesehen. Das Gericht qualifizierte das negative Gesellschafterkonto mit Recht als Forderungskonto und führte zur Begründung unter anderem an, dass Entnahmen diesem Konto keine Ausschüttung von Gewinn, sondern eine Entnahme von Liquidität gewesen seien.[386] Das fragliche Konto sei daher ein Forderungskonto.

J. Zwischenergebnis und Systematisierung der Kriterien

Die hier untersuchten Kriterien können in drei Kategorien eingeordnet werden:[387]

In die **erste Kategorie** fallen Kriterien, die die Rechtsnatur eines Gesellschafterkontos zwingend begründen. Ein Gesellschafterkonto ist zwingend als Kapitalkonto zu qualifizieren, wenn es laufend und/oder abschließend mit Verlusten verrechnet wird oder in die Ermittlung des Auseinandersetzungsguthabens

384 FG Hamburg v. 10.10.2012 – 2 K 171/11, EFG 2013, 197.

385 Zu der rechtlichen Einordnung zulässiger Entnahmen vgl. auch unten 3. Kapitel C.

386 FG Hamburg v. 10.10.2012 – 2 K 171/11, EFG 2013, 197, 200.

387 Eine andere Systematisierung schlägt *Bigus* (DBW 67 [2007], 7, 10 ff.) vor. Er schreibt den Kriterien „Erfolgsabhängigkeit der laufenden Ansprüche", „Erfolgsabhängigkeit des Rückzahlungsanspruchs", „Rechtstellung in der Insolvenz", „Ausmaß der Entscheidungs- und Informationsrechte" und „Mindestdauer der verbleibenden Kapitalüberlassung" einen Wert zwischen 1 und 5 zu. 1 steht dabei für idealtypisches Fremdkapital, 5 für idealtypisches Eigenkapital. Alle Kriterien werden gleich gewertet. Finanzinstrumente mit einem Durchschnittswert von bis zu 2,33 seien als „reines" Fremdkapital zu werten, Instrumente mit einem Durchschnittswert von über 3,66 als „reines Fremdkapital". In Bezug auf die Kapitalabgrenzung bei Personengesellschaften lässt die Methode *Bigus* außen vor, dass es zwingende Kriterien gibt, nach denen ein Finanzinstrument entweder dem Eigen- oder dem Fremdkapitalbereich zugeordnet werden muss.

einbezogen wird.[388] Weiterhin ist ein Gesellschafterkonto, auf dem Verkehrsgeschäfte zwischen dem Gesellschafter und der Gesellschaft gebucht werden, in aller Regel ein Forderungskonto.[389]

In die **zweite Kategorie** fallen Kriterien, die Indizen für eine bestimmte Rechtsnatur sind. Ein wesentliches Indiz für den Kapitalkontencharakter eines Gesellschafterkontos ist der Ausschluss von Entnahmen bis zur Auflösung oder zum Ausscheiden aus der Gesellschaft. Für den Kapitalkontencharakter sprechen weiterhin die Regelung, dass „Einlagen und Entnahmen" auf einem Gesellschafterkonto gebucht werden sowie eine fehlende Verzinsung des Gesellschafterkontos. Für den Forderungscharakter sprechen die unbegrenzte Entnahmefähigkeit der Guthaben auf einem Gesellschafterkonto sowie die Vereinbarung von Modalitäten der Kapitalüberlassung mit Ausnahme der Verzinsung. Indiz für die Rechtsnatur eines Gesellschafterkontos kann auch die Zweckbestimmung der Gesellschafter sein. Nur schwache Indizwirkung besitzt die Bezeichnung eines Gesellschafterkontos im Gesellschaftsvertrag.

Sind auf das Gesellschafterkonto nur Kriterien der zweiten Kategorie anwendbar, ist die Rechtsnatur durch Abwägung der Kriterien zu ermitteln. Fraglich ist in Fällen, in denen Indizien sowohl auf den Kapitalkontencharakter als auch auf

---

388 Ob im Gegenteil der Schluss gezogen werden kann, dass ein Indiz für den Forderungscharakter besteht, wenn ein Gesellschafterkonto nicht mit Verlusten verrechnet wird (so OLG Stuttgart v. 31.10.2012 – 14 U 19/12, DStR 2013, 1138, 1141), ist fraglich. Hiergegen spricht, dass auch die abschließende Verlustverrechnung zwingend zur Qualifikation als Kapitalkonto führt.

389 Fraglich ist, wie es sich auswirkt, wenn der Gesellschaftsvertrag zwei gegensätzliche zwingende Kriterien für ein Gesellschafterkonto vorsieht. Das wäre der Fall, wenn nach einem Gesellschaftsvertrag sowohl Verkehrsgeschäfte als auch die laufenden Verluste auf dem gleichen Gesellschafterkonto zu buchen wären. Ein Gesellschafterkonto kann aber nur entweder Kapital- oder Forderungskonto. Dieser Widerspruch kann mit Blick auf das gesetzliche Modell der Gesellschafterkonten, das für den persönlich haftenden Gesellschafter kein Forderungskonto vorsieht, aufgelöst werden. Es besteht Einigkeit darüber, dass auch dem persönlich haftende Gesellschafter regelmäßig ein Forderungskonto zusteht (dazu oben 1. Kapitel A.II.3). Das heißt, ein Kontenmodell kann jederzeit auch ohne ausdrückliche Regelung um ein Forderungskonto ergänzt werden. Im Fall widersprechender Buchungen setzt sich daher das Kriterium für den Kapitalkontencharakter durch. Der Gesellschaftsvertrag muss in der Praxis um ein weiteres Forderungskonto ergänzt werden, auf dem die Geschäftsvorfälle gebucht werden, die auf dem Kapitalkonto nicht gebucht werden können. Ein Forderungskonto kann auch dann geführt werden, wenn es in der Kontenstruktur (aufgrund Gesellschaftsvertrag oder Gesetz) nicht erwähnt wurde.

den Forderungskontencharakter eines Gesellschafterkontos hindeuten, ob eine Vermutung für das Vorliegen eines Kapital- oder Forderungskontos besteht.[390]

Eine solche Vermutung für eine bestimmte Rechtsnatur wird sowohl aus der Verbuchung bestimmter Geschäftsvorfälle als auch aus dem Vergleich des betreffenden Gesellschafterkontos mit den anderen vorhandenen Konten abgeleitet. Während *Plassmann* dem Gewinn der Gesellschaft grundsätzlich Kapitalrelevanz zuschreibt,[391] gehen *Förschle/Hoffmann* von Fremdkapital aus, wenn die Vereinbarungen über Gesellschafterkonten unklar sind und eine Klarstellung nicht erreicht werden kann.[392] Der BFH sah in einem Fall eine Vermutung für den Forderungscharakter eines Gesellschafterkontos, wenn die Gesellschafterkonten keine gesellschaftsrechtlichen Befugnisse vermitteln und nicht durch Verluste gemindert werden.[393] Auf Grundlage des § 167 Abs. 2 HGB kann für den Kommanditisten vermutet werden, dass alles, was seine Pflichteinlage übersteigt, grundsätzlich eine Forderung des Kommanditisten gegen die Gesellschaft sein soll. Eine solche Vermutung besteht für persönlich haftende Gesellschafter nicht. Entscheidend ist bei der Bestimmung unklarer Gesellschafterkonten schließlich die Zweckbestimmung der Gesellschafter. Es kommt darauf an, ob das Gesellschafterkonto die Funktion von Eigen- oder von Fremdkapital übernehmen soll.

Keinen Einfluss auf die Rechtsnatur eines Gesellschafterkontos haben (**dritte Kategorie**) das Kriterium der mitgliedschaftlichen oder gesellschaftsrechtlichen Begründung des Geschäftsvorfalls, einfache Auszahlungs- und Entnahmebeschränkungen, die Verbuchung von Gewinnen sowie – mit einer Ausnahme – die Art und Weise der Verzinsung von Gesellschafterkonten.

---

390 Vgl. etwa *Froning*, in: MünchAnwHdbPersG, E § 8 Rn. 33: Das Kapitalkonto II im Zwei-Konten-Modell auf dem Eigen- und Fremdkapitalanteile gebucht werden, ist insgesamt dem Eigenkapitalbereich zuzuordnen.

391 *Plassmann*, BB 1978, 413, 415; siehe auch *Casper*, in: Staub, § 167 Rn. 25: Das Kapitalkonto II habe im Zweifel Eigenkapitalcharakter.

392 *Förschle/Hoffmann*, in: BeckBilanzKomm, § 247 Rn. 160.

393 BFH v. 27.5.1981 – I R 123/77, BStBl. II 1982, 211, 213 = BFHE 133, 412 = BB 1981, 1752.

3. Kapitel Erprobung anhand typischer Konstellationen

Die Ergebnisse des 2. Kapitels werden im Folgenden anhand typischer Konstellationen und streitiger Fälle erprobt. Dabei wird zunächst auf diejenigen Konstellationen einzugehen sein, die in der Vergangenheit umstritten waren und zwischenzeitlich in Schrifttum und Rechtsprechung übereinstimmend beurteilt werden. Es geht in diesen Fällen um die Rechtsnatur von Gesellschafterkonten, die in den typischen Kontenmodellen (dazu 1. Kapitel D.III) vorkommen. Im Anschluss werden die Rechtsnatur negativer Gesellschafterkonten, die Buchung von Liquiditätsausschüttungen als Beispiel für zulässige Entnahmen und die Rechtsnatur der Rücklagenkonten untersucht.

A. Rechtsnatur der Gesellschafterkonten in typischen Kontenmodellen

I. Rechtsnatur der Konten des Kommanditisten im gesetzlichen Modell

Das Gesetz sieht für den Kommanditisten zwei Konten vor.[394] Auf dem ersten Konto werden die bedungene Einlage, Verluste, sowie Gewinne bis zur Höhe der bedungenen Einlage gebucht. Das erste Konto des Kommanditisten im gesetzlichen Modell ist ein Kapitalkonto.

Das positive zweite Gesellschafterkonto des Kommanditisten ist ein Forderungskonto.[395] Ein wesentlicher Grund hierfür ist, dass der Kommanditist stehengelassene Gewinne, die dem zweiten Gesellschafterkonto gutgeschrieben wurden und somit bezogen sind, zeitlich unbegrenzt entnehmen kann.[396] Die auf dem zweiten Gesellschafterkonto gebuchten Gewinne gehören, anders als laufende

---

394 Oben 1. Kapitel A.II.3.

395 So bereits die Denkschrift zum HGB, S. 113; heute ganz herrschende Ansicht, vgl. BFH v. 16.10.2008 - IV R 98/06, BStBl. II 2009, 272 = BFHE 223, 149 = DStR 2009, 212, 214; *Huber*, Vermögensanteil, S. 255; *ders.*, ZGR 1988, 1, 29; *Pauli*, Eigenkapital, S. 133; *Grunewald*, in: MünchKommHGB, § 167 Rn. 17; *v. Falkenhausen/Schneider*, in: MünchHdbGesR II, § 22 Rn. 48; *Gummert*, in: Henssler/Strohn, § 167 HGB Rn. 6; *Hennrichs/Pöschke*, in: HdJ III/1, Rn. 93; *Weipert*, in: E/B/J/S, § 167 Rn. 10; *Dötsch*, in: FS Spindler, S. 595, 606; *Kahle*, DStZ 2010, 720, 726.

396 *Huber*, ZGR 1988, 1, 35.

Gewinne, deren Entnahme im Innenverhältnis durch § 169 Abs. 1 S. 2 Hs. 2 HGB begrenzt ist, nicht zum haftenden Eigenkapital der Gesellschaft. Die Erlaubnis zur Entnahme bezogener Gewinne unterscheidet das zweite Gesellschafterkonto vom Kapitalkonto des Kommanditisten. Entnahmen vom Kapitalkonto sieht das HGB für den Kommanditisten nicht vor.

Für die Rechtsnatur des zweiten Gesellschafterkontos als Forderungskonto können von den im 2. Kapitel untersuchten Kriterien die fehlende laufende und abschließende Verrechnung mit Verlusten angeführt werden. Die dem Kommanditisten zugewiesenen Verluste werden nur auf dem Kapitalkonto gebucht, vgl. §§ 167 Abs. 1, 120 Abs. 2 HGB und das zweite Konto wird in der Auseinandersetzung nicht mit einem negativen Kapitalkonto verrechnet (vgl. hierzu 1. Kapitel A.II.3). Das zweite Gesellschafterkonto enthält somit einen unentziehbaren Anspruch des Gesellschafters gegen die Gesellschaft, der im Fall des Ausscheidens aus der Gesellschaft dem Gesellschafter zusätzlich zum Abfindungsguthaben auszuzahlen ist[397] und in der Insolvenz als Insolvenzforderung geltend gemacht werden kann.[398]

II. Rechtsnatur der Konten im Zwei-Konten-Modell

1. Das positive Konto im Zwei-Konten-Modell

Das gesellschaftsvertragliche Zwei-Konten-Modell ist die einfachste Form der Kontenführung mit festem Kapitalkonto. Es sieht vor, dass neben dem festen Kapitalkonto ein zweites Gesellschafterkonto für alle weiteren Geschäftsvorfälle geführt wird.[399] Sowohl das feste als auch das variable Gesellschafterkonto sind als Kapitalkonto zu qualifizieren.[400] Grund hierfür ist, dass auf dem zweiten

---

397 *Froning*, in: MünchAnwHdbPersG, E § 8 Rn. 47 (zum Forderungskonto im Vier-Konten-Modell); *Sommer*, in: Wachter, PraxisHGR, Teil 2 § 3 E Rn. 610.

398 *Grunewald*, in: MünchKommHGB, § 167 Rn. 17.

399 Oben 1. Kapitel D.III.1.

400 Ganz herrschende Ansicht; BGH v. 20.4.1972 – II ZR 143/69, BGHZ 58, 316 = NJW 1972, 1755; BFH v. 17.12.1980 – II R 36/79, BStBl. II 1981, 325, 326 = BFHE 132, 345 = BB 1981, 721; BFH v. 27.5.1981 – I R 123/77, BStBl. II 1982, 211, 213 = BFHE 133, 412 = BB 1981, 1752, 1754; BFH v. 16.10.2008 – IV R 98/06, BStBl. II 2009, 272 = BFHE 223,149 = DStR 2009, 212; *Dötsch*, in: FS Spindler, S. 595, 605; *Huber*, ZGR 1988, 1, 66 f.; *Ley*, DStR 2003, 957, 959; *dies.*, DStR 2009, 613, 615; ausführlich zum Zwei-Konten-Modell *Plassmann*, BB 1978, 413 ff. Anders noch *Geßler*, in: Schlegelberger, HGB, 4. Aufl., § 120 Rn. 16; differenzierend noch *Karsten Schmidt*, Einlage und Haftung, S. 82 f.: Das zweite Konto wird zum Forderungskonto, wenn Gewinne und Verluste zwar auf dem zweiten Konto verbucht, aber doch nach dem Stand des

Gesellschafterkonto laufend Verluste gebucht werden und beide Gesellschafterkonten regelmäßig in die Ermittlung des Auseinandersetzungsguthabens einbezogen werden. Liegen diese Kriterien bei einem Gesellschafterkonto vor, ist es ausgeschlossen, dass das Gesellschafterkonto ein Forderungskonto ist.[401] Das gilt auch für den Fall, dass die Gesellschafter Guthaben auf diesem zweiten Gesellschafterkonto jederzeit entnehmen können (zur Entnahmefähigkeit bereits oben 2. Kapitel F.II.3).[402] Das gesellschaftsvertragliche Zwei-Konten-Modell ist nichts anderes als die Aufteilung des einheitlichen Kapitalkontos in einen festen und einen variablen Teil.

2. *Das negative zweite Konto im Zwei-Konten-Modell*

Unterschiedlich wird die Rechtsnatur des negativen zweiten Kontos im Zwei-Konten-Modell beurteilt. Positiv hat dieses Konto die Rechtsnatur eines Kapitalkontos (oben 1.). Das negative zweite Konto wurde früher teilweise als Forderungskonto qualifiziert.[403] Die Buchung von Gewinnen auf dem zweiten Gesellschafterkonto führe zu einem Auszahlungsanspruch, der nicht den Schranken des § 122 HGB unterliege. Spiegelbildlich führe die Verbuchung von Verlusten zum Ausschluss von § 707 BGB mit der Folge, dass jeder Gesellschafter auf Verlangen der Gesellschaft zur Einzahlung des auf ihn entfallenden Verlustanteils verpflichtet sei.[404]

Dagegen wird heute überwiegend angenommen, dass auch das negative zweite Konto im Zwei-Konten-Modell stets Kapitalkontencharakter hat.[405] In einem

---

ersten Kontos verteilt und berechnet werden. Zur Rechtsnatur dieses Kontos im Debet vgl. sogleich unter 3. Kapitel A.II.2.

401 Hierzu oben 2. Kapitel J.

402 AA *Potsch*, Grundfragen Kommanditistenhaftung, S. 238.

403 *Hueck*, oHG, § 16 V 4, S. 241; *Geßler*, in: Schlegelberger, HGB, 4. Aufl., § 120 Rn. 16.

404 Zum Recht der oHG spricht *Hueck*, oHG, § 16 V 4, S. 241 von „einer Art Darlehen"; **aA** die h. M.; *Huber*, ZGR 1988, 1, 58; *v. Falkenhausen/Schneider*, in: MünchHdbGesR II, § 22 Rn. 75; *Kahle*, FR 2010, 773, 776.

405 Teilweise wird bei der Bestimmung der Rechtsnatur des negativen zweiten Kontos im Zwei-Konten-Modell weiter differenziert. Nach *Ley* (DStR 2003, 957, 959) kommt es darauf an, ob das Gesellschafterkonto aufgrund von Verlusten oder Entnahmen negativ wird. Während ein aufgrund von Verlusten negativ gewordenes Konto ein Kapitalkonto sei, müsse danach unterschieden werden, ob auf dem zweiten Konto im Zwei-Konten-Modell gesellschaftsvertraglich zulässige oder unzulässige Entnahmen gebucht werden. Fälschlich verweist auch der BFH v. 16.10.2008 – IV R 98/06, BStBl. II 2009, 272 = BFHE 223,149 = DStR 2009, 212 auf *Huber*, Vermögensanteil, S. 253, der an dieser Stelle zwar vom Zwei-Konten-Modell spricht, aber nicht nach

zur Ausgleichspflicht eines Komplementärs ergangenen Urteil hat der BGH zu Recht entschieden, dass ein als Forderungskonto bezeichnetes zweites Gesellschafterkonto, auf dem Verluste, Entnahmen, Gewinne und Einlagen gebucht werden, als negatives Gesellschafterkonto Kapitalcharakter hat und der Inhaber des Gesellschafterkontos nicht zu dessen Ausgleich verpflichtet ist.[406] Der BGH verweist zur Begründung auf § 707 BGB, der nur unter engen Voraussetzungen abbedungen werden kann. Gesellschafter gingen im Zweifel davon aus, dass eine Nachschusspflicht nicht bestehe und daher Verluste nur auf Kapitalkonten zu buchen seien. Durch einen im Gesellschaftsvertrag an unbedeutender Stelle eingefügten Hinweis, dass das zweite Gesellschafterkonto Darlehenscharakter hätte, könne § 707 BGB nicht abbedungen werden.[407] Das aufgrund von Verlusten negativ gewordene zweite Gesellschafterkonto könne daher nur ein Kapitalkonto sein, auch wenn es im Gesellschaftsvertrag als „Darlehenskonto" bezeichnet werde.

Mit Blick auf die im 2. Kapitel untersuchten Kriterien finden beim negativen zweiten Gesellschafterkonto die zwingenden Kriterien der laufenden und abschließenden Verlustbuchung Anwendung. Es macht keinen Unterschied, ob das Gesellschafterkonto positiv ist oder aufgrund von Verlusten oder Entnahmen negativ geworden ist. Die abstrakte laufende und abschließende Buchung von Verlusten bedingt den Kapitalkontencharakter.

III. Rechtsnatur der Konten im Drei-Konten-Modell

Im Drei-Konten-Modell werden neben dem festen Kapitalkonto I regelmäßig ein Kapitalkonto II und ein drittes Konto, das als Privat-, Verrechnungs- oder

---

zulässigen und unzulässigen Entnahmen differenziert. Gegen diese Differenzierung spricht in Bezug auf das zweite Gesellschafterkonto im Zwei-Konten-Modell, dass die Rechtsnatur eines Kontos nicht aufgrund der konkret vorgenommenen Buchungen, sondern der nach dem Gesellschaftsvertrag abstrakt auf dem Gesellschafterkonto zu buchenden Geschäftsvorfälle zu bestimmen ist. Solange Verluste auf dem zweiten Gesellschafterkonto gebucht werden können, kann es sich negativ nur um ein Kapitalkonto handeln. Es macht daher keinen Unterschied, ob das zweite Gesellschafterkonto im Zwei-Konten-Modell im konkreten Fall aufgrund von Verlusten oder Entnahmen negativ geworden ist. Es ist in jedem Fall ein Kapitalkonto.

406 BGH v. 27.9.1982 – II ZR 241/81 = NJW 1983, 164; ebenso im Steuerrecht BFH v. 27.6.1996 – IV R 80/95, BStBl. II 1997, 36 = BFHE 181, 148 = NJW-RR 1997, 352, 353.

407 BGH v. 27.9.1982 – II ZR 241/81 = NJW 1983, 164.

Darlehenskonto bezeichnet wird, geführt.[408] Die Rechtsnatur dieser Konten ist nicht umstritten. Das feste Kapitalkonto I und das zweite Kapitalkonto, auf dem Verluste, nicht entnahmefähige Gewinne sowie weitere Einlagen und Entnahmen gebucht werden können, haben die Rechtsnatur eines Kapitalkontos.[409] Beide Konten ergeben summiert den Kapitalanteil des Gesellschafters und werden grundsätzlich in die Ermittlung des Auseinandersetzungsguthabens einbezogen.[410] Auf dem zweiten Konto werden zudem auch laufend Verluste gebucht. Auf beide Konten sind damit Kriterien der ersten Kategorie anwendbar, die ein Konto zwingend als Kapitalkonto qualifizieren.

Das dritte Konto hat die Rechtsnatur eines Forderungskontos.[411] Es ist grundsätzlich weder laufend noch beim Ausscheiden des Gesellschafters mit Verlusten bzw. verlusttragenden Konten zu verrechnen und dient wie das zweite Konto des Kommanditisten im gesetzlichen System der Buchung entnahmefähiger Gewinne und des sonstigen Leistungsverkehrs zwischen dem Gesellschafter und der Gesellschaft. Der einzige Unterschied besteht darin, dass im Drei-Konten-Modell ein Teil des Gewinns auch dem Kapitalkonto II zugeschrieben werden kann. Unterschiede bezüglich der Rechtsnatur ergeben sich hierdurch nicht.

IV. Rechtsnatur der Konten im Vier-Konten-Modell

Das heute vorwiegend verwendete Kontenmodell beinhaltet vier Gesellschafterkonten.[412] Neben dem festen Kapitalkonto werden ein Verlustsonderkonto, ein „Kapitalkonto II" genanntes Gesellschafterkonto für nicht entnahmefähige Gewinne sowie ein viertes Gesellschafterkonto für Drittgeschäfte zwischen Gesellschaft und Gesellschafter, sonstige Einlagen und Entnahmen sowie entnahmefähige Gewinne geführt. Die Entwicklung des Vier-Konten-Modells und die Bedeutung der einzelnen Konten wurden im 1. Kapitel unter D.III.3 dargestellt.

---

408 Vgl. zur Entwicklung des Drei-Konten-Modells oben 1. Kapitel D.III.2 und *Froning*, in: MünchAnwHdbPersG, E 3 § 8 Rn. 39.

409 *Huber*, ZGR 1988, 1, 85 f.; *Ley*, DStR 2009, 613, 615.

410 *Froning*, in: MünchAnwHdbPersG, E 3 § 8 Rn. 44.

411 *Huber*, ZGR 1988, 1, 85; *Froning*, in: MünchAnwHdbPersG, E 3 § 8 Rn. 41 f.; *Ley*, DStR 2009, 613, 615.

412 *Kopplin/Maßbaum/Sureth*, WPg 2010, 1203, 1205; *Wälzholz*, DStR 2011, 1815, 1816 spricht davon, dass sich zuzüglich einer gemeinsamen Kapitalrücklage ein Fünf-Konten-System etabliert habe.

Das feste Kapitalkonto ist auch im Vier-Konten-Modell ein Kapitalkonto. Es dient der Buchung der Einlage im handelsrechtlichen Sinne und ergibt mit den anderen Kapitalkonten zusammen den „Kapitalanteil" des Gesellschafters.[413]

Das Verlustsonderkonto wird vereinbart, weil das feste Kapitalkonto und das sogenannte „Kapitalkonto II", das der Buchung von nicht entnahmefähigen Gewinnen dient, nicht durch die Buchung von Verlusten beeinträchtigt werden sollen.[414] Es vereinfacht außerdem die Feststellung angefallener Verluste,[415] die für die Haftung des Kommanditisten von Bedeutung sein kann. Die Buchung von Verlusten auf diesem Konto sowie die Verrechnung mit anderen Kapitalkonten beim Ausscheiden führen dazu, dass das Verlustsonderkonto Kapitalkontencharakter hat.[416]

Das positive vierte Gesellschafterkonto ist ein Forderungskonto.[417] Es dient regelmäßig der Buchung von entnahmefähigen Gewinnen sowie dem sonstigen Leistungsverkehr zwischen Gesellschafter und Gesellschaft.[418] Auf dem vierten Gesellschafterkonto werden weder Verluste gebucht, noch wird es mit den Kapitalkonten beim Ausscheiden des Gesellschafters verrechnet. Die auf dem vierten Gesellschafterkonto gebuchten Geschäftsvorfälle sind echte Forderungen und Verbindlichkeiten zwischen Gesellschaft und Gesellschafter.[419]

Umstritten ist, welche Rechtsnatur das sogenannte Kapitalkonto II hat.[420] Auf diesem Konto werden, wie oben im 1. Kapitel unter D.III.3 dargestellt, vor allem Gewinne gebucht, die der Gesellschafter nicht frei entnehmen kann. Außerdem können auf ihm Beiträge des Gesellschafters gebucht werden, die über seine auf dem Festkapitalkonto gebuchte Einlage hinausgehen. Aus der Nähe zum Kapitalkonto I und den häufig vereinbarten Entnahmebeschränkungen wird teilweise abgeleitet, dass es sich beim „Kapitalkonto II" um ein Kapitalkonto handelt.[421] Diese Schlussfolgerung wäre zwingend, wenn eines der im 2. Kapitel

413 Vgl. dazu oben 1. Kapitel D.IV.

414 *V. Falkenhausen/Schneider*, in: MünchHdbGesR II, § 22 Rn. 53.

415 *Huber*, ZGR 1988, 1, 68; *Priester*, in: MünchKommHGB, § 120 Rn. 107.

416 *Huber*, ZGR 1988, 1, 88; *Götze*, in: MünchVertragsHdbGesR, III. 3, S. 237 (erweiterte Form); *Sassenrath*, in: HdbPersG, I Rn. 589g; *Ley*, DStR 2009, 613, 616.

417 Vgl. nur BFH v. 16.10.2008 – IV R 98/06, BStBl. II 2009, 272 = BFHE 223, 149 = DStR 2009, 212, 214; *Kahle*, DStZ 2010, 720, 729.

418 *V. Falkenhausen/Schneider*, in: MünchHdbGesR II, § 22 Rn. 69.

419 Vgl. *v. Falkenhausen/Schneider*, in: MünchHdbGesR II, § 22 Rn. 70.

420 Auf beiden Konten werden laufend und abschließend Verluste gebucht, vgl. zum Zwei-Konten-Modell auch soeben unter 3. Kapitel A.II.

421 In diese Richtung *Engelberth*, NWB 2011, 1808, 1811; *Frystatzki*, EStB 2006, 342, 344.

untersuchten zwingenden Kriterien der ersten Kategorie Anwendung fände. Jedoch werden weder Verluste auf dem zweiten Gesellschafterkonto gebucht, noch ist es nach dem hier verwendeten Modell in die Ermittlung des Auseinandersetzungsguthabens einzubeziehen[422] oder im Fall der Insolvenz oder Liquidation nachrangig zu befriedigen. Das „Kapitalkonto II" ist damit zwingend weder ein Kapital- noch ein Forderungskonto.

Die Rechtsnatur des „Kapitalkonto II" im Vier-Konten-Modell hängt von seiner konkreten Ausgestaltung im Gesellschaftsvertrag ab.[423] Im Einzelfall ist mit Hilfe der Kriterien der zweiten Kategorie durch Auslegung des Gesellschaftsvertrags zu ermitteln, ob das „Kapitalkonto II" Kapital- oder Forderungscharakter hat. Ein wesentlicher Aspekt dieser Auslegung ist die Funktion des „Kapitalkonto II" innerhalb der Kontenstruktur.[424] Wird es – wie ganz regelmäßig – eingerichtet, damit die nicht entnahmefähigen Gewinne getrennt von etwaigen Verlusten gebucht werden, soll es ermöglichen, dass die Entnahme von Gewinnen zwar zugunsten der Innenfinanzierung der Gesellschaft beschränkt werden kann, die Gesellschafter aber dennoch nicht mit diesen Beträgen haften. Diese Funktion wird nur erfüllt, wenn das „Kapitalkonto II" Forderungscharakter hat. Das „Kapitalkonto II" im Vier-Konten-Modell ist somit regelmäßig ein Forderungskonto.[425] Zu einem anderen Ergebnis kommt die Auslegung, wenn für den Fall des Ausscheidens eine Verrechnung mit Verlusten beabsichtigt ist.[426] Im Grundmodell der vier Gesellschafterkonten ist davon jedoch nicht auszugehen. Spätestens im Fall des Ausscheidens aus der Gesellschaft kann der Gesellschafter sein Guthaben auf dem Kapitalkonto II beanspruchen und seine Forderung, die beim persönlich haftenden Gesellschafter mit seinem Abfindungsanspruch verrechnet wird, geltend machen.[427]

---

422 Die konkrete Ausgestaltung in der Praxis variiert bei diesem Aspekt. Soweit das Konto in die Ermittlung des Auseinandersetzungsguthabens mit einbezogen wird und dabei mit verlusttragenden Konten verrechnet wird, ist es ein Kapitalkonto, vgl. oben 2. Kapitel J.

423 *Ley*, DStR 2009, 613, 616.

424 *V. Falkenhausen/Schneider*, in: MünchHdbGesR II, § 22 Rn. 49.

425 *Huber*, ZGR 1988, 1, 88; *Sassenrath*, in HdbPersG, I Rn. 588; *Carlé/Bauschatz*, FR 2002, 1153, 1159; *Ley*, DStR 2009, 613, 616; *Oppenländer*, DStR 1999, 939, 942; *Dötsch*, in: FS Spindler, S. 595, 609; *Rodewald*, GmbHR 1998, 521, 526; **aA** *Riegger*, in: MünchVertragsHdbGesR, 5. Aufl., S. 239 mit Verweis auf *Huber*, ZGR 1988, 1, 93, wo dieser jedoch von gemeinschaftlichen Rücklagenkonten spricht.

426 So der Mustervertrag bei *Riegger*, in: MünchVertragsHdbGesR, 5. Aufl., S. 239.

427 So auch *Froning*, in: MünchAnwHdbPersG, E 3 § 8 Rn. 47.

B. Negative Gesellschafterkonten

Bisher wurde unterstellt, dass das Gesellschafterkonto, dessen Rechtsnatur zu bestimmen ist, positiv (passivisch) ist. Jedes Gesellschafterkonto kann aber, wie bereits mehrfach hervorgehoben, theoretisch auch negativ (aktivisch) werden. Einige Gesellschafterkonten sind davon aufgrund ihrer praktischen Funktion ausgenommen: Feste Kapitalkonten sind grundsätzlich positiv, Verlustsonderkonten sind entweder ausgeglichen oder negativ. Alle anderen Gesellschafterkonten können je nach gesellschaftsvertraglicher Gestaltung durch Verluste oder aufgrund von Auszahlungen an den Gesellschafter negativ werden.

Rechtsprechung[428] und Schrifttum[429] haben sich insbesondere mit der Rechtsnatur von Forderungskonten, die aufgrund von Auszahlungen[430] an die Gesellschafter negativ geworden sind, beschäftigt. Zunächst wird daher die Rechtsnatur negativer Forderungskonten im Besonderen untersucht, bevor darauf aufbauend die Frage beantwortet wird, ob die Rechtsnatur negativer und positiver Gesellschafterkonten im Allgemeinen unterschiedlich bestimmt werden muss.

I. Rechtsnatur negativer Forderungskonten im Besonderen

Forderungskonten, die aufgrund von Auszahlungen an die Gesellschafter negativ werden können, kommen sowohl im gesetzlichen Kontenmodell für den Kommanditisten als auch im Drei- und Vier-Konten-Modell vor.[431] Auf diesen

---

428 BGH v. 23.2.1978 – II ZR 145/76, NJW 1978, 1053; BFH v. 27.6.1996 – IV R 80/95, BStBl. II 1997, 36 = BFHE 181, 148 = NJW-RR 1997, 352; BFH v. 4.5.2000 – IV R 16-990, BStBl. II 2001, 171 = BFHE 191, 539 = DStR 2000, 1508, 1509; BFH v. 16.10.2008 – IV R 98/06, BStBl. II 2009, 272 = BFHE 223, 149 = DStR 2009, 212.

429 Insbesondere *Huber*, ZGR 1988, 1, 41; *Ley*, DStR 2003, 957 ff.; *v. Falkenhausen/Schneider*, in: MünchHdbGesR II, § 22 Rn. 76.

430 Im Folgenden werden die Begriffe Entnahme und Auszahlung wie in der Praxis üblich synonym verwendet.

431 Die Darstellungen in Literatur und Rechtsprechung beziehen sich häufig nur auf das negative Forderungskonto eines bestimmten Kontenmodells und berücksichtigen dabei auch Besonderheiten des jeweiligen Gesellschafterkontos. Diskutiert werden das zweite Konto des Kommanditisten im gesetzlichen Kontensystem, das Forderungskonto im Drei-Konten-Modell und die zwei Forderungskonten im Vier-Konten-Modell. Diese Konten eint, dass sie aufgrund von Auszahlungen an die Gesellschafter negativ werden können. Sie unterscheiden sich in den Geschäftsvorfällen, die auf ihnen gebucht werden und weiteren Kriterien, wie etwa der Entnahmebeschränkung. Die Buchung, die zu einem negativen Saldo führen wird, ist bei allen möglichen Konten aber immer eine Auszahlung an den Gesellschafter, weil sich

negativen Forderungskonten werden weder Verluste gebucht, noch findet eine Verrechnung mit anderen Kapitalkonten im Fall des Ausscheidens des Gesellschafters statt. Sie können daher nur aufgrund von Auszahlungen an den Gesellschafter negativ werden.[432] Ein Auszahlungsanspruch des Gesellschafters kann aufgrund einer Regelung im Gesellschaftsvertrag oder durch Beschluss der Gesellschafter entstehen. So ist in Gesellschaftsverträgen vielfach vorgesehen, Vorschüsse für Steuern und Tätigkeitsvergütungen auch über ein vorhandenes Guthaben hinaus entnehmen zu können.[433] Ein solches Steuerentnahmerecht ergibt sich auch aus der gesellschaftsrechtlichen Treuepflicht,[434] soweit die Entnahme nicht zum Schaden der Gesellschaft ist. Unbestritten ist daher, dass das zweite Gesellschafterkonto des Kommanditisten und auch die Forderungskonten vertraglicher Modelle negativ werden können.

Weist ein Forderungskonto ein Guthaben aus, stellt das Guthaben eine Forderung des Gesellschafters gegen die Gesellschaft dar. Wird dieses Forderungskonto aufgrund von Auszahlungen an den Gesellschafter negativ (aktivisch), ist umstritten, ob der negative Saldo den Kapitalanteil des Gesellschafters vermindert oder eine Verbindlichkeit des Gesellschafters gegenüber der Gesellschaft ausweist, das heißt, ob das negative Konto Kapital- oder Forderungscharakter hat. Forderungskonten, die aufgrund von Auszahlungen negativ geworden sind, werden im Folgenden „negative Forderungskonten" genannt. Zur Bestimmung ihrer Rechtsnatur ist nach der überwiegenden Ansicht in Literatur und Rechtsprechung zunächst danach zu unterscheiden, ob die zum negativen Saldo führenden Entnahmen gesellschaftsrechtlich zulässig oder unzulässig waren.

1. *Negatives Forderungskonto aufgrund unzulässiger Entnahmen*

Ein Gesellschafterkonto, das positiv als Forderungskonto qualifiziert wird und durch unzulässige Entnahmen negativ wird, wird in Rechtsprechung und

---

bei anderen Buchungen das hier diskutierte Problem nicht stellt. Obwohl sich das zweite Gesellschafterkonto des Kommanditisten, das dritte Gesellschafterkonto im Drei-Konten-Modell und das zweite und vierte Gesellschafterkonto im Vier-Konten-Modell im Detail unterscheiden, kann die Rechtsnatur des negativen Forderungskontos daher einheitlich bestimmt werden; so auch *Dötsch*, in: FS Spindler, S. 595, 613.

432 *Ley*, DStR 2009, 613, 614.

433 *Huber*, ZGR 1988, 1, 41; *Weipert*, in: E/B/J/S, § 169 Rn. 25; *Götze*, in: MünchVertrags-HdbGesR, III.3 § 12 Abs. 3, S. 241.

434 So auch *Huber*, ZGR 1988, 1, 41; *v. Falkenhausen/Schneider*, in: MünchHdbGesR II, § 24 Rn. 11; **aA** BGH v. 29.3.1996 – II ZR 264/94, NJW 1996, 1678, 182; *Weipert*, in: E/B/J/S, § 169 Rn. 25.

Schrifttum übereinstimmend auch negativ als Forderungskonto qualifiziert.[435] Entnahmen, die gesellschaftsrechtlich unzulässig waren, führen zu einem Rückforderungsanspruch der Gesellschaft[436] und müssen daher auf einem Forderungskonto gebucht werden. Unterschiedlich beurteilt wird nur die Rechtsnatur von Konten, die aufgrund zulässiger Entnahmen negativ geworden sind.

2. *Negatives Kapitalkonto aufgrund zulässiger Entnahmen*

Huber vertritt die Auffassung, dass das zweite Konto des Kommanditisten, das positiv ein Forderungskonto ist, zu einem Kapitalkonto wird, wenn ein zulässigerweise gezahlter Vorschuss an den Kommanditisten zu einem Debet auf dem Konto führt.[437] Mit der Auszahlung habe die Gesellschaft einen zukünftigen Anspruch des Kommanditisten auf Gewinnzahlungen im Voraus erfüllt. Die zulässig ausgezahlten Vorschüsse seien nur durch künftige Gewinnzahlungen auszugleichen.[438] Ein Rückzahlungsanspruch der Gesellschaft entstehe erst, wenn der Gesellschafter aus der Gesellschaft ausscheidet. Dann habe der Gesellschafter die zulässigen Vorschüsse wegen Fortfall des rechtlichen Grunds (des Anspruchs auf künftige Gewinnzahlungen) gemäß § 812 Abs. 1 S. 2 Var. 1 BGB zurückzuzahlen. Die Buchung auf dem negativen Konto bilde daher keine Forderung ab, sondern nur die Tatsache, dass eine Vorauszahlung auf künftige Gewinne erfolgt sei.[439]

Die Schlussfolgerung, dass zulässige Auszahlungen das negative Konto als Kapitalkonto qualifizieren, begründet *Huber* mit den Folgen der Auszahlung für die Haftung des Kommanditisten. Die Vorauszahlung auf künftige Gewinne führe notwendig zum Aufleben der Haftung gemäß § 172 Abs. 4 S. 1 HGB.[440] Da der Kommanditist mit Ausnahme der Einlage auf dem ersten Konto über

---

435 BFH v. 16.10.2008 – IV R 98/06, BStBl. II 2009, 272 = BFHE 223, 149 = DStR 2009, 212, 214; *Pauli*, Eigenkapital, S. 93; *Hennrichs/Pöschke*, in: HdJ III/1, Rn. 76 (allerdings nur „aus Gründen der Klarheit“).

436 BFH v. 16.10.2008 – IV R 98/06, BStBl. II 2009, 272 = BFHE 223, 149 = DStR 2009, 212, 216; *Hennrichs/Pöschke*, in: HdJ III/1, Rn. 76; *Engelberth*, NWB 2011, 1808, 1823; die im Ausgangspunkt abweichende Ansicht von *v. Falkenhausen/Schneider* (in: MünchHdbGesR II, § 22 Rn. 76) führt in diesem Fall zum gleichen Ergebnis.

437 *Huber*, ZGR 1988, 1, 41 f.

438 *Huber*, ZGR 1988, 1, 41.

439 So auch *Priester*, in: MünchKommHGB, § 122 Rn. 47; OFD Rheinland v. 4.12.2009 – S 2241a A- 1020 St. 1113.

440 *Huber*, ZGR 1988, 1, 42, 77; so jetzt auch *Potsch*, Grundfragen Kommanditistenhaftung, S. 228.

kein weiteres Guthaben bei der Gesellschaft verfüge, müsse das negative Konto mit der auf dem ersten Konto verbuchten Einlage verrechnet werden.[441] Hieraus könne gefolgert werden, dass das zweite Konto des Kommanditisten in Folge der zulässigerweise gezahlten Vorschüsse zum Kapitalkonto geworden ist.[442]

Die von *Huber* für das zweite Konto des Kommanditisten im gesetzlichen Modell entwickelte Ansicht kann auf das Forderungskonto im Drei-Konten-Modell übertragen werden. Zwar nimmt *Huber* zur Rechtsnatur des negativen dritten Gesellschafterkontos im Drei-Konten-Modell direkt keine Stellung.[443] Die Haftung des Kommanditisten soll nach *Huber* allerdings wieder aufleben, wenn der Kommanditist sein drittes Gesellschafterkonto überzieht und kein Guthaben auf dem zweiten Gesellschafterkonto vorhanden ist. Die Überziehung des Forderungskontos gehe zu Lasten des Guthabens auf dem Kapitalkonto I.[444] Dies setzt voraus, dass das negative dritte Gesellschafterkonto mit dem Kapitalkonto I für den Haftungsfall verrechnet wird. Es muss sich daher nach *Huber* um ein Kapitalkonto handeln.

3. *Gegenansicht: Negatives Forderungskonto aufgrund zulässiger Entnahmen*

Die Gegenauffassung qualifiziert Gesellschafterkonten, die positiv Forderungskonten sind, auch negativ als Forderungskonten.[445] *V. Falkenhausen/Schneider* widersprechen insbesondere der Ansicht *Hubers*, dass ein zulässigerweise gezahlter Vorschuss erst bei Ausscheiden des Gesellschafters aus der Gesellschaft zurückzuzahlen sei. Diese Stundung belaste die Gesellschaft in unverhältnismäßiger

---

441 *Huber*, ZGR 1988, 1, 42.

442 Im Ergebnis folgend *Pauli*, Eigenkapital, S. 126; *Kahle*, DStZ 2010, 720, 726; *ders.*, FR 2010, 774, 776 (für den Kommanditisten ohne Differenzierung nach zulässigen und unzulässigen Entnahmen), 777 (für das vierte Konto im Vier-Konten-Modell); *Hennrichs/Pöschke*, in: HdJ III/1, Rn. 88 (allerdings differenzieren diese nicht danach, ob ein Kapital- oder ein Forderungskonto negativ wird); *Ley*, KÖSDI 1994, 9972, 9976, 9979 (aber Ausnahme für Forderungskonten, die aufgrund einer steuerlich anzuerkennenden Darlehensvereinbarung negativ geworden sind; diese Konten seien Forderungskonten); *dies.*, DStR 2003, 959, 962; *dies.*, DStR 2009, 613, 617; *Rodewald*, GmbHR 1998, 521, 525 (zum Forderungskonto im Drei-Konten-Modell); in diesem Sinne auch IDW ERS HFA 7, Rn. 51; **aA** aus steuerrechtlicher Sicht *Bitz*, DStR 1994, 1221, 1222; *Wüllenkemper*, BB 1991, 1904, 1910.

443 Insofern missverständlich *Ley*, DStR 2003, 957, 961.

444 Huber, ZGR 1988, 1, 77.

445 *V. Falkenhausen/Schneider*, in: MünchHdbGesR II, § 22 Rn. 76; zustimmend *Dötsch*, in: FS Spindler, S. 595, 613 (für alle Gesellschafterkonten).

Weise mit dem Risiko des Wegfalls der Bereicherung gemäß § 818 Abs. 3 BGB. Die Rückzahlungsverpflichtung entstehe viel mehr schon mit der Feststellung des Ergebnisses des laufenden Geschäftsjahres. Hierfür spreche, dass ein Vorschuss regelmäßig nur auf den Gewinn des laufenden Jahres gezahlt werde. Die Auszahlung an den Gesellschafter begründe daher eine bedingte Forderung der Gesellschaft gegen den Gesellschafter,[446] auch wenn die Rückzahlung der Forderung bis zur Feststellung des Gewinns des laufenden Geschäftsjahres oder auch darüber hinaus gestundet werde.[447] Bilde das negative Gesellschafterkonto eine bedingte Forderung der Gesellschaft gegen den Gesellschafter ab, habe es die Rechtsnatur eines Forderungskontos.

Zum selben Ergebnis in Bezug auf die Rechtsnatur negativer Forderungskonten kommt *Bitz*.[448] Der Debetsaldo auf einem Forderungskonto dokumentiere eine Forderung der Gesellschaft gegen den Gesellschafter, soweit der Forderungscharakter und die Verzinsung im Gesellschaftsvertrag geregelt seien und letztere dem Darlehenscharakter des Gesellschafterkontos angemessen sei.[449] Daraus folge, dass ein durch Entnahmen negativ gewordenes Forderungskonto seine Rechtsnatur behält, unabhängig davon, ob die Entnahmen gesellschaftsvertraglich zulässig oder unzulässig waren.

4. Rechtsprechung zu negativen Forderungskonten

Der Bundesfinanzhof bestimmt die Rechtsnatur negativer Forderungskonten ebenfalls danach, ob die Entnahmen gesellschaftsrechtlich zulässig oder unzulässig waren. In früheren Entscheidungen (BFH v. 27.6.1996[450] und BFH

---

446 BFH v. 27.6.1996 – IV R 80/95, BStBl. II 1997, 36 = BFHE 181, 148 = NJW-RR 1997, 352, 353; *v. Falkenhausen/Schneider*, in: MünchHdbGesR II, § 22 Rn. 76.

447 *Dötsch*, in: FS Spindler, S. 595, 614.

448 *Bitz*, DStR 1994, 1221, 1222; ähnlich aus steuerrechtlicher Sicht *Steger*, NWB 2013, 998, 1004.

449 Anders insoweit OFD Münster v. 18.2.1994, DStR 1994, 582, nach der die Entnahme (als Darlehen) von einem negativen Forderungskonto zu einem negativen Kapitalkonto führt, wenn die Darlehensgewährung einem Fremdvergleich nicht standhält.

450 BFH v. 27.6.1996 – IV R 80/95, BStBl. II 1997, 36 = BFHE 181, 148 = NJW-RR 1997, 352: Als Indizien für die Rechtsnatur des negativen Gesellschafterkontos wurden der Wortlaut, dass Gewinne auf dem Konto „verbucht" werden sollten, die Berechnung des Abfindungsguthabens unter Einbeziehung des fraglichen Kontos und die fehlenden Modalitäten der Kapitalüberlassung gewertet. Entscheidend war schließlich, dass es sich bei den Auszahlungen, die zu dem Debet auf dem fragliche Konto führten, nicht um die üblichen Vorschüsse für Steuern oder den laufenden Lebensbedarf handelte, sondern diese in ihrer Höhe nicht bestimmt waren und in keinem

v. 4.5.2000[451]) hatte der BFH die Rechtsnatur negativer Forderungskonten zwar noch nach den Kriterien, die für die Bestimmung der Rechtsnatur positiver Gesellschafterkonten etabliert sind, vorgenommen. Von dieser Ansicht nahm der BFH nicht ausdrücklich Abstand, griff aber in seinem Urteil vom 16.10.2008[452] die in der handels- und gesellschaftsrechtlichen Literatur entwickelte Unterscheidung von zulässigen und unzulässigen Entnahmen auf.

Im Streitfall sah der Gesellschaftsvertrag ein Vier-Konten-Modell mit einem vierten Gesellschafterkonto, das positiv als Forderungskonto ausgestaltet war, vor. Das vierte Gesellschafterkonto war aufgrund von Entnahmen für Steuerzahlungen der Gesellschafter und sogenannten Liquiditätsausschüttungen[453] negativ geworden. Strittig war, ob sich das negative Konto auf die Höhe des Kapitalkontos im Sinne von § 15a EStG auswirkte oder als Forderungskonto zu werten war. Der BFH qualifizierte das vierte Gesellschafterkonto positiv als Forderungskonto und diskutierte sodann die Frage, „ob und ggf. in welchem Umfang dieses Gesellschafterkonto infolge des Fehlens entnahmefähiger Gewinne gesellschafts- und steuerrechtlich zu einem Unterkonto des Kapitalkontos geworden ist".[454] Dabei differenzierte das Gericht danach, ob die Entnahmen zulässig oder unzulässig waren. In Bezug auf unzulässige Entnahmen bestehe gesellschaftsrechtlich

---

Zusammenhang zu einem erwarteten Gewinn standen. Im Ergebnis folgerte der BFH, dass ein „Darlehenskonto eines Kommanditisten bei Fehlen abweichender Vereinbarungen in ein Kapitalkonto verwandelt wird, wenn es durch Entnahmen einen Schuldsaldo ausweist." Danach ist das negative Forderungskonto als Kapitalkonto zu qualifizieren. Die Rechtsnatur eines negativen Gesellschafterkontos kann nach denselben Kriterien bestimmt werden, wie die Rechtsnatur der positiven.

451 BFH v. 4.5.2000 - IV R 16-990, BStBl. II 2001, 171 = BFHE 191, 539 = DStR 2000, 1508, 1509: In Frage stand die Buchung eines Jahresfehlbetrags auf dem „Darlehenskonto" und die Rechtsnatur dieses Kontos. Der BFH begründete seine Entscheidung für den Kapitalkontencharakter mit zwei Argumenten. Zunächst weise der Gesellschaftsvertrag in Bezug auf die Verlustbuchung über Rücklagen- und Kapitalkonto hinaus eine Regelungslücke auf und die ergänzende Vertragsauslegung ergebe, dass Verluste auf dem „Darlehenskonto" zu buchen seien. Weiterhin sei das Darlehenskonto in die Ermittlung des Abfindungsguthabens mit einzubeziehen. Auch deshalb sei das Konto ein Kapitalkonto.

452 BFH v. 16.10.2008 - IV R 98/06, BStBl. II 2009, 272 = BFHE 223, 149 = DStR 2009, 212.

453 Im Rahmen von Liquiditätsausschüttungen werden Beträge an Gesellschafter ausgezahlt, die nicht aufgrund von Gewinnen der Gesellschaft zur Verfügung stehen und von dieser nicht zur Verwirklichung des Gesellschaftszwecks benötigt werden.

454 BFH v. 16.10.2008 - IV R 98/06, BStBl. II 2009, 272 = BFHE 223, 149 = DStR 2009, 212, 215.

Einigkeit darüber, dass ein aufgrund gesellschaftsvertraglich nicht vorgesehener Auszahlungen negativ gewordenes Forderungskonto eine Forderung gegenüber dem Gesellschafter ausweise. Die Rechtsfolge zulässiger Entnahmen ließ der BFH offen, da er, im Ergebnis unzutreffend,[455] die konkreten Entnahmen als unzulässig einordnete. Methodisch hat sich der BFH damit, anders als noch im Urteil vom 27.6.1996, der Bestimmung der Rechtsnatur nach der Zulässigkeit oder Unzulässigkeit der Entnahme angeschlossen.

5. *Stellungnahme*

In Schrifttum[456] und Rechtsprechung[457] herrscht, wie gezeigt wurde, Einigkeit, dass gesellschaftsvertraglich unzulässige Entnahmen zu einem Rückforderungsanspruch der Gesellschaft führen[458] und auf einem Forderungskonto gebucht werden.[459] Unterschiedlich beurteilt wird nur die Rechtsnatur von Konten, die aufgrund zulässiger Entnahmen negativ geworden sind. Während nach *Huber*[460] ein zulässiger Vorschuss auf den Gewinn nicht im gleichen Jahr gedeckt werden muss und die Entnahme daher zu einem negativen Kapitalkonto führt, wird nach *v. Falkenhausen/Schneider* der Vorschuss in der Regel nur auf den Gewinn des laufenden Jahres gewährt, mit der Folge, dass die Entnahme zu einem negativen Forderungskonto führt.[461]

---

455 Vgl. *Ley*, DStR 2009, 613, 617; *Dötsch*, in: FS Spindler, S. 595, 615; der BFH beschränkt sich bei der Frage der Zulässigkeit von Entnahmen auf die Prüfung, ob Entnahmen gesellschaftsvertraglich vorgesehen waren und übersieht, dass auch durch Gesellschafterbeschluss zulässig Beträge aus der Gesellschaft entnommen werden können. Die Auszahlung der Liquiditätsüberschüsse beruhte auf einem einstimmigen Gesellschafterbeschluss. Daraus konnte nach Ansicht des BFH nicht geschlossen werden, dass die Gesellschafter den Gesellschaftsvertrag ändern wollten; allgemein zur Abgrenzung von unzulässigen und zulässigen Entnahmen auch *Hennrichs/Pöschke*, in: HdJ III/1, Rn. 76.

456 *Huber*, ZGR 1988, 1, 41; *Dötsch*, in: FS Spindler, S. 595, 615; *Hennrichs/Pöschke*, in: HdJ III/1, Rn. 76, 87; *Ley*, DStR 2009, 613, 617; *Prinz*, StuB 2009, 129, 132.

457 BFH v. 16.10.2008 - IV R 98/06, BStBl. II 2009, 272 = BFHE 223, 149 = DStR 2009, 212, 216; FG Hamburg v. 10.10.2012 - 2 K 171/11, EFG 2013, 197.

458 BFH v. 16.10.2008 - IV R 98/06, BStBl. II 2009, 272 = BFHE 223, 149 = DStR 2009, 212, 216; *Hennrichs/Pöschke*, in: HdJ III/1, Rn. 76; *Engelberth*, NWB 2011, 1808, 1823.

459 BFH v. 16.10.2008 - IV R 98/06, BStBl. II 2009, 272 = BFHE 223, 149 = DStR 2009, 212, 214; *Pauli*, Eigenkapital, S. 93; *Hennrichs/Pöschke*, in: HdJ III/1, Rn. 76 (allerdings nur „aus Gründen der Klarheit").

460 Ebenso *Hennrichs/Pöschke*, in: HdJ III/1, Rn. 88; *Ley*, DStR 2009, 613, 617.

461 *V. Falkenhausen/Schneider*, in: MünchHdbGesR II, § 22 Rn. 76.

Es ist allerdings zweifelhaft, ob der Ansatz von Schrifttum und Rechtsprechung geeignet ist, die Rechtsnatur negativer Forderungskonten zu bestimmen. Die Differenzierung nach zulässigen und unzulässigen Entnahmen hat ihren Ursprung in der Frage, wie Vorschüsse für Steuerzahlungen, die zu einem Debet auf dem zweiten Konto des Kommanditisten führen, rechtlich einzuordnen sind.[462] *Hubers* Ausführungen hierzu stehen unter der Prämisse, dass die Zahlung von Steuern der einzige Grund sei, dem Kommanditisten einen Vorschuss zu gewähren.[463] In einem solchen Fall wirkt sich, wie oben gezeigt, die rechtliche Einordnung des Geschäftsvorfalls auf die Rechtsnatur des Gesellschafterkontos aus.[464]

Aus diesem Zusammenhang darf aber nicht abgeleitet werden, dass die Rechtsnatur eines negativen Gesellschafterkontos stets von der rechtlichen Einordnung des Geschäftsvorfalls bestimmt wird, der zu dem negativen Saldo geführt hat. Wie im 2. Kapitel dargestellt, ist die Buchung eines konkreten Geschäftsvorfalls an der Rechtsnatur des Gesellschafterkontos und nicht die Rechtsnatur des Kontos nach dem konkret gebuchten Vorfall auszurichten. Das heißt, ob der konkrete Geschäftsvorfall gesellschaftsvertraglich zulässig oder unzulässig ist, ist nur für die Zuordnung des Geschäftsvorfalls zum richtigen Gesellschafterkonto relevant (dazu sogleich C.). Die Rechtsnatur des Gesellschafterkontos bestimmt sich dagegen nicht nach den konkret vorgenommenen Buchungen,[465] sondern nach den abstrakt zu buchenden Geschäftsvorfällen.[466]

Dies kann an einem Beispiel verdeutlich werden: Ein Kapitalkonto, auf dem Gewinne und Verluste gebucht werden, ist auch dann ein Kapitalkonto, wenn nie ein Verlust angefallen ist. Werden auf dem Konto nun unzulässige Entnahmen gebucht, die zu einem negativen Saldo führen, wird das Konto nicht zum negativen Forderungskonto, da das zwingende Kriterium der Verlustbuchung weiterhin Anwendung findet. Für die Einordnung zulässiger und unzulässiger Entnahmen ergibt sich daraus Folgendes: Sieht der Gesellschaftsvertrag vor, dass Entnahmen auf einem Kapitalkonto gebucht werden, sind unzulässige Entnahmen einem anderem Konto (Forderungskonto) zuzubuchen. Ansonsten liegt eine Fehlbuchung vor, die berichtigt werden muss, da unzulässige Entnahmen auf Forderungskonten zu buchen sind. Wird die zulässige Entnahme auf einem (positiven) Forderungskonto gebucht, auf dem auch unzulässige Entnahmen

---

462 *Huber*, ZGR 1988, 1, 41.

463 Ebd.

464 Die Bedeutung zulässiger Entnahmen in diesem Fall wird sogleich unter 3. Kapitel C.III dargestellt.

465 So aber OFD Münster v. 18.2.1994, DStR 1994, 582.

466 Oben 2. Kapitel.

gebucht werden, kann die Rechtsnatur nicht von der Zulässigkeit der Entnahme abhängen.[467] Es kann daher dahingestellt bleiben, ob diejenige Buchung, die den Sollsaldo entstehen lässt, auf einer zulässigen oder unzulässigen Zahlung beruht. Das Kriterium ist nicht nur schwer bestimmbar,[468] sondern besitzt auch keine Unterscheidungskraft.

II. Rechtsnatur negativer Gesellschafterkonten im Allgemeinen

Für die Bestimmung der Rechtsnatur eines negativen Forderungskontos kommt es daher nicht darauf an, ob das Forderungskonto konkret aufgrund zulässiger oder unzulässiger Entnahmen negativ geworden ist. Vielmehr ist die Rechtsnatur negativer Gesellschafterkonten wie diejenige positiver Gesellschafterkonten anhand des Gesellschaftsvertrags und subsidiär der gesetzlichen Regelung mit Hilfe der im 2. Kapitel untersuchten Kriterien zu bestimmen. Wesentliche Kriterien für die Rechtsnatur eines negativen Gesellschafterkontos sind die Buchung von Verlusten sowie die Verrechnung mit anderen Kapitalkonten beim Ausscheiden.

Im Schrifttum wird dieser Befund mitunter negiert. Vor allem *Ley* hat sich für die Verwendung unterschiedlicher Kriterien zur Bestimmung der Rechtsnatur positiver und negativer Gesellschafterkonten ausgesprochen. Die Rechtsnatur negativer Forderungskonten sei im Gesellschaftsrecht danach zu bestimmen, ob die Entnahme, die zum negativen Saldo des Gesellschafterkontos geführt hat, als Forderung gegen den Gesellschafter oder als Vorschuss auf künftige Gewinne gewährt worden sei.[469] Da dasselbe Gesellschafterkonto negativ eine andere Rechtsnatur als positiv haben könne, müssten unterschiedliche Kriterien zur Bestimmung positiver und negativer Gesellschafterkonten herangezogen werden.[470]

Auch nach *Dötsch* kommt es auf die Rechtsnatur des positiven Gesellschafterkontos nicht an. Jede Auszahlung an einen Gesellschafter, durch die ein Sollsaldo entsteht, führe zu einer Forderung der Gesellschaft gegen den Gesellschafter. Dies sei unabhängig davon, wie das positive Gesellschafterkonto zu qualifizieren sei.[471] Negative Konten aufgrund von Entnahmen wären somit stets Forderungskonten.

Beide Ansichten können nicht überzeugen. Zum einen sind negative Gesellschafterkonten nichts anderes als das Spiegelbild der positiven

---

467 In dieser Richtung auch *Dötsch*, in: FS Spindler, S. 595, 615.

468 Vgl. die Kritik bei *Dötsch*, in: FS Spindler, S. 595, 614 f.

469 *Ley*, DStR 2003, 957, 960 und 963.

470 *Ley*, DStR 2003, 957, 960.

471 *Dötsch*, in: FS Spindler, S. 595, 614.

Gesellschafterkonten. Deshalb kann bereits in Frage gestellt werden, dass die Rechtsnatur negativer Gesellschafterkonten von derjenigen positiver Gesellschafterkonten überhaupt abweichen können muss. Im Übrigen kann auch die Bestimmung der Rechtsnatur eines Gesellschafterkontos nach den im 2. Kapitel ermittelten Kriterien dazu führen, dass ein Gesellschafterkonto positiv eine andere Rechtsnatur hat als negativ. Ein solcher Fall wird im 5. Kapitel unter A.III.1 dargestellt.

Im Hinblick auf Kapitalkonten spricht zum anderen dafür, positive und negative Gesellschafterkonten nach den gleichen Kriterien zu bestimmen, dass Kapitalkonten für verschiedene Zwecke zusammengefasst werden. Die Summe der Kapitalkonten ergibt den „Kapitalanteil", der nach dem Gesetz und vielen Gesellschaftsverträgen Maßstab für das Auseinandersetzungsguthaben des Gesellschafters ist. In den meisten gesellschaftsvertraglichen Gestaltungen haben Gesellschafter mehrere Kapitalkonten, die positiv oder negativ sein können. Es wäre widersprüchlich, wenn ein positives Kapitalkonto mit einem negativen Kapitalkonto verrechnet würde und beide zusammen einen einheitlichen Kapitalanteil bilden, obwohl die addierten Konten nach unterschiedlichen Kriterien bestimmt wurden. Negative und positive Kapitalkonten müssen daher nach den gleichen Kriterien bestimmt werden.

III. Zwischenergebnis zu negativen Gesellschafterkonten

Im Ergebnis ist die Rechtsnatur negativer Forderungskonten nicht anders zu bestimmen als die Rechtsnatur positiver Gesellschafterkonten. Es sind die gleichen, im 2. Kapitel herausgearbeiteten Kriterien anwendbar, verbunden mit dem Grundsatz, dass sich einzelne Buchungen auf die Rechtsnatur eines Gesellschafterkontos nicht auswirken.

C. Buchung von Liquiditätsausschüttungen

Die Rechtsnatur eines Gesellschafterkontos muss, wie im 1. Kapitel unter B.II dargestellt, zuverlässig bestimmt werden können, um die zutreffende Zuordnung von Geschäftsvorfällen zu ermöglichen. Dies ist unproblematisch, wenn die rechtliche Einordnung des Geschäftsvorfalls und die Rechtsnatur des Gesellschafterkontos bekannt sind. Ist dies nicht der Fall, muss Klarheit über den Zusammenhang zwischen der Rechtsnatur eines Gesellschafterkontos und der rechtlichen Einordnung des auf diesem gebuchten Geschäftsvorfall bestehen. Dieser Zusammenhang soll im Folgenden am aktuell relevanten Beispiel der Buchung von Liquiditätsausschüttungen dargestellt werden. Diese können den gesellschaftsvertraglich „zulässigen Entnahmen" zugeordnet werden, deren rechtliche Einordnung, wie soeben gezeigt, umstritten ist.

Liquiditätsausschüttungen werden vor allem in Gesellschaftsverträgen von Publikums-Kommanditgesellschaften zur Finanzierung kapitalintensiver Projekte (vor allem Seeschiffe und Immobilien) vereinbart.[472] Die Gesellschaftsverträge dieser Publikums-KGs sehen regelmäßig vor, dass an jeden Kommanditisten jährlich ein fester Prozentsatz seines eingesetzten Kapitals ausgeschüttet wird. Hierdurch wird eine konstante Verzinsung des festen Kommanditkapitals unabhängig von einem festgestellten Gewinn oder Verlust ermöglicht.[473] Praktisch finden die Ausschüttungen in den ersten Jahren aus der vorhandenen Liquidität der Gesellschaft statt, da Bilanzgewinne erst erzielt werden, wenn das zu finanzierende Projekt angelaufen ist. Regelmäßig handelt es sich daher bei den Liquiditätsausschüttungen nicht um die Ausschüttung festgestellter Gewinne, sondern – wie der Name bereits sagt – aus der vorhandenen Liquidität der Gesellschaft.

I. Grundsatz: Freie Wahl der rechtlichen Einordnung von Liquiditätsausschüttungen

Grundsätzlich gilt, dass die Gesellschafter frei über die rechtliche Einordnung der Liquiditätsausschüttungen bestimmen können. Sie können den entnommenen Betrag entweder als Forderung der Gesellschaft gegen den Gesellschafter verbuchen oder von seinem Kapitalkonto als Vorschuss auf künftige Gewinne abschreiben.

Fehlt es an einer eindeutigen Zuordnung der Liquiditätsausschüttung, kann diese danach vorgenommen werden, ob die Entnahme ein Vorschuss ist, der beim Gesellschafter verbleiben und nur mit zukünftigen Gewinnen ausgeglichen werden soll,[474] oder ob lediglich ein Vorschuss auf die Gewinne des laufenden Jahres gezahlt werden sollte.[475] Dies setzt voraus, dass die Gesellschafter

---

472 Vgl. hierzu BGH v. 21.1.1982 – II ZR 143/80, NJW 1982, 2065; BGH v. 12.3.2013, II ZR 73/11 – NJW 2013, 2278; FG Hamburg v. 10.10.2012 – 2 K 171/11, EFG 2013, 197 f.; *Weipert*, in: E/B/J/S, § 169 Rn. 23; die überschüssige Liquidität entsteht, weil Abschreibungen wegen des dadurch ausgelösten Aufwandes den Anfall von Gewinn verhindern, obwohl es entsprechende Einnahmen gibt, *Priester*, DStR 2013, 1786.

473 Im Regelfall entstehen in den Kapitalanlagefonds zunächst Verluste, vgl. zum betriebswirtschaftlichen Hintergrund *Loritz*, NZG 2008, 887, 888; *Wagner*, DStR 2008, 563.

474 So *Huber*, ZGR 1988, 1, 41, vgl. ausführlich oben 3. Kapitel B.I.2.

475 So *v. Falkenhausen/Schneider*, in: MünchHdbGesR II, § 22 Rn. 76, ausführlich oben 3. Kapitel B.I.3.

im Zeitpunkt der Buchung des Geschäftsvorfalls eine Vorstellung davon haben, welche Rechtsfolgen mit der Auszahlung der Liquiditätsausschüttungen verbunden sein sollen. In der Praxis werden Liquiditätsausschüttungen jedoch regelmäßig auf dem im Gesellschaftsvertrag dafür vorgesehenen Gesellschafterkonto gebucht, ohne dass die Geschäftsführung der Publikums-KG oder die Anleger-Kommanditisten damit eine bestimmte Rechtsfolge verbindet. Das ändert sich, wenn die Gesellschaft in der Krise ist. Dann stellt sich unter anderem die Frage, welche Bedeutung die Rechtsnatur des Gesellschafterkontos, auf dem die Liquiditätsausschüttungen gebucht wurden, für deren rechtliche Einordnung hat.

II. Bedeutung der Rechtsnatur des Gesellschafterkontos

Der soeben beschriebene Fall lag dem Urteil des BGH vom 12.3.2013[476] zu Grunde. Ein als (Publikums-)Kommanditgesellschaft verfasster Schiffsfonds hatte, wie im Gesellschaftsvertrag vorgesehen, unabhängig von einem im Jahresabschluss ausgewiesenen Gewinn oder Verlust Ausschüttungen an die Anleger-Kommanditisten vorgenommen.[477] Die Ausschüttungen wurden entsprechend der gesellschaftsvertraglichen Regelung auf Gesellschafterkonten gebucht, die im Gesellschaftsvertrag als „Darlehenskonten" bezeichnet waren.[478] Nachdem sich die Liquiditätslage der Gesellschaft verschlechtert hatte, beschloss die Gesellschafterversammlung, die Ausschüttungen von den Kommanditisten zurückzufordern. Dies verweigerte die beklagte Kommanditistin.

Für die Frage, ob eine Rückforderung der Ausschüttungen möglich ist, kam es darauf an, ob die Kommanditistin die Ausschüttung unter Vorbehalt einer Rückforderung erhalten hatte.[479] Das Berufungsgericht hatte den Rückforderungsvorbehalt bejaht und diese Annahme auf den Wortlaut des Gesellschaftsvertrags gestützt, nach dem die Ausschüttung auf einem Darlehenskonto gebucht wird und die Bildung einer Darlehensverbindlichkeit unterbleibt, wenn ein Gesellschafter auf die Entnahme verzichtet.

Der BGH gab der Revision statt und wies die auf die Rückforderung gerichtete Klage der KG ab.[480] Zur Begründung führte der BGH an, dass die im

476 BGH v. 12.3.2013 – II ZR 73/11, NJW 2013, 2278.

477 Der Gesellschaftsvertrag sah in § 11 unter 3. vor: „Unabhängig von einem im Jahresabschluss ausgewiesenen Gewinn oder Verlust schüttet die Gesellschaft für den Fall, dass die Liquiditätslage es zulässt, ab 1995 einen Betrag in Höhe von voraussichtlich [...] aus".

478 BGH v. 12.3.2013 – II ZR 73/11, NJW 2013, 2278.

479 BGH v. 12.3.2013 – II ZR 73/11, NJW 2013, 2278, 2280.

480 Ebd.

Gesellschaftsvertrag verwendeten Begriffe „Ausschüttung" und „Entnahme" nicht auf einen Vorbehalt der Rückforderung hinweisen. Das gleiche gelte für die Verwendung des Begriffs „Darlehenskonto" für das Konto, auf dem die streitigen Ausschüttungen gebucht worden waren. Die Rückforderbarkeit der Ausschüttung ergebe sich auch nicht aus der Rechtsnatur des „Darlehenskontos".

Der BGH führte dazu aus, dass eine eindeutige Bestimmung der Rechtsnatur des Kontos dem Gesellschaftsvertrag, der keine abschließende Regelung der Gesellschafterkonten enthielt, nicht entnommen werden könne. Die Regelungen über die Gesellschafterkonten waren nur fragmentarisch. Der Gesellschaftsvertrag sah lediglich in § 4 Nr. 7 vor, dass feste Kapitalkonten eingerichtet werden sollten. Die in § 11 Nr. 3 des Gesellschaftsvertrags genannten „Darlehenskonten" wurde nur im Zusammenhang mit der Liquiditätsausschüttung genannt. Weitere Informationen zu diesen Gesellschafterkonten enthielt der Gesellschaftsvertrag nicht.

Der BGH ließ die Frage nach der Rechtsnatur des „Darlehenskontos" im Ergebnis offen und legte den Gesellschaftsvertrag in entsprechender Anwendung von § 305 c Abs. 2 BGB zu Lasten der klagenden Gesellschaft dahingehend aus, dass sich aus der Rechtsnatur dieses Gesellschafterkontos jedenfalls keine Pflicht der Kommanditisten zur Rückerstattung der Liquiditätsausschüttungen ergebe. Die Regelung, dass die Ausschüttungen auf „Darlehenskonten" gebucht würden, könne zwar dahin verstanden werden, dass eine Darlehensverbindlichkeit zugunsten oder zulasten des Gesellschafters entstehen solle. Sie könne aber auch dahin verstanden werden, dass die Liquiditätsausschüttung das Gesellschafterkapital vermindern solle.[481] Da auch weitere Argumente[482] gegen einen Rückforderungsvorbehalt sprachen, lehnte der BGH die Rückforderung der Ausschüttungen durch die Gesellschaft ab.

Im Ergebnis kann festgehalten werden, dass der BGH die Rechtsnatur des Gesellschafterkontos als Argument gegen die rechtliche Einordnung der Ausschüttung als Auszahlung mit Rückforderungsbehalt herangezogen hätte, wenn die Rechtsnatur konkret bestimmbar gewesen wäre. Im konkreten Fall hat sich der BGH mit der entsprechenden Anwendung der Zweifelsregelung des § 305 c Abs. 2 BGB beholfen, was aufgrund der Besonderheiten der Publikumsgesellschaften möglich war. Allgemein kann aber die Rechtsnatur des Gesellschafterkontos, auf dem ein Geschäftsvorfall gebucht wird, als Indiz für dessen rechtliche Einordnung gewertet werden. Es ist davon auszugehen, dass

---

481 Vgl. auch *Priester*, DStR 2013, 1786, 1789.

482 BGH v. 12.3.2013 – II ZR 73/11, NJW 2013, 2278, 2280, 2281

die Frage der Rückforderbarkeit anders entschieden worden wäre, wenn das betreffende Gesellschafterkonto ausdrücklich als negatives Forderungskontos ausgestaltet worden wäre. Entscheidend ist die Rechtsnatur des Kontos für die rechtliche Einordnung des Geschäftsvorfalls jedoch grundsätzlich nicht. Ist die rechtliche Einordnung eines Geschäftsvorfalls mit der Rechtsnatur des Gesellschafterkontos nicht vereinbar, liegt eine Fehlbuchung vor, die buchhalterisch korrigiert werden muss.

III. Rechtliche Einordnung von Liquiditätsausschüttungen unabhängig von der Rechtsnatur des Gesellschafterkontos

Schließlich stellt sich die Frage, wie Liquiditätsausschüttungen rechtlich einzuordnen sind, wenn es an einer eindeutigen Zuordnung der Liquiditätsausschüttungen zu einem Gesellschafterkonto fehlt oder die Rechtsnatur des Gesellschafterkontos nicht eindeutig bestimmt werden kann und die Zweifelsregelung des § 305 c Abs. 2 BGB keine Anwendung findet. Dies kann grundsätzlich zwar nur anhand der konkreten Umstände im Einzelfall beantwortet werden. Allgemein ist aber davon auszugehen, dass Liquiditätsausschüttungen im Hinblick auf künftige Gewinne erfolgen[483] und nicht mit Feststellung des nächsten Jahresergebnisses zu einer Forderung der Gesellschaft gegen den Gesellschafter erwachsen sollen. Liquiditätsausschüttungen sollen nicht von der Gesellschaft während der Laufzeit des Kapitalanlagefonds zurückgefordert werden können. Die Gewinnentwicklung der Gesellschaft ist so kalkuliert, dass die Ausschüttungen der ersten Jahre durch künftige Gewinne ausgeglichen werden und sich im Ergebnis nur auf den Auseinandersetzungsanspruch im Fall der Liquidation auswirken.[484] Liquiditätsausschüttungen sind damit grundsätzlich als Minderung des Kapitalanteils des Gesellschafters zu buchen. Im Regelfall können Ausschüttungen daher nicht zurückgefordert werden.[485] Allerdings lebt die Haftung des Kommanditisten im Außenverhältnis auf, wenn das Kapitalkonto des Gesellschafters durch die Ausschüttungen unter den Betrag der Haftsumme fällt.[486]

483 So auch *Loritz*, NZG 2008, 887, 890.

484 *Loritz*, NZG 2008, 887, 889 f.

485 *Wagner*, DStR 2008, 563, 565.

486 *Wagner*, DStR 2008, 563, 565. Um die Haftungsgefahr zu verringern, wird die Haftsumme in vielen Verträgen entsprechend niedrig angesetzt.

Im Ergebnis bleibt festzuhalten, dass Liquiditätsausschüttungen grundsätzlich zu Lasten des Kapitalkontos des Gesellschafters gehen.[487] Da die gesellschaftsvertraglichen Regelungen vielfältig und nicht allzu selten auch verwirrend sind,[488] ist im Einzelfall aber genau zu prüfen, wie eine zulässige Entnahme rechtlich einzuordnen ist.

---

487 Hierfür auch *Weipert*, in: E/B/J/S, § 169 Rn. 23; Anders etwa FG Hamburg v. 10.10.2012 - 2 K 171/11, EFG 2013, 197: In dem zugrundeliegenden Fall hatte die Gesellschafterversammlung einer Kommanditgesellschaft beschlossen, dass aufgrund guter Liquidität eine Ausschüttung „im Voraus" von insgesamt 10% des Kapitals erfolgen sollte, ohne dass ein entsprechender Gewinn angefallen war. Einen solchen Beschluss ermöglichte der Gesellschaftsvertrag in Art. 10.14.8. ausdrücklich. Der Gesellschaftsvertrag regelte außerdem, dass Entnahmen, „soweit durch diese auf dem Kapitalkonto II ein negativer Saldo entstehen würde oder sich ein negativer Saldo erhöhen würde, auf einem gesonderten Entnahmekonto (Darlehenskonto) eines jeden Gesellschafters gebucht" werden sollten. Das heißt, es gab ein Konto, das nur für die Buchung von Entnahmen, die nicht durch ein Guthaben gedeckt waren, geführt wurde. Umstritten war, ob dieses negative Konto als Kapital- oder Forderungskonto zu qualifizieren war. Das FG Hamburg entschied, dass sich das Kapitalkonto durch die Liquiditätsausschüttungen nicht verringert habe, weil das gesonderte Entnahmekonto kein Kapitalkonto sei. Es qualifizierte das Entnahmekonto als Unterkonto zum Gesellschafterverrechnungskonto und damit als Forderungskonto und begründete diese Auffassung damit, dass sich die Rechtsnatur des Gesellschafterkontos nach seiner Ausgestaltung im Gesellschaftsvertrag richte. Das Gesellschafterkonto sei im Gesellschaftsvertrag als „Darlehenskonto" bezeichnet und der Saldo des Kontos als Forderung behandelt worden. Zusätzlich begründete das Finanzgericht seine Auffassung damit, dass die Liquiditätsausschüttung keine Ausschüttung von Gewinn, sondern eine Entnahme von Liquidität gewesen sei und daher zum Vorliegen eines Forderungskontos führen müsse. Es komme nicht darauf an, ob die - durch die Ausschüttung von Liquidität faktisch erfolgte Kreditgewährung - die steuerlichen Voraussetzungen an einen Fremdvergleich erfüllt. Das aufgrund zulässiger Auszahlungen negativ gewordene Gesellschafterkonto sei in diesem Fall als Forderungskonto zu qualifizieren.

488 Vgl. etwa den Sachverhalt im Urteil des BGH v. 12.3.2013 - II ZR 73/11 - NJW 2013, 2278. Das Konto, auf dem die fraglichen Ausschüttungen gebucht werden sollten, war im Gesellschaftsvertrag nur im Rahmen der Gewinnausschüttungen erwähnt, wurde aber nicht allgemein definiert. Zudem wurden das Innenverhältnis von Gesellschaft und Gesellschafter (Bildung einer Darlehensverbindlichkeit) und das Außenverhältnis zwischen Gesellschafter und Dritten (Wiederaufleben der Haftung) im Gesellschaftsvertrag in einem Zusammenhang gesetzt, der nicht nachvollziehbar ist.

D. Rücklagenkonten

Weiterhin können die Erkenntnisse aus dem 1. und 2. Kapitel zur Bestimmung der Rechtsnatur von Rücklagenkonten herangezogen werden. Anders als im Kapitalgesellschaftsrecht,[489] sind im Recht der oHG und KG Gewinn- und Kapitalrücklagen gesetzlich nicht vorgesehen.[490] Allerdings wird in Gesellschaftsverträgen[491] teilweise die Einrichtung von gemeinschaftlichen, auch „gesamthänderisch gebunden" genannten,[492] Rücklagenkonten geregelt,[493] an denen die Gesellschafter in der Regel nach dem Verhältnis ihrer festen Kapitalkonten beteiligt sind.[494] Rücklagen können durch die Buchung von Gewinnen, die Umbuchung von Guthaben von Darlehenskonten,[495] die Einzahlung auf Rücklagekonten oder die Buchung eines Agios[496] entstehen.

---

489 § 266 Abs. 3 A II HGB.

490 *Huber*, in: GS Knobbe-Keuk, S. 203.

491 Rechtsgrundlage kann auch ein Gesellschafterbeschluss sein, wenn dieser gesellschaftsvertraglich zugelassen ist, *Huber*, in: GS Knobbe-Keuk, S. 203, 207.

492 Zur Kritik an dieser Formulierung *Huber*, ZGR 1988, 1, 91, der darauf hinweist, dass nur Gegenstände des Aktivvermögens gesamthänderisch gebunden sein können, nicht aber Bilanzpositionen der Passivseite.

493 Ausführlich dazu *Sassenrath*, in: HdbPersG, I Rnrn. 589a ff. Vorbild für diese Konten ist das Kapitalgesellschaftsrecht, *Priester*, in: MünchKommHGB, § 120 Rn. 107. Die Rücklagenbildung kann gesellschaftsvertraglich auch dem Beschluss der Gesellschafter zugewiesen werden, auch ein einstimmiger Gesellschafterbeschluss ermöglicht die Bildung von Rücklagen, vgl. *Huber*, in: GS Knobbe-Keuk, S. 203, 207.

494 *Sassenrath*, in: HdbPersG, I Rn. 589a; *Rodewald*, GmbHR 1998, 521, 526.

495 Zur Zulässigkeit *Huber*, in: GS Knobbe-Keuk, S. 203, 208.

496 Die Gesellschafter können vereinbaren, ob das Agio auf ein Gesellschafterkonto des eintretenden Gesellschafters oder auf die Gesellschafterkonten der übrigen Gesellschafter gebucht wird. Zwar ist denkbar, dass das Agio auf einem Forderungskonto gebucht wird (*Huber*, ZGR 1988, 1, 22). Grundsätzlich wird das Agio aber zur Stärkung der Eigenkapitalbasis geleistet und ist daher dem Kapitalbereich zuzuordnen (BGH v. 12.07.1982 – II ZR 201/81, BGHZ 84, 383, 387 = NJW 1982, 2500, 2501 [m. Anmerkung *Karsten Schmidt*]; OLG München v. 27.7.1990 – 23 U 2030/90, ZIP 1990, 1266, 1267). Es kann entweder den Charakter einer Kapitalrücklage haben (*Hennrichs/Pöschke*, in: HdJ III/1, Rn. 83) mit der Folge, dass es allen Gesellschaftern nach dem Gewinnverteilungsschlüssel zukommt, oder es ist den Altgesellschaftern auf ihre Kapitalkonten zu buchen (so im Fall des BFH v. 6.3.2008 – IV R 35/07, DStRE 2008, 743).

I. Gemeinsame Rücklagenkonten oder gemeinsame Darstellung individueller Rücklagenkonten auf einem Kontenblatt

Bei der Darstellung und Anwendung gemeinsamer Rücklagenkonten wird die genaue buchhalterische Ausgestaltung dieser Rücklagenkonten häufig nicht geklärt. Zwei Möglichkeiten sind denkbar: Die Rücklagen der Gesellschaft könnten die Zusammenfassung der individuellen Rücklagenkonten der Gesellschafter auf einen einheitlichen Kontenblatt sein.[497] Dann könnte von einem gemeinschaftlichen Rücklagenkonto gesprochen werden.[498] Die Rücklagen der Gesellschaft könnten aber auch auf einem einzelnen atypischen Gesellschafterkonto abgebildet werden, das allen oder einigen Gesellschaftern oder sogar nur der Gesellschaft zugeordnet ist. Da Gesellschafterkonten jedem Gesellschafter individuell zugeordnet werden müssen,[499] ist die Zulässigkeit dieses atypischen Gesellschafterkontos zweifelhaft.[500] Insbesondere wenn das Rücklagenkonto als Kapitalkonto qualifiziert wird, muss es auf die Gesellschafter aufgeteilt werden, um den Kapitalanteil jedes einzelnen Gesellschafters ermitteln zu können.[501] Das gemeinsame Rücklagenkonto kann daher als Rücklage der Gesellschaft verstanden werden, praktisch ist es aber nur die Summe der Rücklagenkonten jedes Gesellschafters.[502]

II. Rechtsnatur der Rücklagenkonten

Die Rechtsnatur des Rücklagenkontos hängt von seiner konkreten Ausgestaltung im Gesellschaftsvertrag ab. Regelmäßig handelt es sich dabei um ein Gesellschafterkonto, auf dem Einlagen oder Gewinne verbucht werden, die nur aufgrund eines einstimmigen Gesellschafterbeschlusses in Höhe eines für alle Gesellschafter

---

497 *Huber*, in: JbFAStR, S. 312; *Potsch*, Grundfragen Kommanditistenhaftung, S. 248.

498 So *Priester*, in: MünchKommHGB, § 120 Rn. 107.

499 Dazu oben 1. Kapitel A.II.1.

500 *Huber*, in: GS Knobbe-Keuk, S. 203, 209: „Die Ordnungsmäßigkeit, zumindest die Übersichtlichkeit der Buchführung verlangt, daß für die Rücklage nicht einfach ein Sammelkonto geführt wird, sondern daß für jeden Gesellschafter ein eigene Rücklagenkonto eingerichtet wird." **AA** *v. Falkenhausen/Schneider*, in: MünchHdbGesR II, § 22 Rn. 60, die keine Bedenken gegen die Zulässigkeit gemeinsamer Rücklagenkonten haben; ebenso *Priester*, in: MünchKommHGB, § 120 Rn. 107.

501 So auch *Huber*, in: GS Knobbe-Keuk, S. 203, 209; vgl. auch *Röhrig/Doege*, DStR 2006, 489, 491 „Freischwebendes, keinem Gesellschafter zuzurechnendes Kapital gibt es bei der Personengesellschaft nicht".

502 So auch *Röhrig/Doege*, DStR 2006, 489, 491.

einheitlichen Prozentsatzes entnommen werden können und auf denen Einlagen und Gewinnbuchungen allen Gesellschaftern zugutekommen.

Regelmäßig wird das Rücklagenkonto nicht nur besonderen Entnahmebeschränkungen unterliegen, sondern auch mit Verlusten zu verrechnen sein.[503] Dann hat dieses Gesellschafterkonto die Rechtsnatur eines Kapitalkontos.[504] Wird das Gesellschafterkonto ausdrücklich weder laufend noch abschließend mit Verlusten verrechnet, ist seine Rechtsnatur offen.[505] Teilweise wird vertreten, dass dann ein Forderungskonto vorliegt.[506] Dagegen argumentieren *v. Falkenhausen/Schneider*, dass eine gemeinsame Rücklage als Forderung die Gesellschafter zu einer weiteren Gesamthandsgemeinschaft zusammenschließe, die der Gesellschaft als Gläubigerin gegenüberstünde.[507] Die ungeteilte Rücklage müsse daher Eigenkapital der Gesellschaft sein.[508] Soweit allerdings wie hier angenommen wird, dass gemeinsame Rücklagenkonten nur die zusammengefasste Darstellung individueller Rücklagen sind, ist das Argument entkräftet. Denn solche Konten können sowohl Forderungs- als auch Kapitalkonten sein.

Dennoch spricht vieles dafür, dass Rücklagenkonten grundsätzlich Kapitalkonten sind. So sind Entnahmen oftmals nicht möglich, sondern müssen als *actus contrarius* zur Einrichtung des Rücklagenkontos entweder durch Gesellschaftsvertrag oder, soweit zulässig, durch Gesellschafterbeschluss vereinbart werden. Im Fall der Auseinandersetzung geht das Guthaben regelmäßig als Posten in die Ermittlung des Abfindungsguthabens ein.[509] Das Konto übernimmt damit die Funktion von Eigenkapital und ist als Kapitalkonto zu qualifizieren. Schließlich werden Rücklagen regelmäßig gebildet, um das Eigenkapital der Gesellschaft zu stärken. Auch diese Zweckbestimmung spricht für den Kapitalkontencharakter gemeinsamer Rücklagenkonten.

---

503 *Sassenrath*, in: HdbPersG, I Rn. 589b, c; vgl. den Mustervertrag bei *Götze*, in: MünchVertragsHdbGesR, III.1 § 4, S. 216.

504 *Huber*, in: GS Knobbe-Keuk, S. 203, 209, 216; *Sassenrath*, in: HdbPersG, I Rnrn. 589b, 589e.

505 Vgl. dazu unten 2. Kapitel C; *Wälzholz*, DStR 2011, 1861.

506 *Huber*, ZGR 1988, 1, 92; *Sassenrath*, in: HdbPersG, I Rn. 589c; *Westermann*, in: FS von Caemmerer, S. 657, 667 f.

507 *V. Falkenhausen/Schneider*, in: MünchHdbGesR II, § 22 Rn. 60.

508 So auch *Huber*, in: GS Knobbe-Keuk, S. 203, 209.

509 *Huber*, in: GS Knobbe-Keuk, S. 203, 216.

III. „Gesamthänderisch gebundene Rücklagenkonten" im Steuerrecht

Eine Spezialform des gemeinsamen Rücklagenkontos ist das „gesamthänderisch gebundene Rücklagenkonto". Diese Kontenform ist im Steuerrecht entwickelt worden, um die – nach steuerrechtlichen Maßstäben – unentgeltliche Übertragung von Wirtschaftsgütern in das Gesamthandsvermögen zu ermöglichen.[510]

Die Bezeichnung eines Kontos als „gesamthänderisch gebunden" ist missverständlich. Gesamthänderisch gebunden ist grundsätzlich das Vermögen, das in die Gesellschaft eingebracht wird, vgl. § 719 BGB.[511] Während die Aktiva gesamthänderisch gebunden sind, kann an Passiva in der Bilanz und den zugehörigen Gesellschafterkonten kein gesamthänderischer Anteil entstehen,[512] denn Ausdruck der Gesamthand im Innenverhältnis ist nur der wertmäßige Anteil des Gesellschafters an der Gesellschaft.[513] Es besteht keine Beziehung des Gesellschafters zu einzelnen Vermögensgegenständen.[514] Rücklagenkonten können daher im engeren Wortsinn nicht „gesamthänderisch gebunden" sein. Stattdessen sollte von „gemeinsamen Rücklagenkonten" gesprochen werden, deren Besonderheit darin besteht, dass sie nur durch gemeinsamen Beschluss der Gesellschafter aufgelöst werden können. Um die erwünschte (zumeist steuerliche) Rechtsfolge zu erreichen, müsste der Gesellschafter sein Wirtschaftsgut dergestalt einbringen, dass die Rücklagenkonten aller Gesellschafter entsprechend des Verlustverteilungsschlüssels erhöht werden und die Entnahme oder Kündigung dieser Konten nur aufgrund eines Gesellschafterbeschlusses möglich ist.

Die besondere Bedeutung im Steuerrecht kommt dem „gesamthänderisch gebundenen" Rücklagenkonto aufgrund der Rechtsprechung des BFH[515] und der darauf folgenden Stellungnahme der Finanzverwaltung[516] zu. Der BFH hatte in mehreren Fällen zu entscheiden, ob bei einer Übertragung von Wirtschaftsgütern in das Gesamthandsvermögen einer Personenhandelsgesellschaft ein unentgeltlicher Vorgang vorlag oder ob es eine Gegenleistung der Gesellschaft gab. Dies war bei der Einbringung von Wirtschaftsgütern des Privatvermögens in das

---

510 Vgl. etwa *Röhrig/Doege*, DStR 2006, 489, 490; *Wälzholz*, DStR 2011, 1861.

511 Zum Gesamthandsprinzip schon oben 1. Kapitel A.II.1.

512 *Huber*, ZGR 1988, 1, 32, 91; *Potsch*, Grundfragen Kommanditistenhaftung, S. 248.

513 Vgl. dazu oben 1. Kapitel A.II.1.

514 Ebd.

515 BFH v. 24.1.2008 – IV R 37/06, BStBl. II 2011, 617 = BFHE 220, 374 = DStR 2008, 761; BFH v. 17.7.2008 – I R 77/06, BStBl. II 2009, 464 = BFHE 222, 402 = DStR 2008, 2001.

516 BMF Schreiben v. 11.7.2011, IV C 6 – S 2178/09, BStBl. I 2011, 713.

Betriebsvermögen gewerblicher Personengesellschaften, § 4 Abs. 1 S. 5, § 6 Abs. 1 Nr. 5, Abs. 6 S. 1 EStG[517] und die Übertragung einzelner Wirtschaftsgüter im betrieblichen Bereich nach § 6 Abs. 5 S. 3 EStG fraglich.[518]

Ausgangspunkt der Rechtsprechung des BFH war die Feststellung, dass ein Gesellschafter bei der Buchung seiner Einlage auf einem Forderungskonto oder einem nicht gesamthänderisch gebundenen Kapitalkonto eine Gegenleistung erhalte. Bei der Buchung auf einem Forderungskonto erhält der Gesellschaft nach Auffassung des BFH einen Anspruch gegen die Gesellschaft und bei der Buchung auf einem nicht gesamthänderisch gebundenen Kapitalkonto Gesellschafterrechte als Gegenleistung für seine Einlage. Der BFH entschied, dass die Übertragung nur dann unentgeltlich sei, wenn die Buchung ausschließlich auf einem „gesamthänderisch gebundenen Kapitalrücklagenkonto" erfolgt.[519] Dem schloss sich die Finanzverwaltung an. Eine unentgeltliche Übertragung sei nur dann gegeben, wenn das Wirtschaftsgut „auf einem gesamthänderisch gebundenen Kapitalrücklagenkonto gutgeschrieben wird oder – was handelsrechtlich zulässig sein kann – als Ertrag gebucht wird".[520] Es erhöhe sich dabei zwar das Eigenkapital, der einbringende Gesellschafter erhalte aber keine individuelle Rechtsposition, sondern werde wie alle anderen Gesellschafter gleichmäßig am gesteigerten Wert des Gesamthandsvermögens beteiligt.

Die Anforderungen, die Rechtsprechung und Finanzverwaltung an die Ausgestaltung eines Rücklagenkontos stellen, das eine steuerneutrale Übertragung von Wirtschaftsgütern ermöglicht, können wie folgt zusammengefasst werden: Es muss ein gemeinsames Gesellschafterkonto vorhanden sein, auf dem

---

517 Die Sacheinlage auf einem Kapitalkonto wird als tauschähnlicher Vorgang behandelt (BFH v. 19.10.2008 – VIII R 69/95, BStBl. II 2000, 230 = BFHE 187, 434 = DStR 1999, 366 und Schreiben des BMF v. 29.3.2000, BStBl. I 2000, 462). Die Einlage wird gegen Gewährung von Gesellschafterrechten „getauscht". Es muss aber tatsächlich zur Gewährung von Gesellschafterrechten kommen. Werden keine Gesellschafterrechte gewährt, handelt es sich um eine sog. „verdeckte Einlage" nach § 6 Abs. 1 Nr. 5 EStG mit der Folge, dass ein Teilwertansatz gewählt werden muss. Die Erhöhung des steuerlichen Eigenkapitals ist insoweit unbeachtlich; vgl. auch *Schütz*, SteuK 2011, 357; *Strahl*, KÖSDI 2009, 16535; *Wendt*, Stbg 2010, 145 ff.

518 Dazu *Förster*, DStR 2012, 381, 383 ff.; nach dem BMF Schreiben v. 8.12.2011, DStR 2011, 2401, 2403 sind für die Frage, ob eine Übertragung von Wirtschaftsgütern unentgeltlich oder gegen Gewährung von Gesellschafterrechten erfolgt, die Grundsätze des BMF Schreibens v. 11.7.2011 anzuwenden.

519 BFH v. 24.1. 2008 – IV R 37/06, BStBl. 2011 II S. 617; BFH v. 17.7.2008 – I R 77/06, BStBl. 2009 II S. 464.

520 BMF Schreiben v. 11.7.2011, BStBl. I S. 713.

Einlagen allen Gesellschaftern gleichmäßig (im Verhältnis der Kapitalbeteiligung) zukommen und von dem Entnahmen nur aufgrund einer Entscheidung der Gesellschafterversammlung möglich sind. Verhindert werden soll dadurch, dass der Gesellschafter eine individuelle Gegenleistung erhält.

Diese Voraussetzungen sind auch dann erfüllt, wenn das Wirtschaftsgut nach dem Gewinnverteilungsschlüssel auf entnahmebeschränkte Kapitalkonten jedes Gesellschafters gebucht wird. Ein Gesellschafter erbringt eine Einlage und bekommt als Gegenleistung zwar keinen im Vergleich zu seinen Gesellschaftern höheren Liquidations- oder Gewinnanteil, dennoch bekommt er in Höhe seines Gewinnanteils am eingebrachten Wirtschaftsgut eine höhere Liquidationsforderung.

4. Kapitel Gesellschafterkonten im Steuerrecht

Bisher wurde nicht zwischen handelsrechtlichen und steuerrechtlichen Gesellschafterkonten unterschieden. Die im 2. Kapitel vorgenommene Bestimmung der Rechtsnatur der Gesellschafterkonten orientiert sich an einem aus dem Gesamthandsprinzip abgeleiteten handelsrechtlichen Begriff von Kapital- und Forderungskonten. Wie bereits im Rahmen der rechtlichen Relevanz der Gesellschafterkonten dargestellt (oben 1. Kapitel C.II.6), sind die Gesellschafterkonten jedoch auch für die Besteuerung der Gesellschafter von Personenhandelsgesellschaften von großer Bedeutung. Da der gleiche Sachverhalt im Handels- und im Steuerrecht unterschiedlich bewertet werden kann, ist im Folgenden zu untersuchen, ob und welche Unterschiede zwischen den handelsrechtlichen und steuerrechtlichen Gesellschafterkonten bestehen.

Für die Unterscheidung zwischen handels- und steuerrechtlichen Gesellschafterkonten sind drei Varianten denkbar: Erstens kann es eine Übereinstimmung zwischen den Gesellschafterkonten im Handels- und Steuerrecht geben,[521] wobei sich alternativ die Rechtsnatur des steuerrechtlichen Gesellschafterkontos nach dem Handelsrecht[522] und die Höhe der Konten nach dem Steuerrecht richten könnte.[523] Zweitens kann die Bestimmung der Rechtsnatur eines allgemeinen steuerrechtlichen vom handelsrechtlichen Kapital- und Forderungskonto abweichen und drittens kann jede steuerrechtliche Norm eine eigenständige Bestimmung der Konten erfordern, ohne dass es einen Zusammenhang zwischen den einzelnen Konten gibt.[524]

Einigkeit besteht grundsätzlich darin, dass auch die steuerlichen Gesellschafterkonten ihre Grundlage in der handelsrechtlichen Bestimmung haben.[525] Das

---

521 **Dafür** *Dötsch*, in FS Spindler, S. 600; *Kahle*, DStZ 2010, 720, 732; *Wüllenkemper*, BB 1991, 1904, 1909, **dagegen** *Wälzholz*, DStR 2011, 1815, 1817; wohl auch *Zimmermann*, in: Zimmermann, PersG im Steuerrecht, E.1.4.2.1, S. 678.

522 BFH v. 15.5.2008 – IV R 46/05, BStBl. II 2008, 812 = DStR 2008, 1577, 1578; *Hüttemann/Meyer*, DB 2009, 1613.

523 *Wacker*, in: FS Röhricht, S. 1079, 1082; *Hüttemann/Meyer*, DB 2009, 1613.

524 Für Kommanditisten vertreten dies *Kopplin/Maßbaum/Sureth*, WPg 2010, 1203, 1204; *Wälzholz*, DStR 2011, 1815, 1817.

525 Vgl. etwa BFH v. 15.5.2008 – IV R 46/05, BStBl. II 2008, 812 = DStR 2008, 1577, 1578; FG Nürnberg v. 22.10.2008 – 7 K 318/2007, EFG 2009, 2019; FG Hamburg v. 10.10.2012 – 2 K 171/11, EFG 2013, 197, 199; *Kersten/Feldgen*, FR 2013, 197, 200; *Ley*, DStR 2009, 613, 614; *Wüllenkemper*, BB 1991, 1904, 1909.

heißt, dass zunächst durch Auslegung des Gesellschaftsvertrags die Rechtsnatur des handelsrechtlichen Gesellschafterkontos ermittelt werden muss. Von diesem Konto ausgehend können steuerliche Wertungen die Rechtsnatur oder die Höhe des Gesellschafterkontos beeinflussen.

Steuerliche Wertungen können sich in drei Bereichen auf die handelsrechtlichen Gesellschafterkonten auswirken.[526] Diese drei Bereiche lassen sich anhand der Ableitung der Steuerbilanz aus der Handelsbilanz darstellen: So ist erstens zur Bestimmung der für den Mitunternehmer maßgeblichen Einkünfte aus Gewerbebetrieb die Steuerbilanz entsprechend den steuerlichen Vorschriften aus der Handelsbilanz abzuleiten.[527] Zweitens ist das Ergebnis einer etwaigen Ergänzungsbilanz für den einzelnen Mitunternehmer zu beachten.[528] Drittes ist das Ergebnis einer etwaigen Sonderbilanz[529] für den Mitunternehmer hinzuzufügen.[530] Die Summe von Gesamthandsbilanz, Ergänzungsbilanz und Sonderbilanz wird als steuerliche Gesamtbilanz bezeichnet.[531] Entsprechend könnten sich diese Wertungen auf die Bestimmung eines steuerrechtlichen Gesellschafterkontos auswirken. Bevor dieser Zusammenhang näher untersucht wird, muss zunächst erläutert werden, welche steuerrechtlichen Normen die Bestimmung von Gesellschafterkonten erfordern und welche Bedeutung die Gesellschafterkonten jeweils für den Tatbestand der Norm haben.

---

526 Vgl. allgemein zur Ableitung der Steuer- aus der Handelsbilanz *Kempermann*, in: MünchKommBilanzR, Anh. § 247 Rn. 37.

527 Vgl. *Kersten/Feldgen*, FR 2013, 197, 200.

528 Die Ergänzungsbilanz ist keine Bilanz im Rechtssinne, sondern eine Nebenrechnung in Bilanzform (BFH v. 19.2.1981 – IV R 41/48, BStBl. II 1981, 730; *Fischer*, in: HdbPersG, II Rn. 244). Sie ist gesetzlich nicht definiert und weist nur einen Gesellschafter persönlich betreffende *Korrekturen* zu den Wertansätzen der Wirtschaftsgüter des Gesamthandsvermögens in der Steuerbilanz der Personengesellschafter aus, etwa den Unterschiedsbetrag zwischen dem Kapitalkonto des Gesellschafters und den Anschaffungskosten für den Gesellschaftsanteil, vgl. *Grottel/Staudacher*, in: BeckBilanzKomm, § 247 Rn. 744; *Fischer*, in: HdbPersG, II Rn. 244.

529 Zum Begriff der Sonderbilanz und ihrer Bedeutung vgl. unten 4. Kapitel C.

530 Nach *Grottel/Staudacher*, in: BeckBilanzKomm, § 247 Rn. 732.

531 *Bode*, in: Blümich, § 15 EStG Rn. 444; vgl. zur Auswirkung der Trennung von Steuerbilanz der Gesellschaft, Sonderbilanz der Gesellschafter und Gesamtbilanz der Mitunternehmerschaft *Gassner*, in: JbFAStR, S. 318 ff.

A. Steuerrechtliche Gesellschafterkonten

I. Das Gesellschafterkonto im Sinne von § 15a EStG

Exemplarisch können die Funktion der Gesellschafterkonten im Steuerrecht und die Einfallstore steuerrechtlicher Wertungen anhand des § 15a EStG erläutert werden, der eine enge Verbindung zur Haftung des Kommanditisten aufweist.[532]

1. Funktion des Kapitalkontos im Sinne von § 15a EStG

Im Einkommensteuerrecht können grundsätzlich Verluste aus einer Quelle mit Gewinnen aus einer anderen Quelle ausgeglichen werden (sog. horizontaler Verlustausgleich).[533] Daher konnten Verlustanteile einer Kommanditgesellschaft dem Kommanditisten vor Einführung des § 15a EStG unbegrenzt zugerechnet und steuerlich „genutzt" werden, auch wenn das Kapitalkonto durch die Verlustbuchung negativ wurde oder ein negativer Saldo sich erhöhte. Die Haftung des Kommanditisten bestand demgegenüber unverändert nur in Höhe der Hafteinlage und war ausgeschlossen, soweit die Einlage geleistet worden war, § 171 Abs. 1 Hs. 2 HGB. Begründet wurde diese Ausgleichsmöglichkeit mit der Steuerlast, die für künftige Gewinne anfällt, welche der Kommanditist zum Ausgleich des negativen Kapitalkontos in der Gesellschaft stehen lassen muss und ihm nicht gemäß § 169 Abs. 1 HGB ausgezahlt werden.[534]

Die Rechtslage wurde in der Praxis – aus heutiger Sicht missbräuchlich – durch sogenannte „Verlustzuweisungsgesellschaften" genutzt. Steuerpflichtige beteiligten sich mitunternehmerisch (als Kommanditisten) an Gesellschaften, die Verluste erwirtschaften sollten, damit diese mit anderen positiven Einkünften des Gesellschafters ausgeglichen werden konnten. Die Beteiligung an solchen Verlustzuweisungsgesellschaften führte, wirtschaftlich gesehen, zu einem zinslosen Kredit des Staates (geringere Steuerlast wegen negativer Einkünfte), der erst mit der Steuerlast bei später anfallenden Gewinnen oder dem Ausscheiden aus der Gesellschaft zurückgeführt werden musste. Dagegen bestand für den Steuerpflichtigen kein adäquates Risiko, da ein Kommanditist gemäß § 167 Abs. 3 HGB

---

532 Der Große Senat des BFH hat den Weg des § 15a EStG als „durch das Handelsrecht vorgezeichnet" bezeichnet; vgl. BGH v. 10.10.1980 – GrS 1/79, BStBl. II 1981, 164, 169 = BFHE 132, 244 = ZIP 1981, 317, 320.

533 *Arnold/Pathe*, in: Gummert, MünchAnwHdbPersG, 2005, § 9 Rn. 76; *Ratschow*, in: Blümich, § 2 EStG Rn. 140; *Weber-Grellet*, in: Schmidt, EStG, § 2 Rn. 57.

534 *Wacker*, in: Schmidt, EStG, § 15a Rn. 10.

sein negatives Kapitalkonto beim Ausscheiden nicht gegenüber der Gesellschaft ausgleichen muss.

§ 15a EStG wurde eingeführt, um diese fiskalisch ungünstige Situation zu beenden.[535] § 15a Abs. 1 EStG begrenzt die Verlustausgleichsmöglichkeit auf die Höhe des haftenden Kapitals des Gesellschafters. Verluste aus einer Kommanditbeteiligung führen danach nur dann zu einer Verringerung der Steuerlast, wenn mit dem Verlust eine wirtschaftliche Belastung des Kommanditisten verbunden ist.[536] Solange das Kapitalkonto positiv ist, können Verluste ausgeglichen werden. Weitere Verluste können gemäß § 15a Abs. 1 S. 1 EStG nur bis zum Erreichen des negativen Kapitalkontos oder gemäß § 15a Abs. 1 S. 2 EStG soweit der Kommanditist nach § 171 S. 1 HGB haften würde, ausgeglichen werden. Darüber hinausgehende Verluste können lediglich vorgetragen und später auf Gewinne angerechnet werden, die aus der Gesellschaft stammen (sog. verrechenbarer Verlust, § 15a Abs. 4 EStG). Es kommt daher für die steuerrechtliche Ausgleichsfähigkeit von Verlusten auf die Höhe des Kapitalkontos und bei mehreren Gesellschafterkonten auf die Summe der Kapitalkonten an. Entscheidend hierfür ist bei mehreren Gesellschafterkonten neben der Höhe der Konten ihre Rechtsnatur,[537] da es von dieser abhängt, ob ein Gesellschafterkonto in die Summe der Kapitalkonten einfließt.

2. Bestimmung des Kapitalkontos im Sinne von § 15a EStG

Die Höhe der ausgleichsfähigen Verluste hängt damit von der Rechtsnatur der Kapitalkonten ab. Wenn vom „Kapitalkonto im Sinne von § 15a EStG“ gesprochen wird, ist damit das Kapitalkonto des Kommanditisten im gesetzlichen System oder die Summe der Kapitalkonten in einem vertraglichen Kontenmodell gemeint.[538] Allerdings wird teilweise vertreten, dass sich die steuerrechtliche Qualifikation eines Kontos als Kapitalkonto von der handelsrechtlichen unterscheidet.[539] Sind, wie in vertraglichen Kontenmodellen üblich, mehrere Kapitalkonten vorhanden, könnte dies bedeuten, dass steuerrechtlich andere Konten in die Berechnung des einheitlichen Kapitalkontos einbezogen werden

---

535 Begr. RegE, BT-Drucks. 8/3648 S. 15; eingeführt durch Gesetz v. 20.8.1980, BGBl. I 1980, 1545 = BStBl. I 1980, 589.

536 Begr. RegE, BT-Drucks. 8/3648 S. 16 f.; BFH v. 10.7.2001, VIII R 45/98, BStBl. II 2002, 339, 341 f. = NZG 2002, 441, 442; *Kahle*, FR 2010, 773.

537 *Knobbe-Keuk*, Bilanz- und Unternehmenssteuerrecht, S. 492; *Kahle*, FR 2010, 773.

538 Vgl. BFH v. 15.5.2008 – IV R 46/05, BStBl. II 2008, 812, 814 = DStR 2008, 1577; *Heuermann*, in: Blümich, § 15a EStG Rn. 37.

539 Vgl. sogleich 4. Kapitel B.

als handelsrechtlich. Zunächst ist daher zu untersuchen, welche steuerrechtlichen Wertungen beim Kapitalkonto im Sinne von § 15a EStG eine Rolle spielen.

Das Kapitalkonto nach § 15a EStG entspricht nach überwiegender Ansicht und ständiger Rechtsprechung des BFH[540] dem aus dem Kapitalkonto in der Gesamthandsbilanz abgeleiteten Kapitalkonto in der Steuerbilanz der KG zuzüglich oder abzüglich dem Mehr- oder Minderkapitalkonto der für einen Gesellschafter geführten Ergänzungsbilanz.[541] Ausgangspunkt sind damit die im Gesellschaftsvertrag vereinbarten Gesellschafterkonten, wobei die auf diesem Konto gebuchten Posten nach steuerrechtlichen Maßstäben zu bewerten sind.[542] Hierdurch kann sich die Höhe des Kapitalkontos ändern. Auswirkungen auf die Rechtsnatur haben diese Wertungen nicht.

In der Ergänzungsbilanz sind Korrekturen enthalten, die nur den einzelnen Mitunternehmer betreffen. Sie ergeben sich in dem Fall des entgeltlichen Erwerbs eines Mitunternehmeranteils,[543] in den Fällen des § 24 UmwStG,[544] der Inanspruchnahme persönlicher Steuervergünstigungen durch einzelne Gesellschafter[545] sowie in den Fällen des § 6 Abs. 5 EStG bei steuerneutraler Übertragung eines Wirtschaftsgutes.[546] Auf die Rechtsnatur der Gesellschafterkonten wirkt sich die Ergänzungsbilanz nicht aus, sie kann aber die Höhe eines Steuerbilanzkontos und damit des Kapitalkontos im Sinne von § 15a EStG beeinflussen.[547]

---

540 BFH v. 15.5.2008 – IV R 46/05, BStBl. II 2008, 812, 814 = DStR 2008, 1577.

541 *Heuermann*, in: Blümich, § 15a EStG Rn. 36; *Grottel/Staudacher*, in: BeckBilanzKomm, § 247 Rn. 746.

542 Vgl. zu der Ermittlung des steuerlichen Gesamtgewinns der Mitunternehmerschaft *Grottel/Staudacher*, in: BeckBilanzKomm, § 247 Rn. 732.

543 Wenn ein Dritter oder bisheriger Gesellschafter einen Anteil an einer Personengesellschaft zu einem Preis erwirbt, der über oder unter dem steuerlichen Buchwert liegt, ist der Mehr- oder Minderwert in einer Ergänzungsbilanz auszuweisen, vgl. *Grottel/Staudacher*, in: BeckBilanzKomm, § 247 Rn. 748. Änderungen der Rechtsnatur der Gesellschafterkonten ergeben sich hierdurch nicht.

544 Nach § 24 UmwStG besteht ein Wahlrecht, das eingebrachte Betriebsvermögen nach dem Buchwert oder einem höheren Wert anzusetzen. Bei Ansatz eines höheren Werts kann der Unterschiedsbetrag in einer Ergänzungsbilanz ausgewiesen werden. Auswirkungen auf die Rechtsnatur der Konten hat auch dies nicht.

545 Erhöhte AfA, Sonderabschreibungen, steuerfreie Rücklagen, Investitionszulagen, *Grottel/Staudacher*, in: BeckBilanzKomm, § 247 Rn. 754.

546 *Grottel/Staudacher*, in: BeckBilanzKomm, § 247 Rn. 745.

547 Vgl. das Beispiel bei *Prinz/Thiel*, DStR 1994, 341, 344.

Nicht in das Kapitalkonto im Sinne von § 15a EStG einzubeziehen sind die zum Sonderbetriebsvermögen der Gesellschafter gehörenden Vermögensgüter, etwa Darlehensforderungen gegen die Gesellschaft.[548] Mit Blick auf die Parallele zur Kommanditistenhaftung kann dies damit begründet werden, dass der Gesellschafter mit dem Sonderbetriebsvermögen nicht den Gläubigern der Gesellschaft haftet[549] und dieses bei der Ausgleichsfähigkeit von Verlusten daher weder positiv noch negativ zu berücksichtigen ist.

Im Ergebnis wirken sich die steuerlichen Wertungen beim Ansatz einzelner Posten auf dem Kapitalkonto und die Ergänzungsbilanz nur auf die Höhe, nicht aber auf die Rechtsnatur des Kapitalkontos aus. Daher besteht zwischen der Rechtsnatur des handelsrechtlichen und des steuerlichen Kapitalkontos nach § 15a EStG kein Unterschied. Handelsrechtliche Forderungskonten bleiben bei der Bestimmung des Kapitalkontos nach § 15a EStG außer Betracht.

II. Weitere Gesellschafterkonten im Steuerrecht

Die Bedeutung der Gesellschafterkonten für weitere Normen des Steuerrechts ergibt sich häufig nicht ohne weiteres aus dem Wortlaut der Norm. Relevant werden die Konten aufgrund ihrer Auswirkungen auf die Gewinnermittlung, die Buchung von Einlagen und Entnahmen oder auch die Höhe der Eigenkapitalquote. Von Bedeutung sind Gesellschafterkonten im Rahmen[550]

548 BFH v. 14.5.1991 – VIII R 31/88, BStBl. II 1992, 167 = DStR 1991, 1344; BFH v. 15.5.2008 – IV R 46/05, BStBl. II 2008, 812 = DStR 2008, 1577, 1578; *Kahle*, FR 2010, 773, 773; *Kolbeck*, DB 1992, 2056; *Röhrig/Doege*, DStR 2006, 489, 493.

549 Für jeden Anknüpfungspunkt der Gesellschafterkonten ist spezifisch zu entscheiden, ob Sonderbetriebsvermögen eine Rolle spielt. Zum Sonderbetriebsvermögen gehören Mittel, die nicht zum Gesamthandsvermögen der Gesellschaft gehören, aber vom Gesellschafter der Personengesellschaft zur Verfügung gestellt werden. Das Sonderbetriebsvermögen wird steuerrechtlich in das Betriebsvermögen der Gesellschaft und für die Gewinnermittlung durch Betriebsvermögensvergleich mit einbezogen, vgl. §§ 4 Abs. 1, 5 Abs. 1 S. 1, 15 Abs. 1 S. 1 Nr. 2 EStG; vgl. zu den Unterschieden bei der Anwendung von § 15 a EStG mit bzw. ohne Berücksichtigung der Sonderbilanz das Beispiel bei *Niehus/Wilke*, Besteuerung der PersG, J V, S. 307.

550 Aufzählung nach *Altendorf*, GmbH-StB 2009, 101; *Engelberth*, NWB 2011, 1808; *Ley*, DStR 2009, 613; *Pohl*, NWB 2008, 3915 f.; *Röhrig/Doege*, DStR 2006, 489, 492; vgl. im Einzelnen die Beispiele *Röhrig/Doege*, DStR 2006, 489, 493 ff.

- der Einbringung qualifizierter Sachgesamtheiten in eine Personengesellschaft, § 24 UmwStG,[551]
- der Behandlung von Sollbuchungen nach § 4 Abs. 4a EStG,[552]
- der Behandlung der Verzinsung aktivischer (negativer) Gesellschafterkonten,[553]
- der Behandlung der Finanzierungsaufwendungen im Falle einer refinanzierten Rückführung eines Gesellschafterkontos,[554]
- dem Veräußerungsgewinn nach § 16 Abs. 2 S. 1 EStG,[555]
- der Ermittlung des nicht entnommenen Gewinns und der Überentnahmen im Anwendungsbereich des § 34a EStG,[556]

---

551 Nach § 24 UmwStG kann der in eine Personengesellschaft eingebrachte Betrieb, Teilbetrieb oder Mitunternehmeranteil zu Buchwerten fortgeführt werden, wenn der Einbringende Mitunternehmer wird. Probleme ergeben sich, wenn die Sacheinlage teilweise einem Kapitalkonto II zugebucht wird, welches in Wahrheit ein Forderungskonto ist. Wird ausschließlich auf einem Forderungskonto gebucht, so handelt es sich in jedem Fall um einen entgeltlichen Vorgang, der nicht von § 24 UmwStG privilegiert wird. Die Buchung auf unterschiedlichen Kapitalkonten steht der Anwendung von § 24 UmwStG nicht entgegen, vgl. ausführlich *Schmitt*, in: Schmitt/Hörtnagl/Stratz, UmwG, UmwStG, § 24 UmwStG, Rn. 131.

552 § 4 Abs. 4a EStG ist die gesetzliche Fiktion, dass Überentnahmen anders als Verluste grundsätzlich nicht betrieblich veranlasst sind. Privat veranlasste Entnahmen werden von vornherein vom Betriebskostenabzug ausgenommen; § 4 Abs. 4a EStG ist daher nur zu prüfen, soweit die betriebliche Veranlassung feststeht. Werden Gewinne auf Forderungskonten gebucht, so liegt eine privat veranlasste Entnahme vor, nicht aber bei der Buchung auf Kapitalkonten; vgl. *Ley*, DStR 2003, 957, 958; *Heinicke*, in: Schmidt, EStG, § 4 Rn. 522; ausführlich hierzu *Ley*, DStR 2001, 1005 ff.

553 Vgl. dazu ausführlich *Ley*, KÖSDI 1994, 9978 ff.

554 Vgl. dazu BFH v. 26.6.2007 – IV R 29/06, BStBl. II 2008, 103 = BFHE 218, 291 = DStR 2008, 31: Die Refinanzierungszinsen sind Betriebsausgaben, wenn die Rückzahlung des Darlehens keine Entnahme ist; *Ley*, KÖSDI 1994, 9972, 9981 ff.

555 Veräußerungsgewinn ist der Betrag, um den der Veräußerungspreis nach Abzug der Veräußerungskonten den Wert des Betriebsvermögens bezogen auf den einzelnen Gesellschafter sein Kapitalkonto übersteigt. Das Kapitalkonto im Sinne von § 16 Abs. 2 EStG umfasst den Kapitalanteil in der Gesellschaftsbilanz, der Sonderbilanz und einer etwaigen Ergänzungsbilanz; vgl. *Reiß*, in: Kirchhof, EStG, § 16 Rn. 260; hierzu auch *Wendt*, Stbg 2010, 145 ff.

556 Für die Ermittlung des auf einen Mitunternehmer entfallenden Gewinns sind zunächst die auf seinen Kapitalkonten erfassten Einnahmen und Entnahmen zu berechnen, wobei deren steuerliche Bedeutung relevant ist. Hinzu kommt die Entwicklung von Einlagen und Entnahmen im Sonderbetriebsvermögen. Es kommt damit auf die Kapitalkontenentwicklung an, vgl. *Reiß*, in: Kirchhof, EStG, § 34a Rn. 54.

- der Ermittlung der Eigenkapitalquote für Zwecke der Anwendung der Zinsschranke nach § 4h EStG und
- der Besteuerung negativer Kapitalkonten eines Kommanditisten bei Wegfall des Gesellschafterkontos nach §§ 16, 34 EStG.[557]

Das verbindende Element aller hier aufgeführten steuerlichen Normen mit Bezug zu Gesellschafterkonten ist, dass es darauf ankommt, ob ein Gesellschafterkonto zum Eigen- oder Fremdkapitalbereich zählt.[558] Die steuerliche Rechtsfolge hängt damit von der Rechtsnatur der Gesellschafterkonten ab. Mithin hat die Abgrenzung von Kapital- und Forderungskonten im Steuerrecht eine vergleichbare Funktion wie im Handelsrecht, was eine Übereinstimmung der Bestimmung der Rechtsnatur handels- und steuerrechtlicher Gesellschafterkonten nahelegt. Ob die Rechtsnatur der steuerlichen Gesellschafterkonten wie die der handelsrechtlichen Gesellschafterkonten bestimmt wird, hängt davon ab, ob zwingende steuerliche Bewertungen eine Durchbrechung der festgestellten Gemeinsamkeiten erfordern.

B. Grundsätzlich keine Unterschiede bei der Rechtsnatur im Steuer- und Handelsrecht

Der Zusammenhang zwischen der handelsrechtlichen und steuerlichen Rechnungslegung wird durch den „Maßgeblichkeitsgrundsatz" geprägt. Nach § 5 Abs. 1 S. 1 EStG sind für den steuerrechtlichen Betriebsvermögensvergleich die handelsrechtlichen Grundsätze ordnungsmäßiger Buchführung zu Grunde zu legen, „es sei denn, im Rahmen der Ausübung eines steuerlichen Wahlrechts wird oder wurde ein anderer Ansatz gewählt". Somit ist die Handelsbilanz für

557 *Hottmann*, in: Zimmermann, PersG im Steuerrecht, B. 1.5.3.4.1, S. 214.

558 Nicht einbezogen werden daher die Fälle der Einbringung von Wirtschaftsgütern des Privatvermögens in das Betriebsvermögen gewerblicher Personengesellschaften, § 4 Abs. 1 S. 5, § 6 Abs. 1 Nr. 5, Abs. 6 S. 1 EStG und der Übertragung einzelner Wirtschaftsgüter im betrieblichen Bereich nach § 6 Abs. 5 S. 3 EStG, bei denen die Bedeutung der Gesellschafterkonten eine andere ist (dazu oben 3. Kapitel D.III). Bei der Übertragung oder Einbringung von Wirtschaftsgütern in das Betriebsvermögen verläuft die Trennlinie nicht zwischen Kapital- und Forderungskonten. Sowohl die Buchung auf Kapital- als auch auf Forderungskonten führt zu einer Gegenleistung der Gesellschaft. Allein die Buchung auf bestimmten, „gesamthänderisch gebundenen" Kapitalkonten soll eine andere Rechtsfolge auslösen. Damit sind die in diesem Absatz untersuchten Normen für die Funktion der Gesellschafterkonten, soweit diese in der Anknüpfung an der Rechtsnatur liegt, nicht relevant.

die Steuerbilanz maßgebend,[559] auch wenn aufgrund besonderer steuerlicher Bewertungs- und Bilanzierungsvorschriften der Zusammenhang zunehmend aufgeweicht wird.[560] Es bleibt daher zu fragen, ob das steuerliche dem handelsrechtlichen Kapitalkonto in seiner Rechtsnatur oder seiner Höhe entspricht.

Insbesondere *Ley* zieht unterschiedliche Kriterien zur Bestimmung der Rechtsnatur von Gesellschafterkonten im Handels- und Steuerrecht heran.[561] Gesellschafterkonten, die handelsrechtlich als Forderungskonten zu qualifizieren sind, seien steuerrechtlich als Kapitalkonten zu qualifizieren, wenn das Forderungskonto aufgrund gesellschaftsvertraglich zulässiger Entnahmen negativ geworden ist.[562] Handelsrechtlich sei das Gesellschafterkonto als negatives Kapitalkonto zu qualifizieren, während steuerrechtlich eine Forderung der Gesellschaft gegen den Gesellschafter vorliege. Das steuerrechtliche Gesellschafterkonto habe damit die Rechtsnatur eines Forderungskontos. *Ley* kommt zu dieser Schlussfolgerung allerdings nur aufgrund der unzutreffenden Prämisse, dass gesellschaftsrechtlich die Bestimmung der Rechtsnatur des aktivischen vom passivischen Gesellschafterkonto abweicht, während steuerrechtlich für aktivische und passivische Konten die gleichen Kriterien Anwendung fänden.[563] Das wird in dieser Arbeit bestritten (vgl. ausführlich 3. Kapitel B). Die Bestimmung der Rechtsnatur eines Gesellschafterkontos ist unabhängig davon, ob sich das Gesellschafterkonto im Soll oder Haben befindet. Es besteht daher auch kein Unterschied bei der Bestimmung der Rechtsnatur steuer- und handelsrechtlicher aktivischer Forderungskonten.

Im Ergebnis ist nicht ersichtlich, dass die steuerliche von der handelsrechtlichen Rechtsnatur abweicht. Die Rechtsnatur handels- und steuerrechtlicher

559 Vgl. nur *Niehus/Wilke*, Besteuerung der PersG, C IV.2, S. 88.

560 Vgl. hierzu *Niemeyer/Froitzheim*, DStR 2011, 538 ff.

561 Unterschiede zwischen dem handels- und steuerrechtlichen Kapitalkonto sehen auch *Kopplin/Maßbaum/Sureth* (WPg 2010, 1203, 1204). Das steuerliche Kapitalkonto werde als die Residualgröße in der Steuerbilanz definiert und umfasse die Gesamthands-, Ergänzungs- und Sonderbilanzen des Mitunternehmers. Abzugrenzen sei das steuerrechtliche Kapitalkonto weiterhin vom Kapitalkonto nach § 15a EStG. Dabei gehen auch diese Autoren davon aus, dass die Unterscheidung von Eigen- und Fremdkapital für die Bestimmung steuerrechtlicher Gesellschafterkonten von Bedeutung sei.

562 *Ley*, DStR 2003, 957, 963; *dies*, KÖSDI 1994, 9972, 9978 (die finanzgerichtliche Rechtsprechung interpretiere die Indizwirkung der Verzinsung anders als die gesellschaftsrechtliche Auffassung); hierzu auch *Rodewald*, GmbHR1998, 521, 527.

563 *Ley*, DStR 2003, 957, 963 mit Verweis auf BFH v. 27.6.1996 – IV R 80/95, BStBl. II 1997, 36 = BFHE 181, 148 = NJW-RR 1997, 352, 353.

Gesellschafterkonten wird nach den gleichen Kriterien bestimmt.[564] Die Abgrenzung von Kapital- und Forderungskonten ist nach handelsrechtlichen Kriterien vorzunehmen. Steuerliche Bewertungsansätze und die Einbeziehung von Ergänzungsbilanzen haben auf die Rechtsnatur der Gesellschafterkonten grundsätzlich keinen Einfluss (dazu bereits oben A.I.2). Zwar ist die Höhe der Gesellschafterkonten durch steuerrechtliche Bewertungsansätze veränderlich.[565] So ergeben sich Unterschiede zwischen dem handelsrechtlichen Gesamthandsvermögen und dem steuerrechtlichen Betriebsvermögen beispielsweise, wenn bilanzierungsfähiges Gesamthandsvermögen vorliegt, das steuerlich nicht als Betriebsvermögen anerkannt ist.[566] Es ist aber nicht ersichtlich, dass die steuerliche Wertung Einfluss auf die Rechtsnatur der Gesellschafterkonten hat. Auch die oben dargestellten Anwendungsbereiche der Gesellschafterkonten im Steuerrecht lassen nicht darauf schließen, dass die Rechtsnatur von handels- und steuerrechtlichen Konten unterschiedlich bestimmt wird. Wie gezeigt wurde, geht es auch im Steuerrecht grundsätzlich um die Abgrenzung von Eigen- und Fremdkapitalbestandteilen. Hierfür kann auf die handelsrechtlichen Grundsätze zurückgegriffen werden.

Soweit daher steuerrechtliche Normen an ein Gesellschafterkonto anknüpfen, für das Sonderbetriebsvermögen ohne Bedeutung ist (dazu sogleich C), gibt es keine Unterschiede in der Rechtsnatur der Gesellschafterkonten zwischen Handels- und Steuerrecht.

C. Die Auswirkung des Sonderbetriebsvermögens

Etwas anderes gilt für steuerliche Gesellschafterkonten, in die das Sonderbetriebsvermögen eines Gesellschafters einzubeziehen ist. Das Maßgeblichkeitsprinzip entfaltet hier keine Wirkung. Sonderbilanzen sind nicht von einer Handelsbilanz abgeleitet, weil es keine entsprechende Handelsbilanz gibt.[567]

So werden Verbindlichkeiten der Gesellschaft gegenüber ihrem Gesellschafter in der Handelsbilanz regelmäßig auf Forderungskonten (in der Buchführung

564 *Dötsch*, in: FS Spindler, S. 595, 600 (zu § 15a EStG); *Hottmann*, in: Zimmermann, PersG im Steuerrecht, B. 1.5.3.1.2, S. 207; *Kahle*, DStZ 2010, 720, 732; *Wüllenkemper*, BB 1991, 1904, 1909.

565 In welcher Höhe das jeweilige Konto und die verrechenbaren Verluste Bestand haben. ist streitig; vgl. etwa zu den außerbilanziellen Korrekturen zur Bestimmung des Kapitalkontos im Sinne von § 15a EStG *Kopplin/Maßbaum/Sureth*, WPg 2010, 1203, 1205 ff.

566 Hierzu *Hottmann*, in: Zimmermann, PersG im Steuerrecht, B. 1.3.2, S. 125 ff.

567 *Hottmann*, in: Zimmermann, PersG im Steuerrecht, B. 1.5.5, S. 222.

Verbindlichkeitskonten) gebucht. In der Sonderbilanz des Gesellschafters werden sie als Forderungen bilanziert.[568] In der steuerlichen Gesamtbilanz stellt die Forderung jedoch Eigenkapital dar.[569] Die Forderung gehört zivilrechtlich nicht in das Gesamthandsvermögen der Gesellschaft, sondern ist dem Gesellschafter zuzuordnen und zwar dem Bereich seiner gewerblichen Betätigung im Rahmen der Gesellschaft.[570] Für die Steuerbilanz der Mitunternehmerschaft fällt sowohl die Forderung (Verbindlichkeit) aus der Gesamthandsbilanz als auch aus der Sonderbilanz weg und das Gesamtkapitalkonto des Gesellschafters wird erhöht.[571]

Soweit eine Sonderbilanz oder die Gesamtbilanz bei der Besteuerung eine Rolle spielt, verlieren die handelsrechtlichen Abgrenzungskriterien damit ihre Bedeutung für das spezifische steuerrechtliche Gesellschafterkonto. So geht etwa die Bundessteuerberaterkammer von einem unterschiedlichen Eigenkapitalbegriff bei § 15a EStG (ohne Einbeziehung von Sonderbetriebsvermögen) und § 4 Abs. 4a EStG (mit Einbeziehung von Sonderbetriebsvermögen) aus.[572] Es ist durch Auslegung der steuerrechtlichen Norm zu ermitteln, welche Konten den handelsrechtlichen Ansätzen folgen und welche durch Einbeziehung des Sonderbetriebsvermögens eine eigenständige Wertung erfordern.

Aus der oben genannten Liste von Normen, für die Gesellschafterkonten eine Rolle spielen, sind Sonderbilanzen relevant für

- § 16 Abs. 2 EStG,
- § 34a EStG[573] und
- § 4h EStG.[574]

---

568 *Hottmann*, in: Zimmermann, PersG im Steuerrecht, B. 1.5.3.1.2, S. 207; B. 1.3.3.7.3, S. 176 f.; *Wacker*, in: Schmidt, EStG, § 15 Rn. 540.

569 *Hottmann*, in: Zimmermann, PersG im Steuerrecht, B. 1.5.3.1.2, S. 207; B. 1.3.3.7.3, S. 176 f.; *Wacker*, in: Schmidt, EStG, § 15 Rn. 540. Nicht zum Sonderbetriebsvermögen gehören hingegen Forderungen aus laufenden Lieferungen und Leistungen, die wirtschaftlich nicht mit dem Gesellschaftsverhältnis zusammengehören und einem Drittvergleich standhalten sowie sonstige Forderungen, die nicht durch das Gesellschaftsverhältnis veranlasst sind, vgl. B. 1.3.3.7.4, S. 185.

570 Vgl. zu diesen Voraussetzungen *Niehus/Wilke*, Besteuerung der PersG, C II.2, S. 69.

571 *Niehus/Wilke*, Besteuerung der PersG, C III.2, S. 86 f.

572 Bundessteuerberaterkammer, Hinweis v. 2./3.3. 2006, DStR 2006, 668, 669.

573 *Wacker*, in: Schmidt, EStG, § 34a Rn. 24.

574 Positives Sonderbetriebsvermögen erhöht das Eigenkapital des Gesellschafters, Fremdverbindlichkeiten, etwa zur Finanzierung der Beteiligung, mindern es, vgl. *Seiler*, in: Kirchhof, EStG, § 4h Rn. 48.

Keine Rolle spielen Sonderbilanzen für

- die Berechnung des Kapitalkontos i. S. v. § 15a EStG,
- das negative Kapitalkonto des Kommanditisten bei der Berechnung eines etwaigen Veräußerungs- oder Aufgabegewinns nach §§ 16, 34 EStG[575] und
- die Frage der Fortführung zu Buchwerten nach § 24 UmwStG.

Für diese Normen entspricht die Rechtsnatur der Gesellschafterkonten im Steuerrecht daher der Rechtsnatur im Handelsrecht.

575 *Hottmann*, in: Zimmermann, PersG im Steuerrecht, 1.5.3.4.1, S. 214.

5. Kapitel Gesellschafterkonten mittelbarer Unternehmensbeteiligungen

Neben der oHG und KG, die bisher im Mittelpunkt standen, sind Gesellschafterkonten auch für mittelbar an der Gesellschaft Beteiligte zu bilden.[576] Bedeutung im Hinblick auf die Gesellschafterkonten haben die stille Gesellschaft, die atypische stille Gesellschaft und Genussrechte, die sowohl wesentliche Merkmale von Eigenkapital als auch von Fremdkapital enthalten.[577] Mittelbare Unternehmensbeteiligungen bilden jedoch keine dritte Kategorie des Kapitals neben Eigen- und Fremdkapital,[578] sondern müssen den dichotomen Bereichen zugeordnet werden.[579] Das führt zu Problemen, da mittelbare Unternehmensbeteiligungen darauf angelegt sind, Elemente von Eigen- und Fremdkapital zu verbinden.[580] Bilanziell sollen sie als Eigenkapital das Rating des emittierenden Unternehmens verbessern, steuerlich sollen die Finanzierungskosten beim Investor abzugsfähig sein.[581]

Mittelbare Beteiligungen sind in der Buchführung der emittierenden Gesellschaft zu erfassen und in der Bilanz auszuweisen.[582] Für den stillen Gesellschafter oder Genussrechtsinhaber sind daher Gesellschafterkonten beim Geschäftsinhaber oder Emittenten zu führen. Darüber hinaus können auch die über die mittelbare Beteiligung entstandenen Innengesellschaften Bücher und damit

---

576 Mittelbar an der Gesellschaft Beteiligte sind – in Abgrenzung zu den unmittelbar wirtschaftlich und dinglich beteiligten Gesellschaftern eines Unternehmensträgers – nur wirtschaftlich am Unternehmensvermögen beteiligt, *Karsten Schmidt*, in: MünchKommHGB, vor § 230 Rn. 1; zu den mittelbaren Beteiligungen zählen der Nießbrauch, die Treuhand und die Unterbeteiligung am Gesellschaftsanteil, sowie Genussrechte und die stille Gesellschaft.

577 Vgl. *Schrecker*, Mezzanine-Kapital, S. 1; der Begriff „mezzanine" ist abgeleitet vom italienischen Wort für Zwischenstockwerk, „il mezzanino"; andere Mezzaninefinanzierungen sind Wandel- und Optionsanleihen, sogenannte „ewige Anleihen" (*perpetual bonds*) und Nachrangkapital, vgl. *Breuninger/Prinz*, DStR 2006, 1345, 1346.

578 *Schrecker*, Mezzanine-Kapital, S. 19; *Küting/Kessler*, BB 1994, 2103, 2104.

579 *Schrecker*, Mezzanine-Kapital, S. 19 f.

580 *Breuninger/Prinz*, DStR 2006, 1345.

581 *Breuninger/Prinz*, DStR 2006, 1345.

582 Vgl. zur stillen Gesellschaft *Gehrlein*, in: E/B/J/S, § 232 Rn. 3 f.; *Polzer/Gaffron*, in: MünchHdbGesR II, § 84 Rn. 1; *Karsten Schmidt*, in: MünchKommHGB, § 232 Rn. 11; zum Genussrecht *Johannemann*, in: Lüdicke/Sistermann, § 10 Rn. 22 ff.

Gesellschafterkonten führen. Dies wird hier unter der Frage diskutiert, ob und welche Gesellschafterkonten die atypische stille Gesellschaft führt (dazu unten B.II).

Im Mittelpunkt des Folgenden stehen die Gesellschafterkonten der mittelbaren Beteiligungen beim Geschäftsinhaber oder Emittenten.[583] Dabei soll nicht die allgemeine Diskussion um die Eigen- oder Fremdkapitaleigenschaft der mittelbaren Beteiligungen aufgegriffen werden,[584] sondern die Rechtsnatur der Gesellschafterkonten der mittelbar Beteiligten im Blickpunkt stehen. Neben der typischen stillen Gesellschaft werden die atypische stille Gesellschaft und Genussrechte untersucht.

A. Typische stille Gesellschaft

Die stille Gesellschaft nach dem gesetzlichen Leitbild der §§ 230 ff. HGB wird als typische stille Gesellschaft bezeichnet.[585] Voraussetzung einer stillen Gesellschaft ist, dass der Inhaber eines Handelsgeschäfts mit einem anderen, dem stillen Gesellschafter, zur Erreichung eines gemeinsamen Zwecks einen Gesellschaftsvertrag schließt, nach dem der stille Gesellschafter ohne Bildung eines gemeinsamen Gesellschaftsvermögens mit einer Einlage beteiligt ist und hierfür eine Gewinnbeteiligung erhält.[586] Die stille Gesellschaft ist eine Innengesellschaft und tritt nach außen nicht in Erscheinung.[587] Sie bildet kein eigenes Gesellschaftsvermögen[588] und ist keine Handelsgesellschaft im Sinne des HGB.[589] Sie ist demzufolge

583 Eine andere Frage ist die Aktivierung beim mittelbar Beteiligten, vgl. etwa *Blaurock*, Stille Gesellschaft, Rn. 123.

584 Diese Frage ist im Handels- wie im Steuerrecht umstritten; vgl. aus der neuern Literatur *Bogenschütz*, Neuausrichtung, S. 26 ff.; *Hoerning*, Hybrides Kapital, S. 59 ff.; *Schrecker*, Mezzanine-Kapital, S. 39 ff.; der Gesetzgeber hat auf eine Regelung im BilMoG ausdrücklich verzichtet, RegE v. 30.7.2008, BT-Drs. 16/10067, S. 38.

585 *Keul*, in: MünchHdbGesR II, § 73 Rn. 29; *Karsten Schmidt*, in: MünchKommHGB, § 230 Rn. 70.

586 Definition nach *Karsten Schmidt*, in: MünchKommHGB, § 230 Rn. 2. Das Gesetz hält in den §§ 230 ff. keine gesetzliche Definition vor, vgl. auch *Blaurock*, Stille Gesellschaft, Rn. 4.1.

587 *Blaurock*, Stille Gesellschaft, Rn. 4.10; *Karsten Schmidt*, in: MünchKommHGB, § 230 Rn. 7.

588 *Karsten Schmidt*, in: MünchKommHGB, § 230 Rn. 9.

589 *Karsten Schmidt*, in: MünchKommHGB, § 230 Rn. 10.

nicht rechnungslegungspflichtig.[590] Daraus folgt, dass die stille Gesellschaft selbst keine Gesellschafterkonten führt.

I. Gesellschafterkonten beim Geschäftsinhaber

Die Einlage des stillen Gesellschafters ist Fremdkapital beim Geschäftsinhaber und als solches zu bilanzieren.[591] In der Buchführung des Geschäftsinhabers wird sie auf einem Gesellschafterkonto geführt,[592] das als „Einlagekonto" bezeichnet wird.[593] Neben dem Einlagekonto erhält der stille Gesellschafter regelmäßig ein weiteres Gesellschafterkonto, auf dem seine Gewinnanteile gebucht werden, soweit das Einlagekonto die Höhe der vereinbarten Einlage erreicht hat.[594] Dies folgt aus § 232 Abs. 3 HGB, demzufolge der dem stillen Gesellschafter zukommende Gewinnanteil seine Einlage nicht erhöht, sofern nicht ein anderes vereinbart ist. Gewinnanteile sind damit nicht dem Einlagenkonto sondern einem zweiten Gesellschafterkonto gutzuschreiben.

Der stille Gesellschafter nimmt gemäß § 232 HGB mit seiner Einlage am Gewinn- und Verlust der Gesellschaft teil, wobei die Verluste dem Einlagekonto des Gesellschafters zu belasten sind.[595] So kann aufgrund von Verlusten ein negatives Einlagenkonto entstehen.[596] Es muss im Fall der Liquidation oder des Ausscheidens aus der Gesellschaft jedoch nicht ausgeglichen werden.[597] Der stille Gesellschafter haftet wie der Kommanditist im gesetzlichen System weder im Außenverhältnis noch im Innenverhältnis über den Betrag seiner Einlage hinaus. Von der Rechtstellung des Kommanditisten unterscheidet den stillen Gesellschafter in der Insolvenz aber, dass dieser seine nicht durch Verluste aufgezehrte

590 *Blaurock*, Stille Gesellschaft, Rn. 13.94; *Karsten Schmidt*, in: MünchKommHGB, § 230 Rnrn. 11, 186.

591 *Karsten Schmidt*, in: MünchKommHGB, § 230 Rn. 187.

592 *Blaurock*, Stille Gesellschaft, Rn. 13.100.

593 *Blaurock*, Stille Gesellschaft, Rn. 13.100; *Blaurock* schlägt weiterhin vor, das Einlagekonto in die Unterkonten Pflichteinlage, Verlustvortrag und Entnahmen zu teilen; Koller/*Kindler*/Roth/Morck, § 232 Rn. 5.

594 *Blaurock*, Stille Gesellschaft, Rn. 13.100; *Keul*, in: MünchHdbGesR II, § 85 Rn. 30.

595 Koller/*Kindler*/Roth/Morck, HGB, § 232 Rn. 5.

596 **Str.**; unterschiedliche Ansichten zur Zulässigkeit bestehen für Kapitalgesellschaften (ablehnend insoweit *Blaurock*, Stille Gesellschaft, Rn. 13.138; *Polzer/Gaffron*, in: MünchHdbGesR II, § 84 Rn. 18) und Personengesellschaften (befürwortend hier *Blaurock*, Stille Gesellschaft, Rn. 13.141).

597 Koller/*Kindler*/Roth/Morck, HGB, § 235 Rn. 8.

Einlage im Insolvenzverfahren geltend machen kann, § 236 HGB.[598] Die stille Einlage nimmt damit laufend, nicht aber abschließend, an den Verlusten der Gesellschaft teil.

II. Die „Einlage" des stillen Gesellschafters als Fremdkapital

Die Einlage des typischen stillen Gesellschafters ist beim Geschäftsinhaber als Fremdkapital zu bilanzieren.[599] Diese Qualifikation der Einlage ist nahezu unstreitig, soweit die Verlustbuchung, anders als im gesetzlichen Regelfall vorgesehen, ausgeschlossen ist. Eine Finanzierung, die weder laufend noch abschließend mit Verlusten verrechnet wird, ist in der Regel kein Bestandteil des Eigenkapitals (vgl. 2. Kapitel J). Da es bei der typischen stillen Gesellschaft auch an sonstigen Umständen fehlt, die eine Qualifikation der Einlage als Eigenkapital nahe legen, ist sie als Fremdkapital einzuordnen.

Umstritten ist die Behandlung der Einlage, die von Verlusten aufgezehrt werden kann. In diesem Fall wird teilweise angenommen, dass die Einlage des stillen Gesellschafters Eigenkapital der Gesellschaft sei.[600] Nach anderer Auffassung ist für die Qualifikation als Eigenkapital zusätzlich erforderlich, dass die Einlage des Stillen entgegen § 236 HGB in der Insolvenz nur nachrangig befriedigt wird.[601] Das Kapital des stillen Gesellschafters unterliege dann demselben Verlust- und Insolvenzrisiko wie das des Kommanditisten.[602] Gegen die Ansicht, die typische stille Gesellschaft mit Verlustbeteiligung als Eigenkapital zu qualifizieren spricht aber vor allem, dass die typische stille Gesellschaft als Innengesellschaft schuldrechtlichen Charakter hat.[603] Dem typischen stillen Gesellschafter wird

---

598 Hier liegt ein wesentlicher Unterschied zum Kommanditisten, dessen Einlage in der Insolvenz regelmäßig verloren ist.

599 *Karsten Schmidt*, in: MünchKommHGB, § 230 Rn. 170, 187; *Winnefeld*, in: BilanzHdb, Kapitel L Rn. 230.

600 OLG Brandenburg v. 26.11.1997 – 7 U 39/97, NZG 1998, 306; *Groh*, BB 1993, 1882, 1891; *Knobbe-Keuk* ZIP 1983, 127, 129 f. (einschränkend allerdings, dass diese stillen Einlagen nur „so gut wie Eigenkapital" sind); *Schön*, ZGR 1990, 220, 229, 247; *Lutter*, DB 1994, 2441, 2444 stellt diese Einordnung sogar als weitgehend unstreitig dar.

601 *Polzer/Gaffron*, in: MünchHdbGesR II, § 84 Rn. 12; *Karsten Schmidt*, in: MünchKommHGB, § 230 Rn. 171; *Winnefeld*, in: BilanzHdb, L Rn. 232; *Schmid/Hamann*, DStR 1992, 950, 953.

602 *Karsten Schmidt*, in: MünchKommHGB, § 230 Rn. 171.

603 Vgl. *Karsten Schmidt*, in: MünchKommHGB, § 230 Rn. 170.

gesetzlich die Gläubigerstellung zugewiesen,[604] die er zumindest in der Insolvenz des Geschäftsinhabers auch bei einer sonstigen Verlustbeteiligung nicht aufgibt.

III. Rechtsnatur der Gesellschafterkonten beim Geschäftsinhaber

1. *Einlagekonto*

Entsprechend der Einordnung der stillen Einlage als Fremdkapital ist das positive Einlagekonto des typischen stillen Gesellschafters als Forderungskonto zu qualifizieren.[605] Das Forderungskonto dokumentiert den für die Dauer der Beteiligung geleisteten Beitrag des stillen Gesellschafters und hat als Fremdkapital Forderungscharakter.

Wird das Einlagekonto des Kommanditisten durch Verluste aufgezehrt,[606] ändert es seine Rechtsnatur und ist – als negatives Konto – als Kapitalkonto zu qualifizieren. Dafür sprechen zwei Gründe: Zum einen ist der stille Gesellschafter mit negativem Einlagekonto nicht zu Nachschüssen verpflichtet. Die Gesellschaft erwirbt aufgrund der Verlustbuchung keine Forderung gegen den Gesellschafter,[607] die auf einem Forderungskonto dargestellt werden müsste. Das negative Einlagekonto hat zum anderen das Eigenkapital der Gesellschaft zu schmälern und ist als „nicht durch Eigenkapital gedeckter Fehlbetrag" des stillen Gesellschafters zu bilanzieren.[608] Die Buchung auf negativen Forderungskonten und entsprechende Bilanzierung als Forderung der Gesellschaft würde ein unzutreffendes Bild von

604 *Karsten Schmidt*, in: MünchKommHGB, § 230 Rn. 170.

605 Vgl. *Blaurock*, Stille Gesellschaft, Rn. 6.84 (Konto weist eine bedingte Forderung des stillen Gesellschafters gegen den Inhaber wegen der Beteiligung aus).

606 Dem stillen Gesellschafter einer Personenhandelsgesellschaft können Verluste auch über sein Einlageguthaben hinaus zugeordnet werden (zur Zulässigkeit vgl. nur BFH v. 23.7.2002 – VIII R 36/01, NJW-RR 2003, 31). Ob das negative Einlagekonto in der Bilanz des Geschäftsinhabers als zusätzlicher Verlust des Geschäftsinhabers (so *Groh*, in: FS L. Schmidt, S. 439, 445; *Winnefeld*, in: BilanzHdb, L Rn. 248) oder dem stillen Gesellschafter zugeordnet werden muss (*Blaurock*, Stille Gesellschaft, Rn. 13.141), ist umstritten. Bei stillen Beteiligungen an Kapitalgesellschaften sind negative Einlagekonten ausgeschlossen, da ansonsten die Gefahr bestünde, dass Verluste dem stillen Gesellschafter zugewiesen würden und Ausschüttungen an die Gesellschafter unter Verletzung der Kapitalerhaltungsvorschriften erfolgen würden, vgl. *Blaurock*, Stille Gesellschaft, Rn. 13.138; *Polze/Gaffron*, in: MünchHdbGesR II, § 84 Rn. 18.

607 *Polzer/Gaffron*, in: MünchHdbGesR II, § 84 Rn. 18.

608 Str. vgl. *Blaurock*, Stille Gesellschaft, Rn. 13.137; wie hier *Polzer/Gaffron*, in: MünchHdbGesR II, § 84 Rn. 18; nach **aA** ist der Passivsaldo als zusätzlicher Verlust des Geschäftsinhabers zu bilanzieren, *Groh*, in: FS L. Schmidt, S. 439, 445.

der Lage des Unternehmens geben. Das negative Forderungskonto wäre dann als Forderung der Gesellschaft zu bilanzieren, obwohl eine Forderung gerade nicht besteht. Das negative Einlagekonto ist als daher Kapitalkonto zu qualifizieren und hat mithin eine andere Rechtsnatur als das positive Einlagekonto.

2. *Das zweite Gesellschafterkonto*

Das zweite Gesellschafterkonto des stillen Gesellschafters ist ein Forderungskonto.[609] Der stille Gesellschafter hat, soweit nichts anderes vereinbart wurde, einen Anspruch auf Auszahlung der ihm zukommenden Gewinnanteile.[610] Er nimmt mit diesen Guthaben nicht am Verlust der Gesellschaft teil. Wird das zweite Gesellschafterkonto aufgrund von Auszahlungen an den Gesellschafter negativ, behält es anders als das Einlagekonto seine Rechtsnatur. Die Gesellschaft erwirbt einen Anspruch gegen ihren stillen Gesellschafter.

Neben dem zweiten Gesellschafterkonto kann der stille Gesellschafter, ebenso wie der Kommanditist und persönlich haftende Gesellschafter, weitere Gesellschafterkonten führen. Sind weitere Gesellschafterkonten im Vertrag über die stille Beteiligung nicht vorgesehen, sind sämtliche Geschäftsvorfälle, die das Einlagekonto nicht berühren auf dem zweiten Konto zu buchen. Eines weiteren Forderungskontos bedarf es in diesem Fall nicht.[611]

B. Atypische stille Gesellschaft

Die atypische stille Gesellschaft, die in der Praxis häufiger vorkommt als die typische,[612] unterscheidet sich von der typischen in der Ausgestaltung der Gesellschafterrechte. Dabei gibt es nicht „die“ atypische stille Gesellschaft und nicht jede Abweichung von der gesetzlichen Regelung macht eine typische stille zur atypischen stillen Gesellschaft.[613] Handelsrechtlich kann von einer atypischen stillen Gesellschaft gesprochen werden, wenn dem stillen Gesellschafter über die §§ 230 ff. HGB hinaus unternehmerische Rechte oder eine Beteiligung am Vermögen des Geschäftsinhabers gewährt werden oder das stille Gesellschaftsverhältnis als Verband ausgestaltet ist.[614] Das ist insbesondere dann der Fall, wenn

609 Vgl. *Blaurock*, Stille Gesellschaft, § 13 Rn. 13.142; *Gehrlein*, in: E/B/J/S, § 232 Rn. 24.

610 Vgl. *Karsten Schmidt*, in: MünchKommHGB, § 232 Rn. 29.

611 **AA** wohl *Keul*, in: MünchHdbGesR II, § 85 Rn. 31, der zwischen dem Gewinnkonto und einem weiteren Darlehenskonto differenziert.

612 *Schulze-Osterloh*, in: FS Kruse, S. 377.

613 *Karsten Schmidt*, in: MünchKommHGB, § 230 Rn. 74.

614 *Karsten Schmidt*, in: MünchKommHGB, § 230 Rn. 76 ff.

dem stillen Gesellschafter Geschäftsführungs- oder Vertretungsbefugnis für das Unternehmen des Geschäftsinhabers erteilt wird[615] und die Vermögensrechte des stillen Gesellschafters auf die Beteiligung an den stillen Reserven ausgeweitet werden. Ob eine stille Gesellschaft als atypische stille Gesellschaft ausgestaltet ist, kann folglich nur durch Auslegung der gesellschaftsvertraglichen Gestaltung bestimmt werden.

Wesentliche Bedeutung hat die Unterscheidung von typischer und atypischer stiller Gesellschaft im Steuerrecht. Steuerrechtlich ist von einer atypischen stillen Gesellschaft auszugehen, wenn der stille Gesellschafter Mitunternehmer im Sinne von § 15 Abs. 1 Nr. 2 EStG ist.[616] Während der typische stille Gesellschafter nur Einkünfte aus Kapitalvermögen erzielt (§ 20 Abs. 1 Nr. 4 EStG), erhält der atypische stille Gesellschafter Einkünfte aus Gewerbebetrieb.[617] Voraussetzung der Mitunternehmerschaft sind die Mitunternehmerinitiative und das Mitunternehmerrisiko des stillen Gesellschafters.[618]

I. Gesellschafterkonten beim Geschäftsinhaber

Gesellschafterkonten werden auch für den atypischen stillen Gesellschafter beim Geschäftsinhaber geführt. Anders als die typische stille Einlage, kann die Einlage des atypischen stillen Gesellschafters abhängig von der Ausgestaltung der Beteiligung als Eigenkapital beim Geschäftsinhaber qualifiziert werden.[619] Die Rechte und Pflichten des atypischen stillen Gesellschafters können so weit denen der Kommanditisten angenähert werden, dass der einzige Unterschied zwischen Kommanditist und stillem Gesellschafter in der Publizität und der damit verbundenen Außenhaftung besteht. Dieser Unterschied rechtfertigt indes keine strukturelle Ungleichbehandlung, nach der die stille Einlage stets Fremdkapital und die Einlage des Kommanditisten Eigenkapital ist.[620] Werden die Rechte und Pflichten des atypischen stillen Gesellschafters denen des Kommanditisten angeglichen, übernimmt die Einlage des atypischen stillen Gesellschafters die Funktion von Eigenkapital und ist daher auf einem Kapitalkonto zu buchen.

615 *Roth*, in: Baumbach/Hopt, § 230 Rn. 14.

616 *Blaurock*, Stille Gesellschaft, Rn. 13.107.

617 *Froning*, in: Sudhoff, Unternehmensnachfolge, § 43 Rn. 24; *Grottel/Staudacher*, in: BeckBilanzKomm, § 247 Rn. 724.

618 St. Rspr.; vgl. nur BFH Beschluss v. 25.6.1984 – GrS 4/82, BFHE 141, 405, 440 = NJW 1985, 93, 96; BFH v. 31.5.212 – IV R 40/09, BFH/NV 2012, 1440; vgl. zu den Einzelheiten *Niehus/Wilke*, Besteuerung der PersG, B III, S. 47 ff.

619 **AA** *Groh*, BB 1993, 1882, 1891 f.; *Westerfelhaus*, DB 1988, 1173, 1178.

620 So aber *Knoche*, BB 1972, 656.

Entscheidendes Kriterium für die Qualifikation als Eigenkapital ist die Teilnahme am Verlust im Zeitpunkt der Auflösung der Gesellschaft. Nach der oben dargestellten Bestimmung von Kapital- und Forderungskonten[621] ist daher die Einlage des atypischen stillen Gesellschafters zwingend auf einem Kapitalkonto zu buchen, wenn sie laufend und abschließend mit Verlusten verrechnet wird. Das Einlagekonto ist aber auch dann ein Kapitalkonto, wenn dem Gesellschafter Teilhaberechte eingeräumt wurden, die ihn einem Kommanditisten gleichstellen.[622] Es ist im Einzelfall anhand der hier und im 2. Kapitel genannten Kriterien zu ermitteln, ob die Einlage die Funktion von Eigenkapital übernimmt.

Neben dem Einlagekonto, das für den atypischen stillen Gesellschafter regelmäßig als Kapitalkonto geführt wird, können weitere Konten geführt werden. So werden Gewinnanteile in der Regel nicht dem Einlagenkonto, sondern, soweit sie nicht entnommen werden, einem Forderungskonto gutgeschrieben. Die Gesellschafterkonten des stillen Gesellschafters können, wie die der Kommanditisten und Komplementäre, beliebig ausgestaltet werden.

II. Eigene Gesellschafterkonten der atypischen stillen Gesellschaft

Von der Frage, welche Gesellschafterkonten beim Geschäftsinhaber zu führen sind, ist die Frage zu trennen, ob die atypische stille Gesellschaft selbst Rechnung legen kann und damit Gesellschafterkonten führt. Dabei ist zu trennen zwischen der gesetzlichen Pflicht zur Rechnungslegung und dem praktischen Bedürfnis der Adressaten dieser Rechnungslegung.

1. Keine handelsrechtliche Buchführungspflicht

Die atypische stille Gesellschaft ist weder bilanzierungs- noch buchführungspflichtig,[623] weil sie auch in der atypischen Variante eine Innengesellschaft[624] und kein Kaufmann ist.[625] Sie fällt daher nicht in den Anwendungsbereich der §§ 238 ff.

---

621 2. Kapitel J.

622 Vgl. hierzu oben 2. Kapitel F.II.2.

623 Ganz h. M. vgl. nur *Blaurock*, Stille Gesellschaft, Rn. 13.94; sie kann aber zum Zweck der Gewinnberechnung nach § 232 HGB im Innenverhältnis Rechnung legen, *Gschwendtner*, DStZ 1998, 335, 340; eine eigenständige Gewinnermittlung der typischen stillen Gesellschaft wird insbesondere dann erforderlich sein, wenn sich die Beteiligung nur auf bestimmte Bereiche des Geschäftsinhabers beschränkt, vgl. hierzu *Groh*, in: FS Kruse, S. 417, 421 f.

624 *Karsten Schmidt*, in: MünchKommHGB, § 230 Rn. 186.

625 *Keul*, in: MünchHdbGesR II, § 85 Rn. 11.

HGB.[626] Der Gewinn der atypischen stillen Gesellschaft kann auch mittels einer internen Nebenrechnung zur Handelsbilanz des Geschäftsinhabers ermittelt werden.

Von dieser handelsrechtlichen Sichtweise hat sich die steuerrechtliche Praxis entfernt. Vielfach wird eine eigene Steuerbilanz der atypischen stillen Gesellschaft für erforderlich gehalten.[627] Auch die Rechtsprechung, die ursprünglich eine eigene Steuerbilanz der atypischen stillen Gesellschaft abgelehnt hatte,[628] sieht die atypische stille Gesellschaft als Steuerrechtssubjekt, obwohl allein der Geschäftsinhaber die Geschäfte führt.[629] Für die steuerrechtliche Gleichstellung der atypischen stillen Gesellschaft mit anderen Gesamthandsgesellschaften wird angeführt, dass beide Mitunternehmerschaften seien und daher steuerrechtlich gleich behandelt werden müssten.[630] Das Gesetz unterscheitdet nicht zwischen verschiedenen Mitunternehmerschaften, mache aber deutlich, dass sich die Gewinnermittlung am Modell der Gesamthandsgesellschaft orientiert.[631] Die steuerrechtliche Bilanzierung der Mitunternehmerschaft „atypische stille Gesellschaft" muss sich daher an der steuerrechtlichen Behandlung der Gesamthandsgesellschaften ausrichten. Ob aus der Bilanzierungspflicht eine steuerrechtliche Buchführungspflicht folgt, ist umstritten.[632]

2. Gesellschafterkonten der atypischen stillen Gesellschaft als Option

Die atypische stille Gesellschaft wird steuerrechtlich als fiktive Gesamthandsgesellschaft behandelt. Als solche muss sie für steuerliche Zwecke eine Bilanz aufstellen. Teilweise wird auch handelsrechtlich gefordert, dass die atypische

---

626 *Groh*, in: FS Priester, S. 107, 108.

627 So *Blaurock*, Stille Gesellschaft, Rn. 22.24; *Groh*, BB 1993, 1882, 1892; *Schön*, BB 1985, 314; *Pyszka*, DStR 2003, 857, 858; eingehend *Gschwendtner*, DStZ 1998, 335, 340 ff.; **aA** *Döllerer*, DStR 1985, 295, 296.

628 BFH v. 2.5.1984 – VIII R 276/81, BStBl. II 1984, 820 = BFHE 141, 498 = DStR 1984, 693.

629 BFH v. 5.7.2000 – IV B 42/02, DStRE 2002, 1339, 1341.

630 *Groh*, in: FS Kruse, S. 417, 420.

631 *Groh*, in: FS Kruse, S. 417, 420.

632 **Bejahend:** *Carlé*, KÖSDI 1999, 12189, 12194; *Gschwendtner*, DStZ 1998, 335, 341 (als interne Bilanz bei größeren Gesellschaften faktisch zwingend); *Pyszka*, DStR 2003, 857, 858; *Schulze-Osterloh*, WPg 1974, 393, 398 ff.; **ablehnend** BFH v. 3.5.2000 – IV B 46/99, BStBl. II 2000, 376 = BFHE 191, 235 = DStR 2000, 1091, unter 2b; *Knobbe-Keuk*, Bilanz- und Unternehmenssteuerrecht, § 9 II 4 c, S. 408; *Döllerer*, DStR 1985, 295, 296.

stille Gesellschaft zum Zweck der Gewinnermittlung Rechnung legen müsse.[633] Die atypische stille Gesellschaft, in der der stille Gesellschafter einem Kommanditisten gleichsteht, werde zur „fiktiven Gesamthand“[634], „Innen-KG“[635] oder „virtuelle[n] Kommanditgesellschaft“.[636] Die atypische stille Gesellschaft sei zwar weiterhin Innengesellschaft und trete nach außen nicht auf. Sie werde aber wie eine Kommanditgesellschaft behandelt. Für die Gesellschafterkonten bedeutet dies Folgendes:

Soweit handelsrechtlich eine virtuelle Kommanditgesellschaft entsteht und für diese Bücher geführt werden, sind Gesellschafterkonten zu bilden. Die Gesellschafterkonten der virtuellen KG gleichen denen der gesetzestypischen KG, soweit gesellschaftsvertraglich nichts anderes vereinbart wurde. Der Geschäftsinhaber übernimmt die Rolle des unbeschränkt haftenden Komplementärs, der stille Gesellschafter diejenige des Kommanditisten.[637] Die Gesellschafterkonten des atypischen stillen Gesellschafters beim Geschäftsinhaber gleichen denen des Kommanditisten.

Die Haftung des virtuellen Kommanditisten ist wie die des atypischen stillen Gesellschafters im Außenverhältnis ausgeschlossen und im Innenverhältnis regelmäßig auf die Einlage beschränkt. Ist der atypische stille Gesellschafter dem Kommanditisten im Innenverhältnis gleichgestellt, entspricht die Handelsbilanz der atypischen stillen Gesellschaft derjenigen des Geschäftsinhabers.[638] Die im Vertrag über die stille Gesellschaft vereinbarten Gesellschafterkonten werden zu den Konten des virtuellen Kommanditisten. Ihre Rechtsnatur ändert sich nicht. Je nach Ausgestaltung des Vertrags über die stille Gesellschaft können sich aber Unterschiede ergeben.

Bedeutender sind die Unterschiede im Steuerrecht. Dort hat die Steuerbilanz der atypischen stillen Gesellschaft zur Folge, dass Einlagen und Forderungen des stillen Gesellschafters gegen den Geschäftsinhaber nicht das Betriebsvermögen mindern, sondern auf dem Kapitalkonto des stillen Gesellschafters zu buchen sind.[639] Das Betriebsvermögen der stillen Gesellschaft kann damit höher sein

---

633 *Groh*, in: FS Priester, S. 107, 108; *Gschwendtner*, DStZ 1998, 335, 340; für den Fall, dass die atypische stille Gesellschaft als „Innen-KG“ ausgestaltet ist *Karsten Schmidt*, in: MünchKommHGB, § 232 Rn. 39; *ders.*, ZHR 178 (2014), 10, 49.

634 *Groh*, in: FS Kruse, S. 417, 420.

635 Hierzu ausführlich *Karsten Schmidt*, ZHR 178 (2014), 10 ff. und insbesondere S. 48 f.

636 *Karsten Schmidt*, in: MünchKommHGB, § 230 Rn. 81.

637 *Karsten Schmidt*, in: MünchKommHGB, § 232 Rn. 39.

638 *Gschwendtner*, DStZ 1998, 335, 341.

639 *Groh*, in: FS Kruse, S. 417, 424.

als das des Geschäftsinhabers. Für den atypischen stillen Gesellschafter ist auch das Sonderbetriebsvermögen zu beachten. Die steuerrechtlichen Gesellschafterkonten der atypischen stillen Gesellschaft sind jedoch nicht originär zu bilden, sondern von denen der virtuellen Kommanditgesellschaft abzuleiten. So ist das Handelsrecht wiederum Grundlage für das Steuerrecht.

C. Genussrechte

Auch für Genussrechtsinhaber sind bei der emittierenden Gesellschaft Gesellschafterkonten zu bilden. Inhalt und Begriff des Genussrechts sind gesetzlich nicht geregelt.[640] Als Genussrechte bezeichnet werden schuldrechtliche Kapitalüberlassungsverhältnisse,[641] im Rahmen derer sich ein Genussrechtsinhaber verpflichtet, einem Emittenten Kapital zur Verfügung zu stellen. Dafür erhält der Genussrechtsinhaber gesellschaftergleiche Vermögensrechte.[642] Häufig wird eine Gewinnbeteiligung vorgesehen, nur selten werden eine Beteiligung am Liquidationserlös und Bezugsrechte vereinbart.[643] Werden neben der Gewinnbeteiligung keine gesellschaftergleichen Vermögensrechte gewährt, nähert sich das Genussrecht dem partiarischen Darlehen oder der Gewinnschuldverschreibung an.[644] Abzugrenzen ist das Genussrecht ferner von der gesellschaftsrechtlichen Beteiligung als Aktionär oder als Kommanditist.[645] Das Genussrecht darf nicht mitgliedschaftliche Rechte gleich einer Beteiligung gewähren.[646] So sollen Genussrechtsinhaber einer Aktiengesellschaft passiv an der Hauptversammlung teilnehmen dürfen, aber keine Stimmrechte bekommen können.[647]

Hauptsächlich werden Genussrechte von Kapitalgesellschaften begeben und dienen der Kapitalaufnahme am „grauen Kapitalmarkt“ außerhalb der regulierten Börsen. Allerdings können auch Personenhandelsgesellschaften Genussrechte emittieren.[648] In diesem Fall sind Gesellschafterkonten beim

---

640 *Schrecker*, Mezzanine-Kapital, S. 27; es findet aber verschiedentlich Erwähnung, vgl. nur § 221 Abs. 3 AktG, § 8 Abs. 3 S. 2 KStG, § 10 Abs. 5 KWG.

641 BGH v. 5.10.1992 – II ZR 172/91, BGHZ 119, 305 = NJW 1993, 57.

642 *Lutter*, DB 1993, 2441.

643 *Schrecker*, Mezzanine-Kapital, S. 29; *Lutter*, DB 1993, 2441, 2442.

644 *Schrecker*, Mezzanine-Kapital, S. 29.

645 *Schrecker*, Mezzanine-Kapital, S. 29.

646 BGH v. 5.10.1992 – II ZR 172/91, BGHZ 119, 305, 309 ff. = NJW 1993, 57, 59 ff.; BGH v. 9.11.1992 – II ZR 230/91, BGHZ 120, 141 ff. = NJW 1993, 400, 401.

647 *Schrecker*, Mezzanine-Kapital, S. 30.

648 *Emde*, Genußschein als Finanzierungsinstrument, S. 51; *Schrecker*, Mezzanine-Kapital, S. 31, 81 ff.; *Sethe*, AG 1993, 293, 308; *Karsten Schmidt*, JZ 1984, 771, 782; aA

Emittenten zu bilden. Diese sind bisher, soweit ersichtlich, nicht untersucht worden. Im Fokus der Debatte um Genussrechte stand ihre bilanzielle Behandlung, aus der Rückschlüsse auf die Qualifikation der für den Genussrechtsinhaber beim Emittenten geführten Gesellschafterkonten gezogen werden können.

Die Bilanzierung von Genussrechten ist maßgeblich geprägt von der Stellungnahme IDW HFA 1/94,[649] die nach der Überschrift nur für Kapitalgesellschaften gilt. Danach ist das Genussrechtskapital beim Emittenten nur dann als bilanzielles Eigenkapital zu qualifizieren, wenn es nachrangig ist,[650] die Vergütung erfolgsabhängig ist, das Kapital bis zur vollen Höhe am Verlust teilnimmt und die Kapitalüberlassung längerfristig ist.[651] Diese Kriterien entsprechen im Wesentlichen denen, die die Rechtsprechung zuvor im *Klöckner*-Urteil aufgestellt hatte. Der BGH beschäftigte sich dort ausführlich mit den möglichen Ausgestaltungen von Genussrechtskapital und seiner Qualität als materielles Haftkapital.[652] Dass Genussrechtskapital je nach Ausgestaltung Eigen- oder Fremdkapital der Gesellschaft sein kann, entspricht heute der herrschenden Ansicht.[653] Es ist die Folge der funktionalen Bestimmung des Eigenkapitals. Allerdings unterscheidet sich der personengesellschaftsrechtliche vom kapitalgesellschaftsrechtlichen Eigenkapitalbegriff.

Die Qualifikation des Genussrechtskapitals in der Bilanz von Personengesellschaften und folglich auch die Rechtsnatur der Gesellschafterkonten des Genussrechtsinhabers weichen von der Qualifikation durch die IDW-Stellungnahme zu Genussrechten ab. Während die Kriterien der Nachrangigkeit und die Verlustteilnahme auch im Personengesellschaftsrecht für den Kapitalcharakter sprechen, sind die Erfolgsabhängigkeit und Längerfristigkeit, wie oben bereits dargestellt, umstritten.[654]

Das Kriterium der Längerfristigkeit ist, insbesondere auch vor dem Hintergrund des IDW HFA 7, keine Voraussetzung für den Kapitalcharakter des

Lang, in: VertragsHdb, II G 5, S. 864 (nicht geeignet mit Ausnahme der GmbH & Co. KG); *Vollmer*, ZGR 1983, 445, 453.

649 IDW HFA 1/1994, Zur Behandlung von Genußrechten im Jahresabschluß von Kapitalgesellschaften, 11. Erg. Lfg. Sept. 1994, WPg 1994, 419 ff.

650 Befriedigung nach allen Gläubigern, deren Kapitalüberlassung kein Eigenkapital ist.

651 Vgl. auch *Große*, DStR 2010, 1397, 1398.

652 BGH v. 5.10.1992 – II ZR 172/91, BGHZ 119, 305, 309 ff. = NJW 1993, 57, 59 ff.

653 Vgl. *Schubert*, in: BeckBilanzKomm, § 247 Rn. 228; *Bigus*, DBW 67 (2007), 7, 10.

654 Vgl. dazu oben zum Kriterium der jederzeitigen Entnahmefähigkeit 2. Kapitel F.II.3.

Genussrechtskapitals.[655] Das IDW verzichtet, wie oben (2. Kapitel F.II.3). gezeigt wurde, zu Recht bei Personengesellschaften auf das Merkmal der Längerfristigkeit der Kapitalüberlassung. Das Kapital der Personengesellschaft ist frei kündbar und im Interesse der Gläubiger nicht geschützt. Die Längerfristigkeit der Kapitalüberlassung ist daher kein Kriterium für die Qualifikation als Eigenkapital. Etwas anderes kann auch nicht für den Kapitalcharakter von Genussrechten gelten.[656]

Das gleiche gilt für die Erfolgsabhängigkeit. Eine gewinnabhängige Verzinsung ist in der Personengesellschaft Indiz, nicht aber zwingendes Kriterium für einen Ausweis als Eigenkapital.[657] Das ist im Übrigen auch mit der Stellungnahme des IDW HFA zu vereinbaren. Danach soll das Kriterium der Erfolgsabhängigkeit sicherstellen, dass „zumindest die gesetzlichen Kapitalerhaltungsregeln nicht umgangen werden können".[658] Das Kriterium ist damit erfüllt, solange die Zahlungen auf das Kapital aus Eigenkapitalbestandteilen geleistet werden, die nicht besonders gegen Ausschüttung geschützt sind. Mangels gesetzlicher Kapitalerhaltungsvorschriften für die Personengesellschaft ist das Kriterium hinfällig.

Genussrechtskapital ist damit in Personengesellschaften schon unter der Voraussetzung auf Kapitalkonten zu buchen, dass es laufend und abschließend mit Verlusten verrechnet wird. Es muss weder langfristig gewährt noch erfolgsabhängig vergütet werden. Liegen diese Voraussetzungen nicht vor, ist das entsprechende Gesellschafterkonto ein Forderungskonto.

D. Zwischenergebnis zu Gesellschafterkonten bei mittelbarer Beteiligung

Soweit Gesellschafterkonten beim Geschäftsinhaber oder Emittenten zu bilden sind, sind die Einlagen entsprechend der oben im 2. Kapitel erörterten Abgrenzung auf Kapital- oder Forderungskonten zu buchen. Es können ebenso wie in der KG und oHG mehrere Gesellschafterkonten geführt werden. Werden Forderungskonten aufgrund von Verlusten negativ, bekommen sie in der Regel Kapitalcharakter und mindern das Eigenkapital der Gesellschaft.

---

655 So auch, allerdings für Personen- und Kapitalgesellschaften gleichermaßen *Schrecker*, Mezzanine-Kapital, S. 69 (allgemein), 71 (Personengesellschaften).

656 Str. vgl. im Einzelnen die Darstellung bei *Schrecker*, Mezzanine-Kapital, S. 58 ff. und die Verweise bei *Schweitzer/Volpert*, BB 1994, 821, 824 Fn. 25 und 30.

657 Zu diesem Kriterium oben 2. Kapitel G.I.

658 Vgl. IDW HFA 1/1994 unter 2.1.1.b.

Steuerrechtlich und teilweise auch handelsrechtlich wird es erforderlich sein, auch innerhalb der Innengesellschaft zwischen mittelbar Beteiligtem und Geschäftsinhaber oder Emittent Gesellschafterkonten zu führen. Sie entsprechen den Gesellschafterkonten der Kommanditgesellschaft. Sind mehrere Gesellschafter nur mittelbar an der Gesellschaft beteiligt (bspw. mehrere atypische stille Gesellschafter), können sie mit dem Geschäftsinhaber zusammen eine virtuelle Gesamthandsgesellschaft bilden. Sie hat dann neben dem Geschäftsinhaber als virtuellem Komplementär mehrere virtuelle Kommanditisten. Die Gesellschafterkonten der virtuellen Kommanditgesellschaft und diejenigen, die beim Geschäftsinhaber für den atypischen stillen Gesellschafter geführt werden, unterscheiden sich nicht.

6. Kapitel Schlussfolgerungen für die Gestaltung von Gesellschafterkontenregelungen in Gesellschaftsverträgen

Ausgangspunkt dieser Darstellung der Gesellschafterkonten war der vorläufige Befund, dass sich die tatsächliche Handhabung der Gesellschafterkonten von der gesetzlichen Regelung entfernt hat. Die auf dem Gesamthandsprinzip beruhende gesetzliche Regelung sieht vor, dass der Gesellschafter einen Wertanteil am Vermögen der Gesellschaft hat und dieser laufend auf seinem Kapitalkonto fortgeschrieben wird. In der Praxis werden dagegen verschiedene Gesellschafterkonten geführt, die dem Eigen- oder Fremdkapitalkapitalbereich zugeordnet werden müssen. Die Rechtsnatur dieser Gesellschafterkonten kann mit Hilfe der im 2. Kapitel entwickelten Kriterien bestimmt werden. Zweifelsfälle sind bei einer *ex post*-Bestimmung der Rechtsnatur aber nicht auszuschließen. Streitigkeiten über die Rechtsnatur von Gesellschafterkonten können daher nur verhindert werden, wenn bei der Vertragsgestaltung die Frage der Rechtsnatur berücksichtigt wird. Abschließend sollen daher aus den Erkenntnissen zur Rechtsnatur der Gesellschafterkonten Schlüsse für die Vertragsgestaltung gezogen werden.

A. Rechtsnatur eindeutig regeln

Das vorrangige Ziel bei der Gestaltung einer gesellschaftsvertraglichen Kontenregelung ist, die Rechtsnatur jedes Gesellschafterkontos eindeutig zu regeln, um Unsicherheiten bei der Bestimmung zu vermeiden.

Die Rechtsnatur aller Konten, die Kapitalkonten sein sollen, kann zweifelsfrei bestimmt werden, indem Verluste laufend mit ihnen verrechnet werden.[659] Sollen auf einem Kapitalkonto keine laufenden Verluste verrechnet werden, so muss vereinbart werden, dass das Konto im Fall des Ausscheidens oder der Liquidation mit anderen verlusttragenden Konten verrechnet wird. Wird dies versäumt, kann das erkennende Gericht durch Auslegung das Gesellschafterkonto ermitteln, auf dem Verluste abschließend gebucht werden. Dies hat weitreichende Folgen für dessen Rechtsnatur.[660]

659 Vgl. auch *Huber*, ZGR 1988, 1, 97.

660 So geschehen im Fall BFH v. 4.5.2000 – IV R 16-990, BStBl. II 2001, 171 = BFHE 191, 539 = DStR 2000, 1508.

Schwieriger ist, Konten im Grenzbereich zwischen Kapital- und Forderungskonto die Rechtsnatur eines Forderungskontos zuzuweisen. Anders als für Kapitalkonten gibt es – mit Ausnahme der Verbuchung von Drittgeschäften – kein Kriterium, das ein Gesellschafterkonto zwingend als Forderungskonto erkennen lässt. Soweit ausgeschlossen ist, dass das Gesellschafterkonto laufend oder final mit Verlusten verrechnet wird, Entnahmen vom Gesellschafterkonto möglich sind und an die Existenz des Gesellschafterkontos oder einem Guthaben darauf keine Gesellschafterrechte geknüpft werden, ist das Gesellschafterkonto aber eindeutig ein Forderungskonto.

B. Sonstige gesellschaftsvertragliche Regelungen anpassen

Bei der Vertragsgestaltung sollte weiterhin bedacht werden, sonstige gesellschaftsvertragliche Regelungen an die Kontenstruktur anzupassen. Dies gilt insbesondere für die vermögensrechtlichen Regelungen beim Ausscheiden eines Gesellschafters aus der Gesellschaft oder ihrer Liquidation, da ein Gesellschafterkonto, das bei Ausscheiden in die Ermittlung des Auseinandersetzungsguthabens einbezogen wird, ein Kapitalkonto ist.[661] Wird ein Gesellschafterkonto grundsätzlich als Forderungskonto behandelt, aber bei Ausscheiden oder Liquidation mit anderen Kapitalkonten verrechnet, hat es Kapitalkontencharakter. Dies hat zur Folge, dass auch weitere Normen an den Kapitalcharakter anknüpfen, soweit sie nicht disponibel sind und im Gesellschaftsvertrag abbedungen wurden.

Auch Entnahmeregelungen sollten mit der Kontenstruktur in Einklang gebracht werden. So ist nach teilweise vertretener Ansicht ein Gesellschafterkonto, von dem Entnahmen jederzeit zulässig sind, ein Forderungskonto, auch wenn es grundsätzlich als Kapitalkonto behandelt wird.[662] Das wird hier bestritten (oben 2. Kapitel F.II.3). Trotzdem sollte die Entnahme zumindest teilweise beschränkt werden, so dass die Auslegung der Kontenstruktur nicht zu einem anderen Ergebnis hinsichtlich der Rechtsnatur kommt.

---

661 Vgl. oben 2. Kapitel C.I.

662 *Potsch*, Grundfragen Kommanditistenhaftung, S. 238; *Dötsch*, in: FS Spindler, S. 595, 604; in der Tendenz ebenso *Kempermann*, FR 2008, 1113; *Scharfenberg*, sj Heft 22/2008, 20, 22.

C. Buchführung an der Kontenführung ausrichten

Schließlich sollte die Buchführung an der Kontenstruktur und der Rechtsnatur einzelner Konten ausgerichtet sein. Dies hat insbesondere Bedeutung für die Haftung des Kommanditisten. Es ist zu beachten, dass Gewinne nicht entnommen werden (auch die Buchung auf einem Forderungskonto ist eine Entnahme), soweit das Kapitalkonto die Haftsumme noch nicht erreicht hat oder hierdurch unter den Betrag der Haftsumme fällt.[663] Das heißt zwar nicht, dass sämtliche Gewinne auf verlustbeteiligten Kapitalkonten gebucht werden müssen,[664] um zu vermeiden, dass die Haftung des Kommanditisten wieder auflebt. Empfehlenswert ist aber eine Regelung, nach der Gewinne auf dem Kapitalkonto gebucht werden, soweit die Einlage den Betrag der Haftsumme noch nicht erreicht hat oder durch Entnahmen unter diesen Betrag gesunken ist. Die Buchung weiterer Gewinne hängt davon ab, ob sie zur Rücklagenbildung in der Gesellschaft verwendet werden oder den Gesellschaftern dauerhaft zur Verfügung stehen sollen. Aus Sicht des Gesellschafters ist die Buchung auf einem Forderungskonto vorzugswürdig.

Weiterhin sollte die Entnahmepraxis an der Kontenstruktur ausgerichtet werden. Auszahlungen von Forderungskonten sind grundsätzlich möglich. Entnahmen von Kapitalkonten müssen dagegen gesellschaftsvertraglich vorgesehen oder einem Beschluss der Gesellschafter überlassen worden sein.[665] Unzulässige Entnahmen sind zwingend auf einem Forderungskonto zu buchen. Zulässige Entnahmen können dagegen entweder auf Kapital- oder auf Forderungskonten gebucht werden. Insbesondere für Kommanditisten ist die Buchung entscheidend dafür, ob im Zweifel die Haftung im Außenverhältnis auflebt oder ein Rückzahlungsanspruch im Innenverhältnis entsteht. Die Buchung der Entnahme ist, soweit eine Fehlbuchung ausgeschlossen ist, entscheidend für die Rechtsfolgen des Geschäftsvorfalls.

---

663 *Huber*, ZGR 1988, 1, 98; *Wälzholz*, DStR 2011, 1861, 1865; vgl. hierzu § 172 Abs. 4 S. 2 HGB: „Das gleiche gilt, soweit ein Kommanditist Gewinnanteile entnimmt, während sein Kapitalanteil durch Verlust unter den Betrag der geleisteten Einlage herabgemindert ist, oder soweit durch die Entnahme der Kapitalanteil unter den bezeichneten Betrag herabgemindert wird".

664 So aber *Huber*, in: GS Knobbe-Keuk, S. 203, 211: Es liege im Interesse der Gesellschafter an einer angemessenen Ausstattung der Gesellschaft mit unverzinstem Risikokapital und im Interesse des Gesellschafters, dass Verluste sofort mit einer Rücklage verrechnet werden können.

665 Vgl. zur Zulässigkeit von Entnahmen von Kapitalkonten oben 2. Kapitel F.I.

D. Formulierungsvorschlag

Die Analyse der Gesellschafterkonten und der mit ihnen verbundenen typischen Probleme hat gezeigt, dass sich die gesellschaftsvertragliche Regelung der Gesellschafterkonten nicht darin erschöpfen kann, eine gewisse Anzahl von Gesellschafterkonten vorzuschreiben. Vielmehr müssen auch weitere gesellschaftsvertragliche Regelungen wie die Entnahme-, Gewinnverwendungs- und Abfindungsvorschriften sowie die tatsächlichen Buchungen abgestimmt werden. In der Praxis entstehen Probleme, wenn entweder die Rechtsnatur eines Gesellschafterkontos unklar ist oder ein Geschäftsvorfall zu buchen ist, dessen rechtliche Zuordnung unklar ist.

Das für eine Gesellschaft geeignete Kontensystem hängt von einer Vielzahl von Umständen ab. So kann in vielen Gesellschaftsverträgen ein einfaches Drei-Konten-Modell mit einem festen Kapitalkonto, einem Verlustvortragskonto und einem Forderungskonto gewählt werden, wenn problematische Buchungen nicht erwartet werden. Das ist etwa für ein Gemeinschaftsunternehmen der Fall, wenn auf den Gesellschafterkonten der paritätisch beteiligten Gesellschafter nur Einlagen, Verluste und entnahmefähige Gewinne gebucht werden sollen. Ein kompliziertes Kontensystem ist in solchen Konstellationen nicht erforderlich.

Insbesondere bei Publikumskommanditgesellschaften bietet es sich auch Transparenzgesichtspunkten an, ein ausdifferenzierten Kontensystem zu wählen, das für den Kommanditisten wie auch für den „Buchenden" möglichst verständlich ist. Ein solches Kontensystem soll soweit möglich die Rechtsfolgen der Buchung bestimmter Geschäftsvorfälle auf bestimmten Gesellschafterkonten veranschaulichen. Der folgende Formulierungsvorschlag soll daher zweierlei ermöglichen: Erstens soll die Rechtsnatur der Konten eindeutig festgelegt sein und zweitens sollen die Konten so angelegt sein, dass möglichst verschiedene Geschäftsvorfälle zutreffend eingeordnet werden können.

Vorgeschlagen wird für den Gesellschaftsvertrag einer Kommanditgesellschaft ein Sechs-Konten-Modell, bestehend aus vier Kapitalkonten und zwei Forderungskonten. Das Sechs-Konten-Modell baut auf dem Vier-Konten-Modell auf. Die folgenden Formulierungen sind angelehnt an die Formulare von *Lang* im Vertrags- und Formularbuch zum Handels-, Gesellschafts- und Bankrecht[666] und *Götze* im Münchener Vertragshandbuch, Band 1, Gesellschaftsrecht.[667] Sie beschränken sich zur Vereinfachung auf diejenigen Vertragsbestandteile, die im

666 *Lang*, in: VertragsHdb, II C 2, S. 458 ff.

667 *Götze*, in: MünchVertragsHdbGesR, III.3, S. 235 ff.

Zusammenhang mit den Gesellschafterkonten von Bedeutung sind und lassen steuerliche Bewertungen außen vor.

§ 1 Gesellschafterkonten

(1) Für jeden Gesellschafter werden ein festes Kapitalkonto, ein Rücklagenkonto, ein Entnahmekonto, ein Verlustvortragskonto, ein Verbindlichkeitskonto und ein Forderungskonto geführt.

(2) Auf dem festen Kapitalkonto werden die Einlagen gemäß § X gebucht. Das feste Kapitalkonto wird nicht verzinst und ist im Fall der Liquidation in die Berechnung des Auseinandersetzungsguthabens einzubeziehen.

(3) Auf dem Rücklagenkonto können nicht entnahmefähige Gewinne sowie Einlagen eines Gesellschafters, die keine Einlagen gemäß § X darstellen, gebucht werden.[668] Das Rücklagenkonto ist unverzinslich[669] und ist im Falle der Liquidation in die Berechnung des Auseinandersetzungsguthabens einzubeziehen.[670] Entnahmen vom Rücklagenkonto sind nur zulässig, wenn keine Verlustvorträge bestehen und die Gesellschafter mit Mehrheit der Stimmen beschließen, dass das Guthaben auf den Rücklagenkonten aller Gesellschafter um einen für alle Gesellschafter einheitlichen Prozentsatz auf die Darlehenskonten umgebucht wird.[671]

(4) Auf dem Entnahmekonto werden Entnahmen von oder Ausschüttungen an einen Gesellschafter gebucht, die im Voraus auf künftige Gewinne erfolgen.[672] Diese Auszahlungen führen nicht zu einem Rückzahlungsanspruch der Gesellschaft gegen den Gesellschafter. Ist ein Entnahmekonto negativ, kann der negative Saldo durch Einlagen des Gesellschafters oder die Buchung laufender Gewinne vermindert oder ausgeglichen werden. Das Konto ist unverzinslich und ist in die Berechnung des Auseinandersetzungsguthabens einzubeziehen.

---

668 Auf dem Rücklagenkonto kann auch ein etwaiges Agio gebucht werden.

669 Eine Verzinsung dieser Konten ist möglich.

670 Das Formular von *Lang*, in: VertragsHdb, II C 2, wirft hinsichtlich der Rücklagenkonten ein Problem auf: Die Konten sollen keine Verbindlichkeiten darstellen und nur zusammen mit der Beteiligung übertragen werden, was beides für den Kapitalkontocharakter spricht. Sie sollen aber auch einen Anspruch auf Vorabauszahlung im Fall der Liquidation begründen, was grundsätzlich für den Forderungscharakter spricht. Diese Vereinbarung führt zu Problemen bei der Bestimmung der Rechtsnatur und ist daher nicht zu empfehlen.

671 Durch diese Regelung sollte das Rücklagenkonto den Grundsätzen entsprechen, die die Rechtsprechung und Finanzverwaltung für eine „gesamthänderisch gebundene Rücklage" aufgestellt haben.

672 Grundsätzlich könnten Entnahmen, die den Kapitalanteil betreffen, auch auf dem Verlustvortragskonto gebucht werden. Unter anderem für die Haftung des Kommanditisten ist es aber wichtig zu wissen, wie hoch die aufgelaufenen Verluste sind. Um dies besser sichtbar zu machen, werden beide Konten getrennt.

(5) Auf dem Verlustvortragskonto werden die anteiligen Verluste gebucht. Das Konto ist unverzinslich und geht im Fall der Liquidation in die Berechnung des Auseinandersetzungsguthabens ein. Ist das Verlustvortragskonto negativ, werden laufende Gewinne auf diesem Konto gebucht bis das Verlustvortragskonto ausgeglichen ist. Die Gesellschafter können mit Mehrheit der Stimmen beschließen, dass die Verlustvortragskonten um einen für alle Gesellschafter einheitlichen Prozentsatz zu Lasten ihrer Rücklagenkonten vermindert oder ausgeglichen werden.

(6) Auf dem Forderungskonto werden entnahmefähige Gewinnanteile, Zinsen sowie der sonstige Zahlungsverkehr des Gesellschafters mit der Gesellschaft gebucht. Das Forderungskonto weist einen Anspruch des Gesellschafters gegen die Gesellschaft aus. Entnahmen des Gesellschafters sind nur insoweit zulässig, als dass das Forderungskonto ein Guthaben ausweist. Das Forderungskonto wird mit X Prozentpunkten über dem Basiszinssatz verzinst.

(7) Auf dem Verbindlichkeitskonto werden Entnahmen sowie Ausschüttungen an einen Gesellschafter gebucht, die weder von einem festgestellten Jahresgewinn noch von einem Guthaben auf dem Forderungskonto gedeckt sind. Ein negatives Verbindlichkeitskonto weist einen Anspruch der Gesellschaft gegen den Gesellschafter aus.[673] Das Verbindlichkeitskonto wird mit X Prozentpunkten über dem Basiszinssatz verzinst. Die Zinsen vermindern den Betrag des Verbindlichkeitskontos.

§ 2 Gewinn und Verlust

(1) Der Gewinn und Verlust der Gesellschaft wird auf die Gesellschafter nach dem Verhältnis ihrer festen Kapitalkonten aufgeteilt.

(2) Die Gewinnanteile sind den Verrechnungskonten der Gesellschafter zuzuschreiben, soweit sich aus den folgenden Bestimmungen und den Regelungen in § 1 nichts anderes ergibt.

(3) Solange Verlustvorträge bestehen, sind diese durch spätere Gewinnanteile auszugleichen. Erst nach diesem Ausgleich können Gewinnanteile den Rücklage- oder Forderungskonten zugeschrieben werden. Ist das Verbindlichkeitskonto oder das Entnahmekonto negativ, können Gewinnanteile auch diesen Konten gutgeschrieben werden.

(4) Die Gesellschafter können mit Mehrheit der Stimmen beschließen, dass ein für alle Gesellschafter einheitlicher Prozentsatz des Gewinns den Rücklagenkonten zugeschrieben wird.

---

673 Die Rückforderbarkeit muss sich nach dem Urteil des BGH v. 12.3.2013 – II ZR 73/11, NJW 2013, 2278 ausdrücklich auf dem Gesellschaftsvertrag ergeben. Die Formulierung, dass Entnahmen auf einem Darlehenskonto gebucht werden, reicht hierfür nach Auffassung des BGH zumindest in der Publikumsgesellschaft nicht aus.

§ 3 Entnahmen

(1) Guthaben auf den Forderungskonten können jederzeit entnommen werden.[674]

(2) Ein Gesellschafter kann Auszahlungen zu Lasten seines Verbindlichkeitskontos verlangen, soweit die nach Abs. 1 entnehmbaren Beträge nicht ausreichen, um die auf seine Beteiligung an der Gesellschaft und sämtliche Einkünfte daraus entfallenden Mehrsteuern und öffentlichen Abgaben zu bezahlen. Steuerentnahmen für die Zahlung von Erbschaftssteuern sind unzulässig.

Evtl.: (3) Die Gesellschafter können mit Mehrheit der Stimmen beschließen, dass unabhängig von einem im Jahresabschluss ausgewiesenen Gewinn oder Verlust Auszahlungen an die Gesellschafter vorgenommen werden, die auf dem Verbindlichkeitskonto gebucht werden und zu einer Verbindlichkeit des Gesellschafters gegenüber der Gesellschaft führen, wenn die Liquiditätslage eine solche Auszahlung zulässt.[675]

Evtl.: (4) Die Gesellschafter können mit der Mehrheit der Stimmen und mit Zustimmung aller persönlich haftenden Gesellschafter beschließen, dass unabhängig von einem im Jahresabschluss ausgewiesenen Gewinn oder Verlust Auszahlungen im Voraus auf künftige Gewinne zu Lasten des Entnahmekontos vorgenommen werden, wenn die Liquiditätslage eine solche Auszahlung zulässt.

§ 4 Auseinandersetzung/Abfindung

(1) Berechnung des Auseinandersetzungsguthabens / der Abfindung

(2) Das Forderungskonto und das Verbindlichkeitskonto bleiben bei der Berechnung des Auseinandersetzungsguthabens / der Abfindung außer Betracht. Ein Debetsaldo auf dem Verbindlichkeitskonto ist vom Gesellschafter unverzüglich nach dem

---

674 Das Recht zur Entnahme der Guthaben von Verbindlichkeitskonten kann eingeschränkt werden. *Götze*, in: MünchVertragsHdbGesR, III.3, § 12 (1), (2) differenziert insoweit zwischen Kommanditisten und persönlich haftenden Gesellschaftern.

675 Unbedingt vermieden werden sollte die Formulierung, die in den Fällen, die den Urteilen des BGH v. 12.3.2013 – II ZR 73/11, NJW 2013, 2278 und des OLG Köln v. 11.8.2003 – 18 U 13/03, BeckRS 2012, 07362 zugrunde lagen, zur Anwendung kam. Danach sollte eine Liquiditätsausschüttung auf einem „Darlehenskonto" gebucht werden. Weiter hieß es: „Sofern ein Gesellschafter im Hinblick auf das Wiederaufleben der Haftung auf diese Entnahmen verzichtet, entfällt für ihn insoweit die Bildung der Darlehensverbindlichkeit". Diese Formulierung zieht eine Verbindung von Außen- und Innenhaftung, die nur dann besteht, wenn das Konto als Kapitalkonto qualifiziert wird. In diesem Fall kann die Außenhaftung durch Entnahmen aufleben und, wenn der Gesellschaftsvertrag dies ausdrücklich vorsieht, eine Rückzahlungsverpflichtung des Gesellschafters im Innenverhältnis bestehen. Handelt es sich dagegen um ein Forderungskonto, wirkt sich das Entstehen einer Darlehensverbindlichkeit nicht auf die Außenhaftung aus. Es ist dann nicht möglich, zur Vermeidung der Außenhaftung auf die Bildung einer Darlehensverbindlichkeit zu verzichten.

Ausscheiden aus der Gesellschaft auszugleichen. Ein Guthaben auf dem Forderungskonto ist als Verbindlichkeit der Gesellschaft gegenüber dem Gesellschafter vorab zu begleichen.

Das Sechs-Konten-Modell erscheint auf den ersten Blick kompliziert. Der Vorteil dieser ausdifferenzierten Gestaltung gegenüber dem Vier-Konten-Modell ist, dass jedes Konto nur positiv oder negativ sein kann. Das feste Kapitalkonto, das Rücklagenkonto und das Forderungskonto sind stets positiv oder ausgeglichen, das Verlustsonderkonto, das Entnahmekonto und das Verbindlichkeitskonto sind stets negativ oder ausgeglichen. Die Probleme, die bei der Bestimmung der Rechtsnatur eines vom positiven ins negative wechselnden Kontos entstehen, werden so vermieden. In der folgenden Übersicht wird dargestellt, welche Geschäftsvorfälle auf den jeweiligen Konten gebucht werden. Jeder Geschäftsvorfall sollte einer der Kategorien zugeordnet werden können.

Gesellschafterkonto	**Geschäftsvorfälle**	**Rechtsnatur**
Festes Kapitalkonto	Bedungene Einlage	Kapitalkonto
Rücklagenkonto	Weitere Einlagen; nicht entnahmefähige Gewinne; Entnahmen zur Umbuchung auf Verlustvortragskonto und Verrechnungskonto, soweit ein Guthaben vorhanden ist	Kapitalkonto
Entnahmekonto	Entnahmen als Vorschuss auf künftige Gewinne	Kapitalkonto
Verlustvortragskonto	Verluste; Gewinne, soweit das Konto nicht ausgeglichen ist	Kapitalkonto
Forderungskonto	Entnahmefähige Gewinne; Zinsen; sonstiger Zahlungsverkehr zwischen Gesellschafter und Gesellschaft; Einlagen, die als „Darlehen" an die Gesellschaft geleistet werden	Forderungskonto
Verbindlichkeitskonto	Entnahmen, die zu einer Darlehensverbindlichkeit des Gesellschafters gegen den Gesellschafter führen; Zinsen auf die Darlehensverbindlichkeit	Forderungskonto

Insbesondere bei Kommanditanlagegesellschaften, an denen sich rechtlich nicht informierte Anleger beteiligen, sollten die Rechtsfolgen der Buchung auf den unterschiedlichen Konten deutlich gemacht werden. Das betrifft die im 1. Kapitel unter C.II dargestellten sechs Bereiche Insolvenz, Übertragung des

Gesellschaftsanteils, Liquidation der Gesellschaft, Ausscheiden des Gesellschafters, Haftung des Kommanditisten, Steuerrecht. Für die Kommanditisten ist insbesondere von Bedeutung, welche Buchungen zu einem Rückforderungsanspruch führen können und welche die Außenhaftung aufleben lassen. Diesen Unterschied hat der BGH im Urteil vom 12.3.2013 noch einmal herausgestellt:[676] Die Rückzahlung der Einlage, die auf einem Kapitalkonto gebucht würde, führt unter Umständen zum Aufleben der Außenhaftung. Ein Rückforderungsanspruch im Innenverhältnis entsteht nur, wenn der Vorbehalt der Rückzahlung ausdrücklich vereinbart wurde.[677]

676 BGH v. 12.3.2013 – II ZR 73/11, NJW 2013, 2278, 2279; vgl. hierzu *Karsten Schmidt*, JuS 2013, 846.

677 BGH v. 12.3.2013 – II ZR 71/11, NJW 2013, 2278, 2279.

7. Kapitel Ergebnisse

- Gesellschafterkonten lassen sich in Kapital- und Forderungskonten untergliedern. Sie haben einen Doppelcharakter: Auf der einen Seite sind sie Konten der Buchführung und für die technische Aufzeichnung von Geschäftsvorfällen zuständig. Auf der anderen Seite haben sie materielle Bedeutung für die auf ihnen gebuchten Geschäftsvorfälle.
- Die Abgrenzung von Kapital- und Forderungskonten entspricht der Abgrenzung von Eigen- und Fremdkapital. Abzustellen ist auf einen rechtsformspezifischen funktionalen Eigenkapitalbegriff, der sich vom formellen Eigenkapital unterscheidet.
- Gesellschafterkonten können nur Kapital- oder Forderungskonten sein. Misch- und Mezzaninekonten sind nicht zulässig. Es ist weder zulässig, Eigen- und Fremdkapitalbestandteile auf einem Konto zu buchen, noch ist es zulässig, einem Konto eine dritte Rechtsnatur zwischen Eigen- und Fremdkapital zuzuweisen.
- Kapital- und Forderungskonten werden in der Insolvenz, bei der Übertragung des Gesellschaftsanteils, der Liquidation der Gesellschaft und beim Ausscheiden eines Gesellschafters unterschiedlich behandelt. Ob ein Geschäftsvorfall auf einem Kapital- oder Forderungskonto gebucht wird, wirkt sich auf die Haftung des Kommanditisten und die Besteuerung aus.
- Gesellschafterkonten werden regelmäßig im Gesellschaftsvertrag geregelt. Verbreitet ist die Führung eines festen Kapitalkontos und mehrerer weiterer Kapital- und Forderungskonten. Auf das feste Kapitalkonto kann verzichtet werden, wenn die Vermögens- und Verwaltungsrechte der Gesellschafter an abstrakte Werte angeknüpft werden.
- Die Rechtsnatur von Gesellschafterkonten ist anhand des Gesellschaftsvertrags und subsidiär der gesetzlichen Regelungen zu den Gesellschafterkonten zu ermitteln. Es kommt dabei grundsätzlich auf die abstrakt zulässigen Buchungen auf einem Konto und nicht auf die konkret vorgenommenen Buchungen an.
- Ein Konto, das abschließend (d. h. bei Ausscheiden des Gesellschafters, Liquidation und Insolvenz) oder laufend mit dem auf den Gesellschafter entfallenden Verlustanteil verrechnet wird, ist ein Kapitalkonto.
- Eine Einschränkung der Entnahmerechte hat grundsätzlich keine Auswirkungen auf die Rechtsnatur eines Gesellschafterkontos. Wird die Entnahme bis zum Ausscheiden des Gesellschafters ausgeschlossen („Entnahmesperre"),

so spricht dies für den Kapitalkontencharakter des Gesellschafterkontos. Das Konto kann aber denn noch ein Forderungskonto sein.

- Auch ein Konto, von dem Entnahmen jederzeit zulässig sind, kann Kapitalkontencharakter haben. Es ist nicht zwingend ein Forderungskonto.
- Grundsätzlich wirkt sich weder der konkrete Geschäftsvorfall auf die Rechtsnatur eines Gesellschafterkontos noch das Gesellschafterkonto auf die rechtliche Einordnung des Geschäftsvorfalls aus. Zwischen einem konkreten Geschäftsvorfall und der Rechtsnatur des Gesellschafterkontos, auf dem der Geschäftsvorfall gebucht wird, besteht jedoch in drei Konstellationen ein Zusammenhang:
    - Die Rechtsnatur eines Gesellschafterkontos ist ein Indiz für die rechtliche Einordnung des Geschäftsvorfalls, der auf dem Gesellschafterkonto gebucht wird, ohne eine Fehlbuchung zu sein.
    - Die rechtliche Einordnung neutraler Geschäftsvorfälle, die sowohl auf Kapital- als auch auf Forderungskonten gebucht werden können, richtet sich nach der Rechtsnatur des Gesellschafterkontos, auf dem sie gebucht werden.
    - Ist im Gesellschaftsvertrag vorgesehen, dass auf einem Gesellschafterkonto nur ein bestimmter Geschäftsvorfall gebucht wird, entspricht die Rechtsnatur des Kontos der rechtlichen Einordnung des Geschäftsvorfalls.
- Die Rechtsnatur negativer und positiver Gesellschafterkonten ist nach den gleichen Kriterien zu bestimmen. Die Rechtsnatur negativer Forderungskonten ist damit abhängig von den abstrakt auf den Gesellschafterkonten zu buchenden Geschäftsvorfällen.
- Ob ein Forderungskonto aufgrund von gesellschaftsvertraglich zulässigen oder unzulässigen Entnahmen negativ geworden ist, hat keine Auswirkung auf seine Rechtsnatur. Unzulässige Entnahmen sind auf Forderungskonten zu buchen. Ein aufgrund unzulässiger Entnahmen negativ gewordenes Konto bildet eine Forderung der Gesellschaft gegen den Gesellschafter ab. Zulässige Entnahmen können je nach Zweck der Entnahme auf Forderungs- oder Kapitalkonten gebucht werden. Eine zulässige Entnahme von einem negativen Kapitalkonto führt zu einer Verringerung des positiven oder einer Erhöhung des negativen Eigenkapitals. Eine zulässige Entnahme von einem negativen Forderungskonto führt dazu, dass die Gesellschaft eine Forderung gegen den Gesellschafter erwirbt.
- „Liquiditätsausschüttungen“ ohne ausschüttungsfähige Gewinne sind regelmäßig Vorschüsse auf künftige Gewinne, nur durch diese auszugleichen und daher auf einem Kapitalkonto zu buchen. Im Einzelfall kann die

gesellschaftsvertragliche Gestaltung dazu führen, dass ein Rückzahlungsanspruch der Gesellschaft entsteht und die Ausschüttungen auf einem (negativen) Forderungskonto zu buchen sind.

- Die Figur der „gesamthänderisch gebundenen Rücklage“ ist begrifflich abzulehnen, da Kapitalkonten nicht gesamthänderisch gebunden sein können. Denkbar ist eine gemeinsame Rücklage, die auf einem einheitlichen Kontenblatt zusammengefasst wird. Die gemeinsame Rücklage muss auf die Gesellschafter aufgeteilt werden können. Sie hat im Zweifel Kapitalkontencharakter.
- Die Rechtsnatur der Gesellschafterkonten im Handelsrecht ist maßgeblich für die Rechtsnatur der Gesellschafterkonten im Steuerrecht. Das gilt jedoch nur insoweit, als Sonderbetriebsvermögen für die Anwendung einer Norm keine Rolle spielt.
- Der stille Gesellschafter hat beim Geschäftsinhaber zwei Gesellschafterkonten. Sowohl das Einlagekonto als auch das zweite Konto des typischen stillen Gesellschafters sind positiv Forderungskonten. Wird das Einlagekonto aufgrund von Verlusten negativ, ändert es seine Rechtsnatur und bekommt Kapitalcharakter.
- Die Einlage des atypischen stillen Gesellschafters kann Kapitalcharakter haben, wenn sie die Funktion von Eigenkapital übernimmt. Das Einlagekonto ist dann ein Kapitalkonto. Das gleiche gilt unter Umständen für das Genussrechtskapital des Genussrechtsinhabers beim Emittenten.
- Die atypische stille Gesellschaft oder eine Gruppe von atypischen stillen Gesellschaftern können mit dem Geschäftsinhaber eine virtuelle Kommanditgesellschaft bilden. Der Geschäftsinhaber übernimmt die Rolle des virtuellen Komplementärs und die atypischen stillen Gesellschafter diejenige der Kommanditisten. Die Gesellschafterkonten der Kommanditisten der virtuellen KG unterscheiden sich nicht von denen der atypischen stillen Gesellschafter beim Geschäftsinhaber.
- Bei der Gestaltung von Gesellschafterkonten im Gesellschaftsvertrag ist die Rechtsnatur der Gesellschafterkonten eindeutig zu regeln. Sonstige gesellschaftsvertragliche Regelungen, wie etwa die Berechnung des Auseinandersetzungsguthabens und die Zulässigkeit von Entnahmen, sind mit der Rechtsnatur der Gesellschafterkonten abzustimmen.

Literaturverzeichnis

Altendorf, Klaus, Aktuelle Tendenzen zur steuerlichen Behandlung von Gesellschafterkonten bei Personengesellschaften, Zugleich Anmerkung zum BFH-Urteil vom 16.10.2008 – IV R 98/06, GmbH-StB 2009, 101–106.

Baumbach, Adolf/*Hopt*, Klaus J. (Hrsg.), Handelsgesetzbuch mit GmbH & Co., Handelsklauseln, Bank- und Börsenrecht, Transportrecht (ohne Seerecht), 36. Aufl., München 2014; zitiert als: *Bearbeiter*, in: Baumbach/Hopt.

Baums, Theodor, Eigenkapital: Begriff, Aufgaben, Sicherung. ZHR 175 (2011), 160–209.

Beck'sches Handbuch der Personengesellschaften, herausgegeben von *Prinz*, Ulrich/*Hoffmann*, Wolf-Dieter, 4. Aufl., München 2014; zitiert als: *Bearbeiter*, in: BeckHdbPersG.

Beck'scher Bilanz-Kommentar, Handels- und Steuerbilanz, §§ 238 bis 339, 342 bis 342e HGB mit IFRS-Abweichungen, herausgegeben von *Förschle*, Gerhart/*Grottel*, Bernd/*Schmidt*, Stefan u. a., 9. Aufl., München 2014; zitiert als: *Bearbeiter*, in: BeckBilanzKomm.

Beck'sches Formularbuch Bürgerliches, Handels- und Wirtschaftsrecht, herausgegeben von *Hoffmann-Becking*, Michael/*Rawert*, Peter, 11. Aufl., München 2013; zitiert als: *Bearbeiter*, in: BeckFormularbuch.

Behlau, Ansgar, Verlustausgleichsbeschränkung nach § 15a EStG: Negative Tilgungsbestimmung und aktivisches Darlehenskonto, sj 2009, 22–25.

Bigus, Jochen, Zur bilanziellen Abgrenzung von Eigen- und Fremdkapital, DBW 2007, 1–22.

Bingel, Elmar/*Weidenhammer*, Simon, Ausweis des Eigenkapitals bei Personenhandelsgesellschaften im Handelsrecht, Anmerkungen zu den Hinweisen der Bundessteuerberaterkammer, DStR 2006, 675–679.

Bitz, Horst, Darlehensgewährung einer Personengesellschaft an ihren Gesellschafter, DStR 1994, 1221, 1222.

Blaurock, Uwe, Handbuch Stille Gesellschaft, 7. Aufl., Köln 2010; zitiert als: *Blaurock*, Stille Gesellschaft.

Blümich, Einkommensteuergesetz, Körperschaftsteuergesetz, Gewerbesteuergesetz, herausgegeben von *Heuermann*, Bernd/*Brandis*, Peter, Loseblatt, Stand: 128. Ergänzungslieferung Mai 2015, München; zitiert als: *Bearbeiter*, in: Blümich.

Bogenschütz, Nina, Neuausrichtung des Eigenkapitalbegriffs, Dogmatische Überlegungen im Lichte hybrider Finanzierungen, Frankfurt am Main 2008; zitiert als: *Bogenschütz*, Neuausrichtung.

Breuninger, Gottfried/*Prinz*, Ulrich, Ausgewählte Bilanz- und Steuerrechtsfragen von Mezzaninefinanzierungen, DStR 2006, 1345–1349.

Bundesministerium der Finanzen

- BMF Schreiben v. 24.11.1993, Umfang des Kapitalkontos i S. d. § 15a Abs. 1 Satz 1 EStG, DStR 1993, 1859–1860.
- BMF Schreiben v. 29.3.2000, Behandlung der Einbringung einzelner zum Privatvermögen gehörender Wirtschaftsgüter in das betriebliche Gesamthandsvermögen einer Personengesellschaft als tauschähnlicher Vorgang; Anwendung des BFH-Urteils vom 19. Oktober 1998 – VIII R 69/95 -, BStBl. I 2000, 462.
- BMF Schreiben v. 11.7.2011, Behandlung der Einbringung zum Privatvermögen gehörender Wirtschaftsgüter in das betriebliche Gesamthandsvermögen einer Personengesellschaft, BStBl. I 2011, 713.
- BMF Schreiben v. 8.12.2011, Zweifelsfragen zur Übertragung und Überführung von einzelnen Wirtschaftsgütern nach § 6 Abs. 5 EStG, DStR 2011, 2401–2407.

Bundessteuerberaterkammer, Hinweise der Bundessteuerberaterkammer zum Ausweis des Eigenkapitals bei Personenhandelsgesellschaften im Handelsrecht vom 2./3. März 2006, DStR 2006, 668–674.

Carlé, Dieter, Gesellschafterkonten der GmbH & Co. KG – Handels- und Bilanzrecht – Gesellschaftssteuer, KÖSDI 1985, 6095–6101.

Carlé, Dieter/*Bauschatz*, Peter, Die durch Kapitalkonten abgebildete Beteiligung an einer Personengesellschaft im Gesellschafts- und Steuerrecht, FR 2002, 1153–1163.

Begründung zu dem Entwurf eines Handelsgesetzbuches für das Deutsche Reich von 1897, zitiert nach: *Schubert*, Werner/*Schmiedel*, Burkhard/*Krampe*, Christoph, Quellen zum Handelsgesetzbuch von 1897, Band II, Frankfurt am Main 1987; zitiert als: Denkschrift.

Döllerer, Georg, Die atypische stille Gesellschaft – gelöste und ungelöste Probleme, DStR 1985, 295–303.

Dötsch, Franz, Der Begriff des Kapitalkontos im Sinne von § 15a EStG, in: *Mellinghoff*, Rudolf/*Schön*, Wolfgang/*Viskorf*, Hermann-Ulrich (Hrsg.), Steuerrecht im Rechtsstaat, Festschrift für Wolfgang Spindler zum 65. Geburtstag, Köln 2011, S. 595–617.

Ebenroth, Carsten Thomas/*Boujong*, Karlheinz/*Joost*, Detlev/*Strohn*, Lutz, Handelsgesetzbuch, 3. Aufl., München 2014; zitiert als: *Bearbeiter*, in: E/B/J/S.

Eckelt, Ernst, Vermögensanteil und Kapitalanteil, Versuch einer Bestimmung des rechtlichen Kapitalbegriffs, NJW 1954, 1905–1910.

Emde, Achim, Der Genußschein als Finanzierungsinstrument: eine gesellschaftsrechtliche, kapitalmarktrechtliche und steuerrechtliche Untersuchung, Bochum 1987; zitiert als: *Emde*, Genußschein als Finanzierungsinstrument.

Engelberth, Martin, Das Kapitalkonto des Kommanditisten, Verrechenbare Verluste bei beschränkter Haftung, NWB 2011, 1808–1824.

Ensthaler, Jürgen (Hrsg.), Gemeinschaftskommentar zum Handelsgesetzbuch mit UN-Kaufrecht, 7. Aufl., 2015; zitiert als: *Bearbeiter*, in: GK.

Fleischer, Holger, Finanzplankredite und Eigenkapitalersatz im Gesellschaftsrecht, Köln 1995; zitiert als: *Fleischer*, Finanzplankredite.

—, Zur Auslegung von Gesellschaftsverträgen und Satzungen, DB 2013, 1466–1476.

Flume, Werner, Gesellschaft und Gesamthand, ZHR 138 (1972), 177–207.

—, Allgemeiner Teil des bürgerlichen Rechts, I/1 Die Personengesellschaft, Berlin u. a. 1977; zitiert als: *Flume*, AT I/1.

Förster, Ursula, Umsatzsteuerliche Konsequenzen von Überführungen bzw. Übertragungen von Wirtschaftsgütern gemäß § 6 Abs. 5 EStG, DStR 2012, 381–387.

Frystatzki, Christian, Eigenkapital oder Fremdkapital? Die Rechtsnatur der Kapitalkonten bei Personengesellschaften, EStB 2006, 342–344.

Gassner, Bruno, Gesellschafterkonten in Personengesellschaften - Steuerrechtliche Bedeutung, in: Jahrbuch der Fachanwälte für Steuerrecht 1988/1989, S. 316–325; zitiert als: *Gassner*, in: JbFAStR.

Glanegger, Peter (u. a.), Heidelberger Kommentar zum Handelsgesetzbuch, Handelsrecht, Bilanzrecht, Steuerrecht, 7. Aufl., Heidelberg 2007; zitiert als: *Bearbeiter*, in: HeidelKommHGB.

Groh, Manfred, Eigenkapitalersatz in der Bilanz, BB 1993, 1882–1892.

—, Das negative Kapitalkonto des stillen Gesellschafters, in: *Raupach*, Arndt/*Uelner*, Adalbert (Hrsg.), Ertragsbesteuerung. Zurechnung, Ermittlung, Gestaltung, Festschrift für Ludwig Schmidt zum 65. Geburtstag, München 1993, S. 439–453.

—, Die atypische stille Gesellschaft als fiktive Gesamthandsgesellschaft, in: Drenseck, Walter/*Seer*, Roman (Hrsg.), Festschrift für Heinrich Wilhelm Kruse zum 70. Geburtstag, Köln 2001, S. 417–432.

—, Die Bilanz der Unterbeteiligungsgesellschaft, in: *Hommelhoff*, Peter/*Rawert*, Peter/*Schmidt*, Karsten (Hrsg.), Festschrift für Hans-Joachim Priester zum 70. Geburtstag, Köln 2007, S. 107–122.

Große, Frank, Bilanzielle Behandlung von Genussrechten bei Kapitalgesellschaften in Handels- und Steuerbilanz, DStR 2010, 1397.

Großfeld, Bernhard, Recht der Unternehmensbewertung, 7. Aufl., Köln 2012; zitiert als: *Großfeld*, Unternehmensbewertung.

Grunewald, Barbara, Die Finanzierungsverantwortung des Kommanditisten, in: *Hübner*, Ulrich/*Ebke*, Werner F. (Hrsg.), Festschrift für Bernhard Großfeld zum 65. Geburtstag, Heidelberg 1999, S. 319–342.

Gschwendtner, Hubertus, Die atypisch stille Gesellschaft als beschränkt rechtsfähiges Steuerrechtssubjekt im Einkommensteuerrecht, Zugleich eine Besprechung des BFH-Urteils vom 26. November 1996 VIII R 42/91, DStZ 1998, 335–344.

Habersack, Mathias, Grundfragen der freiwilligen oder erzwungenen Subordination von Gesellschafterkrediten, ZGR 2000, 384–419.

Handbuch des Jahresabschlusses, herausgegeben von *Schulze-Osterloh*, Joachim/*Hennrichs*, Joachim/*Wüstemann*, Jens, Loseblatt, Stand: 62. Ergänzungslieferung 2015, Köln; zitiert als *Bearbeiter*, in: HdJ.

Henssler, Martin/*Strohn*, Lutz (Hrsg.), Gesellschaftsrecht: BGB, HGB, PartGG, GmbHG, AktG, GenG, UmwG, InsO, AnfG, IntGesR, 2. Aufl. München 2014; zitiert als: *Bearbeiter*, in: Henssler/Strohn.

Heuermann, Bernd, Zur Verlustausgleichsbeschränkung nach § 15a EStG bei verschiedenen Mehrkonten-Modellen einer Personengesellschaft, StBp 2009, 87–91.

Heymann, Handelsgesetzbuch, Kommentar, herausgegeben von *Horn*, Norbert; Band 2, Zweites Buch, §§ 105–237, 2. Aufl., Berlin u. a. 1996; zitiert als: *Bearbeiter*, in: Heymann.

Hoerning, Andreas, Hybrides Kapital im Jahresabschluss, Berlin/Boston 2001; zitiert als: *Hoerning*, Hybrides Kapital.

Hoffmann, Wolf-Dieter, Eigenkapitalausweis und Ergebnisverteilung bei Personenhandelsgesellschaften nach Maßgabe des KapCoRiLiG, DStR 2000, 837–844.

—, Gesellschafterkonten oder Eigenkapital bei der Personenhandelsgesellschaft nach § 264c HGB, StuB 11/2009, 407–408.

Hommelhoff, Peter, Rechtliche Überlegungen zur Vorbereitung der GmbH auf das Bilanzrichtlinie-Gesetz, Wpg 1984, 629–639.

Hopt, Klaus-J. (Hrsg.), Vertrags- und Formularbuch zum Handels-, Gesellschafts- und Bankrecht, 4. Aufl., München 2013; zitiert als: *Bearbeiter*, in: VertragsHdb.

Horn, Wilhelm von, Gesellschafterkonten der Personengesellschaften, BuW 2001, 624–628.

Huber, Ulrich, Vermögensanteil, Kapitalanteil und Gesellschaftsanteil an Personalgesellschaften des Handelsrechts, Heidelberg 1970; zitiert als: *Huber*, Vermögensanteil.

—, Gesellschafterkonten in der Personengesellschaft, ZGR 1988, 1–103.

—, Gesellschafterkonten in Personengesellschaften (Handels- und Steuerrecht), in: Jahrbuch der Fachanwälte für Steuerrecht 1988/1989, S. 301–315; zitiert als: *Huber*, in: JbFAStR.

—, Freie Rücklagen in Kommanditgesellschaften, in: *Schön*, Wolfgang u. a. (Hrsg.), Gedächtnisschrift für Brigitte Knobbe-Keuk, Köln 1997, S. 203–207.

Hueck, Alfred, Das Recht der offenen Handelsgesellschaft: systematisch dargestellt, 4. Aufl., Berlin 1971; zitiert als: *Hueck*, oHG.

Hüttemann, Rainer/*Meyer*, André, Verlustausgleich nach § 15a Abs. 1 EStG, negative Tilgungsbestimmung und Disponibilität des § 171 Hs. 2 HGB, DB 2009, 1613–1620.

Institut der Wirtschaftsprüfer (IDW):

- Zur Behandlung von Genußrechten im Jahresabschluß von Kapitalgesellschaften, HFA 1/1994.
- Handelsrechtliche Rechnungslegung bei Personenhandelsgesellschaften, IDW RS HFA 7, WPg Supplement 1/2012, S. 73 ff.

Jauernig, Othmar (Hrsg.), Bürgerliches Gesetzbuch, 14. Aufl., München 2013; zitiert als: *Jauernig*, BGB.

Joost, Detlev, Eigenkapitalersetzende Kommanditistenleistungen – Zugleich ein Beitrag zur Außenhaftung des Kommanditisten, ZGR 1987, 371–402.

Kahle, Holger, Das Kapitalkonto i.S.d. § 15a EStG, FR 2010, 773–781.

—, Abgrenzung von Gesellschafterkonten bei Personengesellschaften, DStZ 2010, 720–732.

Kempermann, Michael, Nicht gezahlte Einlagen, zurückgezahlte Aufgelder und falsch bezeichnete Kapitalkonten – Die neuere Rechtsprechung zu § 15a EStG, DStR 2008, 1917–1921.

—, Kommentar zu BGH v. 15.5.2008 – IV R 46/05, Missglückter Gesellschaftsvertrag oder Steuersparmodell?, FR 2008, 1113, 1114.

—, Anmerkung zum Urteil des BFH v. 16.10.2008, FR 2009, 583.

Kersten, Alexander/*Feldgen*, René, Steuerliche Implikationen der Kapitalkonten bei Personengesellschaften, FR 2013, 197–206.

Keuk, Brigitte, Die Haftung des Kommanditisten für die Schulden der Gesellschaft, ZHR 123 (1971), 410–443.

Kirchhof, Paul (Hrsg.), Einkommenssteuergesetz, 14. Aufl., Köln 2015; zitiert als: *Bearbeiter*, in: Kirchhof, EStG.

Kleindiek, Detlef, Eigenkapital im nationalen und internationalen Bilanzrecht: Kapitalabgrenzung nach IFRS und HGB, ZHR 175 (2011), 247–276.

Knobbe-Keuk, Brigitte, Stille Beteiligung und Verbindlichkeiten mit Rangrücktrittsvereinbarung im Überschuldungsstatus und in der Handelsbilanz des Geschäftsinhabers, ZIP 1983, 127–131.

—, Bilanz- und Unternehmenssteuerrecht, 9. Aufl., Köln 1993.

Knoche, Martin, Selbständige Bilanzierung bei atypischer stiller Beteiligung am Betrieb einer Kapitalgesellschaft, BB 1972, 656.

Kolbeck, Johannes, Der Begriff des Kapitalkontos i.S. des § 15a EStG, DB 1992, 2056–2060.

Koller, Ingo/*Kindler*, Peter/*Roth*, Wulf-Henning/*Morck*, Winfried, Handelsgesetzbuch, 8. Aufl., München 2015; zitiert als: *Koller/Kindler/Roth/Morck.*

Kopplin, Anja/*Maßbaum*, Alexandra/*Sureth*, Caren, Handels- und steuerrechtliche Kapitalkontenfortschreibung und deren Einfluss auf die Verlustnutzung bei Personengesellschaften, WPg 2010, 1203–1211.

Kraft, Alfons/*Kreutz*, Peter, Gesellschaftsrecht, 11. Aufl., Neuwied, Kriftel 2000; zitiert als: *Kraft/Kreutz*, GesR.

Kraft, Ernst Thomas, Die Abgrenzung von Eigen- und Fremdkapital nach IFRS, Darstellung anhand von Beispielen der Eigen- und Fremdkapitalfinanzierung, ZGR 2008, 324–356.

Küting, Karlheinz/*Kessler*, Harald, Eigenkapitalähnliche Mittel in der Handelsbilanz und im Überschuldungsstatus, Bestandsaufnahme und Entwicklungstendenzen unter Berücksichtigung der Stellungnahme des HFA 1/1994 `Zur Behandlung von Genußrechten im Jahresabschluß von Kapitalgesellschaften', BB 1994, 2103–2114.

Larenz, Karl, Methodenlehre der Rechtswissenschaft, 3. Aufl., Berlin u. a. 1991; zitiert als: *Larenz*, Methodenlehre.

Leitzen, Mario, Die Gesellschafterkonten der Kommanditisten im Lichte der jüngsten BFH-Rechtsprechung, ZNotP 2009, 255–263.

Ley, Ursula, Gesellschafterkonten der OHG und KG: Gesellschaftsrechtliche und steuerrechtliche Charakterisierung und Bedeutung, KÖSDI 10/1994, 9972–9988.

—, Zur steuerlichen Behandlung der Gesellschafterkapitalkonten sowie der Forderungen und Verbindlichkeiten zwischen einer gewerblichen Personengesellschaft und ihren Gesellschaftern, KÖSDI 10/2002, 13459–13471.

—, Rechtsnatur und Abgrenzung aktivischer Gesellschafterkonten, DStR 2003, 957–964.

—, Gesellschafterkonten im Lichte der grundlegenden BFH-Entscheidung vom 16.10.2008, IV R 98/06, DStR 2009, 613–620.

—, Die Übertragung von Einzelwirtschaftsgütern zwischen einer gewerblichen Personengesellschaft und ihren Gesellschaftern gegen Gutschrift/Belastung auf den Gesellschafterkonten, KÖSDI 10/2009, 16678–16693.

Loritz, Karl-Georg, Ausschüttungen in Verlustjahren bei geschlossenen Fonds, NZG 2008, 887–892.

Lüdicke, Jochen/*Sistermann*, Christian (Hrsg.), Unternehmenssteuerrecht, München 2008; zitiert als: *Bearbeiter*, in: Lüdicke/Sistermann.

Lutter, Marcus, Zur Bilanzierung von Genußrechten, DB 1994, 2441–2446.

Lutter, Marcus/*Hommelhoff*, Peter, Nachrangiges Haftkapital und Unterkapitalisierung in der GmbH, ZGR 1979, 31–66.

Lux, Jochen, Rückforderung gewinn-unabhängiger Ausschüttungen an Kommanditisten, NZG 2013, 1017–1020.

Mellwig, Winfried, Rechnungslegungszwecke und Kapitalkonten bei Personengesellschaften, BB 1979, 1409–1418.

Morck, Winfried, Die vertragliche Gestaltung der Beteiligung an Personen-Handelsgesellschaften, Eine empirische Untersuchung, Frankfurt am Main 1980; zitiert als: *Morck*, vertragliche Gestaltung.

Müller, Welf, Wohin entwickelt sich der bilanzrechtliche Eigenkapitalbegriff?, in: *Förschle*, Gerhart/*Kaiser*, Klaus/*Moxter*, Adolf (Hrsg.), Rechenschaftslegung im Wandel, Festschrift für Wolfgang Dieter Budde, München 1995, S. 445–463.

Münchener Anwaltshandbuch Personengesellschaftsrecht, herausgegeben von *Gummert*, Hans, 2. Aufl. München 2015; zitiert als: *Bearbeiter*, in: MünchAnwHdbPersG.

Münchener Handbuch des Gesellschaftsrechts, herausgegeben von *Gummert*, Hans/*Beuthien*, Volker.

- Band 1: BGB-Gesellschaft, Offene Handelsgesellschaft, Partnerschaftsgesellschaft, Partenreederei, EWIV, 4. Aufl., München 2014; zitiert als: *Bearbeiter*, in: MünchHdbGesR I.
- Band 2: Kommanditgesellschaft, GmbH & Co. KG, Publikums-KG, Stille Gesellschaft, 4. Aufl. 2014, zitiert als: *Bearbeiter*, in: MünchHdbGesR II.

Münchener Kommentar zum Bilanzrecht, herausgegeben von *Hennrichs*, Joachim/*Kleindiek*, Detlef/*Watrin*, Christoph, Loseblatt, Stand: September 2014, München; zitiert als: *Bearbeiter*, in: MüchKommBilanzR.

Münchener Kommentar zum Bürgerlichen Gesetzbuch, herausgegeben von *Säcker*, Franz Jürgen/*Rixecker*, Roland/*Oetker*, Hartmut/*Limperg*, Bettina; zitiert als *Bearbeiter*, in: MünchKommBGB.

- Band 5: Schuldrecht Besonderer Teil III, §§ 705–853, Partnerschaftsgesellschaftsgesetz, Produkthaftungsgesetz, 6. Aufl., München 2013.

Münchener Kommentar zum Handelsgesetzbuch, herausgegeben von *Schmidt*, Karsten; zitiert als: *Bearbeiter*, in: MünchKommHGB.

- Band 1: Erstes Buch, Handelsstand, §§ 1–104a, 3. Aufl. 2010.
- Band 2: Zweites Buch, Handelsgesellschaften und stille Gesellschaft, Erster Abschnitt, Offene Handelsgesellschaft, §§ 105–160, 3. Aufl. 2011.
- Band 3: Zweites Buch, Handelsgesellschaften und stille Gesellschaft, 3. Aufl. 2012.
- Band 4: herausgegeben von *Schmidt*, Karsten/*Ebke*, Werner F., Drittes Buch, Handelsbücher, §§ 238–342a, 3. Aufl. 2013.

Münchener Vertragshandbuch, herausgegeben von *Heidenhain*, Martin/*Meister*, Burkhard W.

- Band 1: Gesellschaftsrecht, 5. Aufl., München 2000, zitiert als: *Bearbeiter*, in: MünchVertragsHdbGesR, 5. Aufl.
- Band 1: Gesellschaftsrecht, 7. Aufl., München 2011, zitiert als: *Bearbeiter*, in: MünchVertragsHdbGesR.

Mundry, Thomas, Darlehen und stille Einlagen im Recht der Kommanditgesellschaft, Köln 1992; zitiert als: *Mundry*, Darlehen und stille Einlagen.

Niehus, Ulrich/*Wilke*, Helmut, Die Besteuerung der Personengesellschaft, 6. Aufl., Stuttgart 2013; zitiert als: *Niehus/Wilke*, Besteuerung der PersG.

Niemeyer, Markus/*Froitzheim*, Aurelia, Praxisfragen nach Aufgabe der umgekehrten Maßgeblichkeit, DStR 2011, 538–540.

Oberfinanzdirektion Münster, Ertragsteuerliche Behandlung von Darlehen, die eine Personengesellschaft ihren Gesellschaftern gewährt, Verfügung vom 18.02.1994 S 2241–79–St11–31, DStR 1994, 582–583.

Oberfinanzdirektion Hannover, Verfügung betr. Verluste bei beschränkter Haftung (§ 15a EStG); Zweifelsfrage zur Abgrenzung des Kapitalkontos; Mehrkontenmodelle, Verfügung vom 7.2.2008 S 2241 a – 96 – StO 222/221, BeckVerw 117190.

Oberfinanzdirektion Rheinland, Ertragsteuerliche Behandlung von Darlehen, die eine Personengesellschaft ihren Gesellschaftern gewährt (aktivische Gesellschafterkonten), Verfügung vom 4.12.2009 S 2241a A – 1020 – St 113.

Oetker, Hartmut (Hrsg.), Kommentar zum Handelsgesetzbuch, 4. Aufl., München 2015; zitiert als: *Bearbeiter*, in: Oetker.

Oppenländer, Frank, Zivilrechtliche Aspekte der Gesellschafterkonten der OHG und KG, DStR 1999, 939–943.

Pauli, Raimund, Das Eigenkapital der Personengesellschaften, Berlin 1990; zitiert als: *Pauli*, Eigenkapital.

Plassmann, Norbert, Darlehenskonto statt zweitem Kapitalkonto?, BB 1978, 413–418.

Pohl, Abgrenzung von Kapital- und Darlehenskonten, NWB 2008, 3915–3920.

Potsch, Nicolas A., Grundfragen der Kommanditistenhaftung, Einlageleistung, Einlagerückgewähr, Registerpublizität, Baden-Baden 2012; zitiert als: *Potsch*, Grundfragen Kommanditistenhaftung.

Praxis des Handels- und Gesellschaftsrechts, herausgegeben von *Wachter*, Thomas, 3. Aufl., Münster 2015; zitiert als: *Bearbeiter*, in: Wachter, PraxisHGR.

Priester, Hans-Joachim, Sind eigenkapitalersetzende Gesellschafterdarlehen Eigenkapital?, DB 1991, 1917–1924.

—, Ausschüttungen aus der Liquidität bei der KG, Zulässigkeit - Haftung - Rückforderbarkeit, DStR 2013, 1786–1791.

Prinz, Ulrich/*Thiel*, Uwe, § 15a EStG und Sonderbetriebsvermögen, DStR 1994, 341–346.

Prinz, Ulrich, Neue Rechtserkenntnisse des BFH zur Verlustverrechnungsbeschränkung nach § 15a EStG, StuB 2009, 129–132.

Pyszka, Tillmann, Atypisch stille Beteiligung an einzelnen Unternehmenssegmenten, DStR 2003, 857–861.

Raiser, Thomas, Gesamthand und juristische Person im Licht des neuen Umwandlungsrechts, AcP 194 (1994), S. 495–512.

Reichert, Jochem, GmbH & Co. KG, 7. Aufl., München 2015; zitiert als: *Bearbeiter*, in: Reichert, GmbH & Co. KG.

Reusch, Peter, Eigenkapital und Eigenkapitalersatz im Rahmen der stillen Gesellschaft, BB 1989, 2358–2365.

Rodewald, Jörg, Kapitalüberlassung zwischen Personengesellschaft und Gesellschafter, BB 1997, 763–765.

—, Zivil- und steuerrechtliche Bedeutung der Gestaltung von Gesellschafterkonten, GmbHR 1998, 521–527

Rödel, Thomas, Steuerliche Abgrenzung von Kapital- und Darlehenskonten bei Personengesellschaft, INF 2007, 456–460.

Röhricht, Volker/*Graf v. Westphalen*, Friedrich/*Haas*, Ulrich (Hrsg.), Handelsgesetzbuch, Kommentar zu Handelsstand, Handelsgesellschaften, Handelsgeschäften und besonderen Handelsverträgen (ohne Bilanz-, Transport- und

Seerecht), 4. Aufl., Köln 2014; zitiert als: *Bearbeiter*, in: Röhricht/Graf v. Westphalen/Haas.

Röhrig, Alfred P./*Doege*, Mirko, Das Kapital der Personengesellschaften im Handels- und Ertragssteuerrecht, DStR 2006, 489–501.

Roth, Günter H./*Altmeppen*, Holger, Gesetz betreffend die Gesellschaften mit beschränkter Haftung (GmbHG), Kommentar, 8. Aufl., München 2015; zitiert als: *Bearbeiter*, in: Roth/Altmeppen.

Saenger, Ingo/*Aderhold*, Lutz/*Lenkaitis*, Karlheinz/*Speckmann*, Gerhard (Hrsg.), Handels- und Gesellschaftsrecht: Praxishandbuch, 2. Aufl. 2011; zitiert als: *Bearbeiter*, in: HGR.

Salje, Peter, Die Abgrenzung des Gesellschafter-Darlehenskontos gegenüber dem Kapitalkonto bei Personengesellschaften, DB 1978, 1115–1116.

Scharfenberg, Jens, Das Darlehenskonto als Eigenkapital i.S.d. § 15a EStG, sj Heft 22/2008, 20–23.

Schlegelberger, Franz, Handelsgesetzbuch, erläutert von *Geßler*, Ernst/*Hefermehl*, Wolfgang/*Hildebrandt*, Wolfgang/*Schröder*, Georg, Zweites Buch, Handelsgesellschaften und stille Gesellschaft, 4. Aufl., Berlin und Frankfurt am Main 1963; zitiert als: *Geßler*, in: Schlegelberger, HGB, 4. Aufl.

Schluck-Amend, Alexandra/*Krispenz*, Sabina, Das IDW-Kriterium der Nachrangigkeit bei der Qualifizierung von Darlehenskonten als Eigenkapital der Personenhandelsgesellschaft, BB 2012, 1847–1850.

Schmelz, Christoph, „Überschießende Außenhaftung" des Kommanditisten-Eine systematische Darstellung, DStR 2006, 1704–1709.

Schmid, Jürgen/*Hamann*, Hartmut, Die Einlage des atypisch stillen Gesellschafters als haftendes Eigenkapital, DStR 1992, 950–654.

Schmidt, Karsten, Einlage und Haftung des Kommanditisten, Köln 1977; zitiert als: *Karsten Schmidt*, Einlage und Haftung.

—, Die Eigenkapitalausstattung der Unternehmen als rechtspolitisches Problem, JZ 1984, 771–786.

—, Quasi-Eigenkapital als haftungsrechtliches und als bilanzielles Problem, in: *Havermann*, Hans (Hrsg.), Bilanz- und Konzernrecht: Festschrift zum 65. Geburtstag von Reinhard Goerdeler, Düsseldorf 1987, S. 489–509.

—, Kommanditisteneinlage und Haftsumme des Gesellschaftererben – Scheinprobleme, Probleme und Problemlösungen zu § 139 HGB -, ZGR 1989, 445–472.

—, Gesellschaftsrecht, 4. Aufl., Köln (u. a.) 2002; zitiert als: *Karsten Schmidt*, GesR.

—, Gesellschaftsrecht: Gewinnunabhängige Entnahmen bei einer Publikums-AG, Unterscheidung von Außenverhältnis und Innenverhältnis bei der KG,

Anmerkung zu BGH v. 12.3.2013 – II ZR 73/11, NZG 2013, 738, JuS 2103, 846–848.

—, Die Innenkommanditgesellschaft – wirklicher Verband und virtueller Rechtsträger -, ZHR 178 (2014), 10–54.

Schmidt, Ludwig, Einkommenssteuergesetz, herausgegeben von *Weber-Grellet*, Heinrich, 34. Aufl., München 2015; zitiert als: *Bearbeiter*, in: Schmidt, EStG.

Schmitt, Joachim/*Hörtnagl*, Robert/*Stratz*, Rolf-Christian, Umwandlungsgesetz, Umwandlungssteuergesetz, 6. Aufl., München 2013; zitiert als: *Bearbeiter*, in: Schmitt/Hörtnagl/Stratz, UmwG, UmwStG.

—, Die stille Beteiligung an dem Handelsgewerbe einer Kommanditgesellschaft, ZGR 1990, 220–248.

Schopp, Heinrich, Kapitalkonten und Gesellschafterdarlehen in den Abschlüssen von Personenhandelsgesellschaften, BB 1987, 581–584.

Schrecker, Tilman, Mezzanine-Kapital im Handels- und Steuerrecht, Eine Untersuchung zur Abgrenzung zwischen Eigenkapital und Fremdkapital, Berlin 2012; zitiert als: *Schrecker*, Mezzanine-Kapital.

Schuck, Stephan, Klarheit bei Gesellschafterdarlehenskonten schaffen, DStR 1994, 1352, 1353.

Schütz, Michael, Einbringung zum Privatvermögen gehörender Wirtschaftsgüter in das Gesamthandsvermögen einer Personengesellschaft, SteuK 2011, 357–360.

Schulte, Hans, Juristische Person und Gesamthand: Fiktion und Mysterium in: *Hübner*, Ulrich/*Ebke*, Werner F. (Hrsg.), Festschrift für Bernhard Großfeld zum 65. Geburtstag, Heidelberg 1999, S. 1075–1088.

Schulze-Osterloh, Joachim, Das Auseinan—etzungsguthaben des ausscheidenden Gesellschafters einer Personengesellschaft nach § 738 Abs. 1 S. 2 BGB – Besprechung der Entscheidung BGH WM 1984, 1506 –, ZGR 1986, 545–564.

—, Der atypische stille Gesellschafter ist der typische stille Gesellschafter!, in: *Drenseck*, Walter/*Seer*, Roman (Hrsg.), Festschrift für Heinrich Wilhelm Kruse zum 70. Geburtstag, Köln 2001, S. 377–393.

Schweitzer, Roger/*Volpert*, Verena, Behandlung von Genußrechten im Jahresabschluß von Industrieemittenten, BB 1994, 821–826.

Sethe, Rolf, Genußrechte – Rechtliche Rahmenbedingungen und Anlegerschutz (I), AG 1993, 293–315.

Sieker, Susanne, Die Personengesellschaft ohne Eigenkapital – ein juristischer Scherz?, ZIP 2007, 849–857.

—, Die Funktion des Gesellschaftsrechts für den Ausweis des Eigenkapitals in der Handelsbilanz der Personengesellschaft, in: *Aderhold*, Lutz/*Grunewald*,

Barbara/*Klingberg*, Dietgard (Hrsg.), Festschrift für Harm Peter Westermann, Köln 2008, S. 1519–1531.

—, Eigenkapital und Fremdkapital der Personengesellschaften: Gesellschaftsrecht, Steuerrecht, Bilanzierungsfragen, Köln 1991; zitiert als: *Sieker*, Eigenkapital und Fremdkapital.

Staub, Hermann, Handelsgesetzbuch, Großkommentar, herausgegeben von *Canaris*, Claus-Wilhelm/*Habersack*, Mathias/*Schäfer*, Carsten, 5. Aufl., Berlin; zitiert als: *Bearbeiter*, in: Staub.

- Band 3: §§ 105–160, 2009.
- Band 4: §§ 161–236, 2015.
- Band 5: §§ 238–289a, 2014.

Staub, Hermann, Handelsgesetzbuch, Großkommentar, 3. Aufl., Berlin u. a.

- Zweiter Band, 1. Halbband, §§ 105–144, 1973; zitiert als: *Bearbeiter*, in: Staub, 3. Aufl.

Steger, Michael, Die Qualifikation aktivischer Gesellschafterkonten, Gesellschaftsrechtliche Einordnung und deren Einfluss auf die steuerliche Behandlung, NWB 2013, 998–1008.

Strahl, Martin, Erweiterte Möglichkeit des Verlustausgleichs gem. § 15a EStG, BeSt 2009, 9–10.

—, Neues zur Kapitalkontenstruktur bei Personengesellschaften, KÖSDI 6/2009 16531–16543.

Sudhoff, Heinrich, Personengesellschaften, 8. Aufl., München 2005; zitiert als: *Bearbeiter*, in: Sudhoff, Personengesellschaften.

—, Unternehmensnachfolge, 5. Aufl., München 2005, zitiert als: *Bearbeiter*, in: Sudhoff, Unternehmensnachfolge.

Thiele, Stefan, Das Eigenkapital im handelsrechtlichen Jahresabschluß, Düsseldorf 1998; zitiert als: *Thiele*, Eigenkapital.

Vollmer, Lothar, Der Genußschein – ein Instrument für mittelständische Unternehmen zur Eigenkapitalbeschaffung an der Börse, ZGR 1983, 445–475.

Wacker, Roland, Vertrautes und Neues zu § 15a EStG, in: *Crezelius*, Georg/*Hirte*, Heribert/*Vieweg*, Klaus (Hrsg.), Festschrift für Volker Röhricht zum 65. Geburtstag: Gesellschaftsrecht, Rechnungslegung, Sportrecht, Köln 2005, S. 1079–1093.

Wagner, Klaus-R., Rückforderung getätigter Ausschüttungen bei KG-Fonds, DStR 2008, 563–568.

Wälzholz, Eckhard, Ausgewählte gesellschaftsrechtliche Aspekte von Gesellschafterkonten bei Personengesellschaften (Teil 1), DStR 2011, 1815–1819.

—, Ausgewählte gesellschaftsrechtliche Aspekte von Gesellschafterkonten bei Personengesellschaften (Teil 2), DStR 2011, S. 1861–1865.

Wendt, Michael, Gesellschafterkonten bei Personengesellschaften und ihre Bedeutung in der Krise, Stbg 2010, 145–152.

Werner, Rüdiger, Gesellschafterkonten im Gesellschaftsvertrag der GmbH & Co. KG, Strategien zum Schutz des Privatvermögens vor Risiken aus unternehmerischer Tätigkeit, NWB 2012, 1523–1534.

Wertenbruch, Gewinnausschüttung und Entnahmepraxis in der Personengesellschaft, NZG 2005, 665–667.

Westerfelhaus, Herwarth, Die stille Gesellschaft im Bilanzrecht, BB 1988, 1173–1179.

Westermann, Harry, Zur Problematik der Rücklagen der Personenhandelsgesellschaft, in: *Ficker*, Hans Claudius u. a. (Hrsg.), Festschrift für Ernst von Caemmerer zum 70. Geburtstag, Tübingen 1978, S. 657–670.

Westermann, Harm-Peter/*Wertenbruch*, Johannes (Hrsg.), Handbuch Personengesellschaften, Gesellschaftsrecht – Steuerrecht – Sozialversicherungsrecht – Verträge und Formulare, 62. Ergänzungslieferung, Februar 2015; zitiert als: *Bearbeiter*, in: HdbPersG I/II.

Wiedemann, Herbert, Eigenkapital und Fremdkapital, Eine gesellschaftsrechtliche Zwischenbilanz, in: *Beisse*, Heinrich/*Lutter*, Marcus/*Närger*, Heribald (Hrsg.), Festschrift für Karl Beusch zum 68. Geburtstag, Berlin, u. a. 1993, S. 893–913.

—, Gedanken zur Vermögensordnung der Personengesellschaft, in: *Böttcher*, Reinhard/*Hueck*, Götz/*Jähnke*, Burkhard (Hrsg.), Festschrift für Walter Odersky zum 65. Geburtstag, Berlin u. a. 1996, S. 925–941.

—, Gesellschaftsrecht, Band 2, Recht der Personengesellschaften, München 2004; zitiert als: *Wiedemann*, GesR II.

Windbichler, Christine, Gesellschaftsrecht, 23. Aufl., München 2013; zitiert als: *Windbichler*, GesR.

Winnefeld, Robert, Bilanz-Handbuch, Handels- und Steuerbilanz, Rechtsformspezifisches Bilanzrecht, Bilanzielle Sonderfragen, Sonderbilanzen, IAS/US-GAAP, 4. Aufl., München 2006; zitiert als: *Bearbeiter*, in: BilanzHdb.

Wüllenkemper, Dirk, Steuerliche Behandlung von Darlehen einer Personengesellschaft an ihre Gesellschafter, BB 1991, 1904–1912.

Zimmermann, Reimar/*Hottmann*, Jürgen/*Kiebele*, Sabrina u. a., Die Personengesellschaft im Steuerrecht, 11. Aufl., Achim 2013, zitiert als: *Bearbeiter*, in: Zimmermann, PersG im Steuerrecht.

Zöllner, Wolfgang, Rechtssubjektivität von Personengesellschaften?, in: *Lange*, Hermann/*Nörr*, Knut Wolfgang/*Westermann*, Harm Peter (Hrsg.), Festschrift für Joachim Gernhuber zum 70. Geburtstag, Tübingen 1993, S. 563–675.

—, Rechtsfähigkeit der BGB-Gesellschaft – ein Sachverstands- oder Kommunikationsproblem?, in: *Hönn*, Günther/*Konzen*, Horst/*Kreutz*, Peter (Hrsg.), Festschrift für Alfons Kraft zum 70. Geburtstag, S. 701–718.

www.ingramcontent.com/pod-product-compliance
Ingram Content Group UK Ltd.
Pitfield, Milton Keynes, MK11 3LW, UK
UKHW021233031026
15588UKWH00001B/65

9 783631 665848